COURS
DE LITTÉRATURE
DRAMATIQUE

Paris. — Imprimerie de P.-A. BOURDIER ET Cⁱᵉ, rue Mazarine, 30

COURS
DE LITTÉRATURE

DRAMATIQUE

OU

DE L'USAGE DES PASSIONS DANS LE DRAME

PAR M. SAINT-MARC GIRARDIN

PROFESSEUR A LA FACULTÉ DES LETTRES DE PARIS
MEMBRE DE L'ACADÉMIE FRANÇAISE

SIXIÈME ÉDITION
Revue et corrigée

TOME PREMIER

PARIS
CHARPENTIER, LIBRAIRE-ÉDITEUR
40, RUE BONAPARTE.

1857

AVERTISSEMENT.

En écrivant, d'après mes souvenirs, ces leçons faites, pendant deux ans, à la Faculté des Lettres de Paris, sur l'usage des passions dans le drame, je n'ai point voulu faire un livre : j'ai voulu seulement fixer la mémoire de quelques-uns de ces entretiens dont la bienveillance de mes auditeurs me fait, depuis bientôt quinze ans, une douce habitude.

J'ai cherché dans ces leçons à montrer comment les anciens auteurs, et surtout ceux du dix-septième siècle, exprimaient les sentiments et les passions les plus naturels au cœur de l'homme, la tendresse paternelle et maternelle, l'amour, la jalousie, l'honneur; et comment ces sentiments et ces passions sont exprimés de nos jours.

Dans un pareil sujet, les réflexions morales arrivent naturellement à côté des réflexions littéraires; et j'ai aimé à montrer, autant que je l'ai pu, l'union qui existe entre le bon goût et la bonne morale. Je n'ai certes pas dû manquer à ce devoir, qui est la plus noble partie des fonctions du professorat. Me sera-t-il permis d'ajouter que j'ai droit de croire qu'en parlant ainsi on ne déplaît pas à la jeunesse, et que la meilleure manière de se faire souvent applaudir de nos jeunes étudiants, c'est de s'en faire toujours estimer.

COURS

DE

LITTÉRATURE DRAMATIQUE.

I.

DE LA NATURE DE L'ÉMOTION DRAMATIQUE.

La sympathie que l'homme sent pour l'homme est la cause du plaisir que donnent les arts qui procèdent de l'imitation de la nature humaine. C'est par là que nous aimons les statues et les tableaux. Mais c'est au théâtre surtout que cette sympathie s'exerce et se développe, parce que nulle part l'imitation de la nature humaine n'est poussée plus loin. Au théâtre, nous ne voyons pas seulement la forme et la figure de l'homme, nous voyons les mouvements de son cœur. Nous trouvons un plaisir de curiosité morale à observer nos semblables, à voir comment ils vivent et comment ils agissent, à plaindre leurs malheurs, s'ils sont malheureux, et à rire de leurs défauts, s'ils sont ridicules. Le théâtre satisfait à ce sentiment par la comédie qui plaît à la malignité de l'homme, et par la tragédie qui excite sa pitié. Non pas que l'homme aime le malheur d'autrui, mais il aime la pitié qu'il en éprouve; et comme, au théâtre, la souffrance des personnages n'a rien de réel, il jouit à son aise de son émotion. L'âme se fait un plaisir de l'agitation que lui donne le spectacle des passions humaines, et un plaisir d'autant plus doux qu'elle sait que ces passions ne sont qu'une image et qu'une illusion qu'elle croit sans dangers. Ces sentiments impétueux qui poussent au crime les héros tragiques, ces amours qui font leur joie et leur tourment, nous émeuvent et nous attendrissent sans nous inquiéter. Nous nous rassurons, sachant fort bien que nous ne sommes pas en jeu dans les périls de ce genre, et nous jouissons sans scrupule de la vue et du voisinage de ces passions qui, comme le dit fort bien Nicole [1], sont tournées en plaisirs. Il y a cependant, dans cette jouissance, quelque chose de dangereux; et ce que reprochent au théâtre les prédicateurs et les moralistes, Bossuet, Nicole, J.-J. Rousseau, c'est de croire qu'en amollissant l'âme, il ne la corrompt point, et qu'en remuant à plaisir le levain des passions il ne les fait pas fermenter.

Le spectacle de la vie humaine et l'imitation de nos sentiments et de nos caractères, telle est la principale cause du plaisir dramatique. Essayons maintenant de déterminer quels sont les moyens de produire ce plaisir; car il ne suffit pas, pour exciter l'intérêt, de mettre sur la scène les aventures du premier venu : il y a des sentiments plus propres les uns que les autres à émouvoir l'âme.

La première condition de l'émotion dramatique,

[1] *Essais de morale*, t. V, p. 380, édit. de 1755.

c'est que la passion qui l'excite soit vraie. Or, au théâtre, il n'y a de vrai que ce qui est général et ce que tout le monde ressent. De toutes les passions dramatiques, l'amour n'est la plus touchante que parce qu'elle est la plus générale [1]. Le cœur ne s'émeut qu'aux choses qui sont communes à tous les hommes : les curiosités, les bizarreries, les exceptions ne le remuent pas. C'est là déjà une des principales différences à noter entre notre théâtre ancien et notre théâtre moderne. Le théâtre ancien prend pour sujet les passions du cœur humain les plus générales et les plus communes, l'amour, la tendresse maternelle, la jalousie, la colère; et ces passions, qui sont simples de leur nature, il les représente simplement. Le théâtre moderne, au contraire, cherche, en fait de passions, les exceptions et les curiosités avec autant de soin que le théâtre ancien les évitait.

Je dois expliquer ce que j'entends par les exceptions et les curiosités en fait de caractères et de passions dramatiques.

Dans *le Cid* et dans *Zaïre*, l'amour est simple et naturel, il n'a en lui-même rien d'étrange et de bizarre. Quoi d'étonnant, en effet, que Chimène aime Rodrigue? Seulement son amour aura à lutter contre l'honneur, qui lui ordonne de venger sur Rodrigue la mort de son père. C'est là qu'est le drame. Le sujet du drame est singulier et extraordinaire; mais les passions sont, au contraire, simples et communes. L'amour de Zaïre pour Orosmane est ordinaire

---

[1] De cette passion la sensible peinture
Est, pour aller au cœur, la route la plus sûre.
(BOILEAU, *Art poétique*, ch. III.)

et naturel; l'extraordinaire est dans les événements et dans la lutte qu'ils amènent entre l'amour de Zaïre et son respect pour son père et pour sa religion.

Lorsque le drame a épuisé les émotions qui naissent de la peinture de l'amour simple, il se jette dans les amours singuliers et raffinés. Alors la singularité passe des événements aux sentiments, alors commencent les exceptions et les curiosités. Sur ce chemin, la pente est glissante et rapide. Racine, dans *Phèdre*, avait osé peindre un amour adultère et incestueux, avec quelles précautions et quelle réserve, vous le savez! Phèdre rougit de son amour pour Hippolyte, et pourtant elle n'est que sa belle-mère; elle croit son époux mort; elle cède à l'ascendant de Vénus *fatal à sa famille*. Campistron, allant plus loin que Racine, mit sur la scène, dans son *Tiridate*, l'amour d'un frère pour sa sœur. Ducis l'imita, sans l'égaler, dans *Abufar*; et M. de Châteaubriand a fait de cet amour la faute et le châtiment de son René. René, en effet, n'a ce caractère inquiet et rêveur, que lord Byron, après M. de Châteaubriand, a donné à ses héros, et qui a fait école dans la littérature, que parce qu'il a laissé se glisser dans son âme une passion étrange et coupable. C'est là ce qui égare son esprit, c'est là ce qui le jette dans cette mélancolie capricieuse et sombre, dont M. de Châteaubriand avait fait une expiation et dont ses imitateurs ont fait un signe de noblesse et de grandeur. Ce qu'il faut remarquer, en effet, c'est que, dans l'ancienne littérature, Phèdre, Tiridate, Abufar, René rougissent de leur égarement, et que la règle se retrouve par le remords; tandis que, de nos jours, la passion se révolte audacieusement contre le devoir, et que l'exception veut se substituer à la règle.

Les exceptions, comme Abufar et René, sont un premier essai pour représenter les passions étranges et singulières au lieu des passions simples et naturelles. Il y a un autre raffinement qui consiste à mettre l'amour dans une âme indigne de le ressentir : ainsi l'amour pur dans une courtisane, comme Marion de Lorme [1]. Non que de pareilles femmes ne puissent par hasard ressentir un amour pur et chaste; mais leurs habitudes ne semblent pas comporter ce genre d'amour : c'est un hasard, un contraste, et c'est par là même qu'il plaît aux esprits curieux et raffinés.

Tel est donc le procédé de ce que j'appelle l'esprit de curiosité et le goût de l'exception : il prend un trait, un détail, un contraste, et il en fait un caractère. Mais les exceptions et les curiosités ont en littérature deux grands défauts, la monotonie et l'exagération.

Les exceptions et les bizarreries deviennent vite monotones. En effet, la bizarrerie est, pour ainsi dire, un mauvais geste de l'âme, qui, comme les mauvais gestes dont le corps prend involontairement l'habitude, déplaît vite, parce qu'il est toujours le même. Les gens bizarres ne sont amusants que pendant une heure au plus, parce qu'au bout d'une heure on est las de voir leurs sentiments et leurs idées

---

[1] Voir la pièce de M. Victor Hugo, l'épisode de Laure dans la *Nouvelle Héloïse* de J.-J. Rousseau, et surtout la *Courtisane amoureuse* dans les contes de La Fontaine.

tourner toujours dans le même cercle. Les caractères étranges et singuliers, qu'il est de mode de mettre sur le théâtre et dans les romans, font le même effet : ils fatiguent parce qu'ils sont uniformes, parce que leur bizarrerie est comme une sorte de ressort qui tire toujours leur pensée et leurs actions du même côté, et dont le jeu est bien vite connu. Il y a, en effet, quelque chose de pis que d'être comme tout le monde : c'est d'être toujours le même. J'aime encore mieux les gens communs que les gens monotones. J'ajoute que ce qui nuit encore à la bizarrerie, c'est qu'elle est trop aisément imitable. Comme elle tient à un trait particulier, comme elle consiste dans un détail et non dans l'ensemble des choses, il est facile de l'imiter et de la reproduire. La facilité de l'imitation est, en littérature comme en peinture, la punition de ce qu'on appelle la *manière*.

L'autre défaut des exceptions et des singularités, c'est qu'elles tombent aisément dans l'exagération. Quand un auteur dramatique représente une passion simple et ordinaire, il a une règle ou une mesure ; il voit comment agissent les passions des hommes en général, et il les montre telles qu'il les voit. Mais quand il représente un caractère ou une passion d'exception, où est sa règle et sa mesure? S'efforçant d'imaginer ce que doit faire et ce que doit dire un homme de ce genre, il prend à tâche de s'écarter des sentiments généraux, c'est-à-dire du vrai. Il ne croit pas pouvoir être jamais trop violent et trop emporté, et il dépasse le but par crainte de ne pas l'atteindre. Il arrive alors à la manie, qui est, pour ainsi dire, l'excès ou le sublime des passions exceptionnelles ; et la manie ôte précisément à la passion ce qui fait qu'elle inspire l'intérêt. L'homme passionné nous intéresse, parce qu'il nous touche et nous ressemble, parce que c'est ainsi que nous étions hier et que nous serons demain. Le maniaque n'est plus qu'un malade que nous renvoyons bientôt à l'hôpital, après un premier coup d'œil de surprise et de curiosité.

N'oublions pas non plus que les passions, quand elles sont exagérées, se ressemblent toutes entre elles et qu'elles n'ont plus de nom et de caractères distincts. Qui me dira, quand j'entre dans une salle de spectacle, au cinquième acte d'un drame, et que je vois l'héroïne en proie à une sorte de frénésie convulsive, quand j'entends ses cris et ses sanglots, quand elle se tord les mains et souvent se roule à terre, qui me dira si c'est l'amour, la colère ou la douleur qui la pousse à cet excès ? Les passions ne sont variées et différentes l'une de l'autre que quand elles sont modérées : alors elles ont chacune leur langage et leur geste, alors elles intéressent par leur diversité. Quand elles sont excessives, elles deviennent uniformes ; et l'exagération, qu'on croit être un moyen de donner plus de relief à la passion, l'efface et la détruit. La violence et l'emportement des passions ont de plus, au théâtre, l'inconvénient que l'émotion qu'elles excitent s'adresse alors aux sens plutôt qu'à l'âme ; et ceci m'amène à la seconde condition de l'émotion dramatique.

La seconde condition de l'émotion dramatique, c'est de s'adresser à l'intelligence et non aux sens. L'art ne doit parler qu'à l'esprit ; c'est à l'esprit seul qu'il doit donner du plaisir. S'il cherche à émouvoir les sens, il se dégrade. Cette règle s'applique à tous les arts. La danse elle-même est un art, quand, par ses pas et ses mouvements, elle plaît à l'âme et éveille dans l'esprit l'idée divine de la grâce. Elle cesse d'être un art et elle devient un métier, quand elle vise à la volupté et qu'elle s'efforce d'émouvoir les sens. Prenez tous les arts les uns après les autres : ce qui les caractérise, c'est qu'ils n'ont de commerce qu'avec l'esprit. Les arts sont le langage de l'âme. S'ils s'adressent aux sens, ce n'est que pour les rappeler à leur vocation, qui est d'être les instruments des jouissances de l'âme. Les arts sont la plus grande joie de l'homme, parce qu'ils mettent l'homme tout entier en jeu, parce qu'ils occupent et charment à la fois son âme et ses sens, et que, dans le plaisir qu'ils procurent, subordonnant, comme ils le font, l'émotion des sens à l'émotion de l'esprit, ils mettent l'ordre suprême dans la jouissance. C'est par là qu'ils sont divins.

De toutes les émotions qui viennent des arts et qui procèdent de l'imitation de la nature humaine, l'émotion dramatique est la plus complète. Aucun art ne peut plus aisément approcher de la réalité que l'art dramatique; et cependant il se perd, s'il s'en approche trop et s'il se confond avec elle. Le spectacle doit être la plus grande des illusions de l'art; mais il doit rester une illusion.

Les Grecs, pour être émus, n'avaient besoin que des fictions de leur théâtre; et c'est là ce qui fait leur gloire dramatique. Ils restaient dans les limites de l'illusion. A Rome, au contraire, le peuple, pour être touché, avait besoin de spectacles grossiers. Les plaintes harmonieuses d'un Philoctète et d'un Œdipe ne remuaient pas le cœur des Romains : il leur fallait les cris des gladiateurs mourants. Rome méprisait les petites terreurs de la tragédie grecque; elle préférait ses jeux du cirque, c'est-à-dire des hommes se battant, se blessant, se tuant, une arène rouge de sang, un sol ébranlé sous les convulsions des mourants, de vraies agonies, de vraies morts, de vrais cadavres. Voilà l'émotion dramatique comme la comprenaient les Romains; voilà le drame de cette société matérialiste. Aussi n'en a-t-elle point eu d'autre. Rome n'a point eu d'art dramatique, parce qu'elle a préféré le cirque au théâtre, les émotions du corps aux émotions de l'esprit.

Et ne croyez pas que l'éducation littéraire que nous recevons dans la société moderne, défende toujours l'âme contre ces grossières émotions du corps. Je remarque d'abord qu'à mesure que le théâtre devient le plaisir d'un public plus nombreux, l'art dramatique doit devenir plus grossier : il n'a plus affaire seulement à l'élite de la société, et il prend, malgré lui, son niveau dans son auditoire. J'ajoute, ce qui est triste à dire, que deux sortes d'hommes sont capables de préférer les brutales émotions du cirque aux nobles illusions du théâtre : ceux qui n'ont pas l'esprit cultivé et ceux qui l'ont trop, les ignorants et les raffinés. On commence par l'émotion grossière; mais c'est aussi par elle, hélas ! qu'on finit, et la satiété ramène à la brutalité. D'ailleurs, ne nous y trompons pas, le cœur humain, quand il n'y prend pas garde, se laisse aller aisément de ce côté. Je me souviens que, causant avec un de mes amis qui avait vu en Espagne des combats de taureaux, je lui demandai si cela l'avait beaucoup choqué : « Oui, au premier moment ; mais, dès le second coup d'œil, cela m'intéressait au point que je n'en pouvais plus détacher mes regards. » Il avait raison : il y a, en effet, dans la vue du danger ou de la souffrance de l'homme, une émotion et un attrait irrésistibles. Mais c'est cette émotion qu'il faut purifier à l'aide de l'art, en la restreignant à l'illusion.

Saint Augustin dans ses *Confessions* [1] a peint admirablement ce plaisir cruel que donne à l'homme la vue de la douleur physique. Alipius, un de ses amis, avait renoncé depuis longtemps aux spectacles du cirque. Un jour, à Rome, quelques amis voulurent le mener voir un combat de gladiateurs. Il résista longtemps ; mais ils le contraignirent doucement comme on fait entre amis, et il les suivit. Arrivé dans le cirque, il prit place sur les gradins, au milieu de ses amis, mais il fermait les yeux. Indifférent, immobile, il refusait ses sens à ce barbare plaisir, quand tout à coup le peuple poussa un grand cri : c'était un gladiateur qui venait de tomber ; et, vaincu par la curiosité, Alipius ouvrit les yeux. « Son « âme, dit saint Augustin, reçut une plus cruelle « blessure que le gladiateur qui venait d'être frappé. « La vue du sang qui coulait remplit son cœur de « je ne sais quelle cruelle volupté. Il voulait en vain « détourner ses regards, il les sentait s'attacher sur « ce corps palpitant ; il buvait à longs traits la fu-

---

[1] Liv. VI, chap. VIII.

« reur des combats ; il se repaissait des crimes de
« l'arène; son âme s'enivrait malgré lui d'une joie
« sanguinaire. Ce n'était plus l'homme traîné de
« force au cirque; c'était quelqu'un de la foule, ému
« comme elle, criant comme elle, ivre de joie comme
« elle, et, comme elle, impatient de venir jouir des
« fureurs du cirque. »

Les Grecs eux-mêmes, ce peuple élu des arts, avaient fini par adopter les combats de gladiateurs. Antiochus Épiphanes, un de ces rois d'Asie qui avaient tous les caprices et toutes les fantaisies que donnent l'ennui et la toute-puissance, avait voulu avoir des combats de gladiateurs. Mais, comme ce genre de spectacle causait d'abord plus d'effroi que de plaisir aux Grecs d'Antioche [1], qui n'étaient point habitués à ces jeux du peuple romain, Antiochus, pour vaincre cette répugnance, fit d'abord combattre des gladiateurs jusqu'au premier sang, puis bientôt jusqu'à la mort; et, grâce à cette transition, les Grecs prirent peu à peu l'habitude et le goût de ces spectacles, tellement que le roi n'eut plus besoin de recourir à Rome pour avoir des gladiateurs : car l'Asie lui en fournit d'aussi ardents et d'aussi habiles que ceux de Rome à suspendre ou à presser les coups, à prolonger ou à abréger l'agonie des mourants, afin de varier les plaisirs des spectateurs. Mais, de ce moment aussi il n'y eut plus d'art dramatique chez les Grecs, et le cirque romain remplaça partout le théâtre grec. C'était un art, je le veux bien, que celui des gladiateurs, un art qui avait ses maîtres et

---

[1] Tite-Live, liv. XLI, chap. XX.

ses écoles. Il y avait, en effet, diverses sortes de gladiateurs, comme nous avons diverses sortes d'acteurs. Ils exécutaient des manœuvres, des mouvements, des pas, comme dans nos ballets; ils combattaient en mesure et en cadence. Mais le fond du plaisir qu'ils donnaient était la vue de la souffrance physique : c'était de là que venait l'émotion, c'était là ce que leur demandaient les spectateurs. Aussi, quand le peuple remarquait que les gladiateurs s'entendaient pour s'épargner, il s'irritait, il les maudissait, il criait qu'on les battît de verges, comme des fripons qui le trompaient. Quand il voyait, au contraire, qu'ils combattaient entre eux avec acharnement, alors il applaudissait avec fureur, et par ses cris il excitait leur ardeur [1], jusqu'à ce qu'enfin ils tombassent percés de coups. Rarement, au surplus, les gladiateurs refusaient au peuple la joie de les voir se combattre avec acharnement : ils mettaient à leur métier une sorte de point d'honneur, et de plus, ils arrivaient dans l'arène désespérés et furieux, sachant bien qu'ils n'en devaient point sortir vivants. Le désespoir des gladiateurs faisait proverbe à Rome [2]; mais ce désespoir même, en donnant aux

---

[1] ..... Quos si animadverterint esse concordes, tum eos oderunt et persequuntur, et tanquam collusores ut fustibus verberentur exclamant............................
Si autem horrendas adversus invicem inimicitias eos exercere cognoverint, ...
quo majore adversus invicem discordia furere senserint, eo magis amant et delectantur, et incitatis favent, et faventes incitant (S. Aug., édit. Gaume, t. vi, p. 474, *De catechizandis rudibus*).

[2] Jam de se desperans, jam habens quasi gladiatorium animum (S. Aug., *Enarrationes in psalmos*, même édit., t. iv, p. 1027).

gestes, aux cris et aux coups des gladiateurs quelque chose de violent et de terrible, ajoutait à l'émotion du spectateur [1].

Quand le théâtre fait prévaloir les émotions du corps sur les émotions de l'esprit, il se rapproche du cirque; mais il en est aussitôt puni par une prompte décadence. En effet, les émotions qui viennent du corps sont bornées et monotones : on connaît bien vite toutes les contorsions tragiques des passions exagérées; on s'aperçoit promptement que ces cris de souffrance et d'agonie qui, la première fois, ont frappé l'oreille d'un coup inattendu et terrible, rendent toujours le même son; et, au bout de quelque temps, l'auteur et le spectateur viennent échouer contre l'impossibilité de faire et de sentir autre chose que ce qu'ils ont fait et senti hier. J'ajoute que c'est sur cet écueil que doivent venir échouer tous les arts qui sortiront du cercle de l'illusion morale pour entrer dans le cercle de l'imitation matérielle. La nature matérielle est beaucoup plus bornée que la nature morale, soit pour jouir, soit pour souffrir. L'âme, dans ses douleurs, est patiente et variée, parce qu'elle est immortelle; tandis que le corps, après souffrir, ne sait que mourir : c'est la seule variété et la seule péripétie qu'il sache mettre dans ses douleurs; et de là aussi, au théâtre, la stérilité et la monotonie des souffrances matérielles.

Ces réflexions m'amènent à rechercher comment l'ancien théâtre exprimait les émotions qui tiennent

[1] Voir la note de la première leçon à la fin du volume.

à la douleur physique et à la crainte de la mort, et comment les exprime à son tour le théâtre moderne. C'est par là que je commencerai l'étude que je veux faire de l'usage des passions dans le drame.

II.

COMMENT L'ANCIEN THÉATRE EXPRIMAIT LES ÉMOTIONS QUI TIENNENT A LA DOULEUR PHYSIQUE ET A LA CRAINTE DE LA MORT. — COMMENT LES EXPRIME LE THÉATRE MODERNE. — *L'Iphigénie* D'EURIPIDE ET DE RACINE. — *Angelo, tyran de Padoue*, DE M. V. HUGO.

Chaque sentiment a son histoire ; et cette histoire est curieuse, parce qu'elle est, pour ainsi dire, un abrégé de l'histoire de l'humanité. Quoique les sentiments du cœur humain ne changent pas, cependant ils ressentent aussi l'effet des révolutions religieuses et politiques qui se font dans le monde. Ils gardent leur nature, mais ils changent d'expression ; et c'est en étudiant ces changements d'expression, que la critique littéraire fait, sans le vouloir, l'histoire du monde.

L'amour de la vie est le sentiment le plus constant et le plus universel du cœur humain :

> Mieux vaut goujat debout qu'empereur enterré,

dit le fabuliste [1] ; et, en parlant ainsi, il ne faisait que

---

[1] LA FONTAINE, *la Matrone d'Éphèse*. Le vers de La Fontaine semble imité de quelques vers de Théophile, dans *Pyrame et Thisbé*.

> Qu'on soit bien dans ce règne où Pluton tient sa cour ;
> C'est un conte : il n'est rien de si beau que le jour.
> Le moindre chien vivant vaut mieux que cent cohortes

traduire l'entretien d'Achille et d'Ulysse dans les enfers : « Achille, dit Ulysse, tu étais autrefois honoré « comme un dieu chez les vivants ; mais maintenant « ici encore tu commandes aux morts : tu ne dois « pas regretter la vie. — Ulysse, répondit Achille, « ne cherche pas à me consoler de la mort : j'aime- « rais mieux être un pauvre laboureur et gagner ma « vie près de quelque pauvre maître qui n'aurait pas « toujours de quoi me nourrir, que de commander « ici à ces ombres sans vie [1]. » Tant la vie est une douce chose ! et les anciens ne craignaient pas d'en regretter la douceur. Ce regret de la vie, que les poëtes prêtaient sans scrupule à leurs héros mourants, n'avait rien de timide ni de faible : ils étaient touchants sans être lâches.

Deux sortes d'hommes, qui ne sont pas toujours les plus fidèles interprètes de la nature humaine, les poëtes satiriques [2] et les philosophes, les uns, parce qu'ils voient le monde en laid, et les autres, parce qu'ils voudraient faire des sentiments de l'homme un système méthodique et régulier, avaient déjà, chez les Grecs, critiqué la faiblesse des héros mourants. Platon les accusait d'amollir les âmes par leurs plaintes, et Cicéron, disciple et traducteur des philosophes grecs, louait le vieux Pacuvius d'avoir, dans sa pièce d'*Ulysse blessé*, imitée de Sophocle,

> De tigres, de lions ou de panthères mortes.
> Bien que pauvre sujet, je préfère mon sort
> A celui-là d'un prince ou d'un monarque mort.
>
> Acte III, scène 1.

[1] *Odyssée*, chant XI, vers 484.
[2] Voyez comment Aristophane, dans *les Grenouilles*, se moque des héros d'Euripide qui pleurent et se lamentent.

donné à son héros mourant une fermeté et une constance dignes de Rome et du stoïcisme [1]. L'ancien théâtre français semble avoir été, de ce côté, de l'avis de Cicéron plutôt que de Sophocle : ses héros et ses héroïnes meurent avec une magnanimité admirable ; je dirais même volontiers qu'ils en prennent si bien leur parti, que le spectateur finit aussi par en prendre le sien. La hauteur de leurs sentiments empêche la pitié ; et, en les voyant renoncer si lestement à la vie, nous prenons, malgré nous, quelque chose de leur fière insensibilité. Plusieurs choses ont concouru à la fermeté de nos héros tragiques : l'influence des reproches que la philosophie ancienne faisait aux poëtes dramatiques, l'exemple mal compris[2] des martyrs chrétiens, et enfin surtout l'idée du point d'honneur. Le point d'honneur, né de l'habitude de la vie militaire et de cet intrépide mépris du péril qui caractérise les nations germaniques, a beaucoup aidé à la fermeté des héros du théâtre moderne. Chaque siècle donne à ses personnages dramatiques le genre de courage qu'il prise le plus. Quand le genre de courage le plus estimé est le courage qui brave la mort, quand c'est sur ce pied qu'on mesure les hom-

---

[1] Cicéron, dans ses *Tusculanes*, liv. II, ch. XXIII, blâme le Philoctète de Sophocle de céder à la douleur :

« Hoc quidem in dolore maxime providendum est, ne quid abjecte, ne quid timide, ne quid ignave, ne quid serviliter muliebriterve faciamus ; imprimisque refutetur ac rejiciatur Philoctetæus ille clamor. Ingemiscere nonnunquam viro concessum est, idque raro : ejulatus, ne mulieri quidem. »

[2] Si nulla esset vel parva mortis molestia, non esset tam magna martyrum gloria. — Explication de saint Augustin et des autres Pères latins sur le Nouveau Testament, 1er volume, page 645.

mes, Achille et Ajax, s'ils paraissent sur le théâtre, ne seront pas moins fiers et moins hardis qu'un mousquetaire ou qu'un grenadier ; il faut même, à titre de héros, qu'ils le soient un peu plus. De là le mépris de la mort poussé jusqu'à l'exagération, de là les rodomontades d'intrépidité et de résignation.

Le théâtre moderne a voulu corriger les héros tragiques de cette magnanimité philosophique, chevaleresque et chrétienne, qui ennuyait le spectateur sans l'édifier. Étudions donc l'expression diverse du sentiment de l'amour de la vie depuis les Grecs jusqu'à nos jours, à travers les influences successives de la philosophie, du point d'honneur et du christianisme ; et, pour mieux faire cette étude, prenons quelques personnages du théâtre ancien et du théâtre moderne.

Il y a, dans le théâtre grec, trois jeunes filles immolées à la fleur de leur âge, l'Antigone de Sophocle, l'Iphigénie et la Polyxène d'Euripide. Aucune d'elles, en mourant, n'affecte le courage et la fermeté ; aucune d'elles ne fait bon marché de sa jeunesse et de ses espérances ; toutes trois pleurent sans rougir, et toutes trois cependant se résignent. C'est là, j'ai hâte de le dire, le triomphe de l'art grec : il excite la pitié, mais il ne l'épuise pas ; il mêle, dans le langage de ses victimes, la plainte et la résignation, afin qu'elles inspirent à la fois l'attendrissement et le respect, et que ces deux sentiments se tempèrent l'un par l'autre dans l'âme du spectateur. L'art grec cherche toujours à maintenir un juste équilibre entre ces deux émotions. Ainsi, comme Antigone, en désobéissant hardiment à la loi de Créon qui défendait d'ensevelir le corps de Polynice, a montré plus de fermeté qu'il n'appartient à une jeune fille, Sophocle, craignant que nous ne la plaignions moins, la voyant si courageuse, a donné à ses regrets de la vie quelque chose de vif et de déchirant. Antigone est presque une martyre, puisqu'elle a mieux aimé obéir à la loi divine qu'à la loi humaine ; mais elle n'a pas la résignation du martyr : tantôt elle pleure, parce qu'elle n'aura ni chants nuptiaux, ni doux mariage, ni enfants chéris [1] ; tantôt elle accuse la lâcheté des Thébains et l'indifférence des dieux [2]. Aussi le chœur, qui, dans la tragédie antique, exprime les sentiments que le poëte veut donner aux spectateurs, remarque avec effroi l'affreuse tempête qui agite son âme [3]. Sophocle n'a prolongé si longtemps l'agonie d'Antigone que pour tempérer, par la pitié, l'admiration qu'avait inspirée son courage.

Polyxène est plus résignée qu'Antigone, car elle a perdu son père et sa patrie, et, si elle vivait, ce serait pour être esclave ; point d'époux pour elle, sinon un esclave comme elle. Elle n'a donc point peur de la mort, elle s'y résigne, mais sans faste, sans arrogance, sans stoïcisme ; elle ne regrette de la vie que les soins qu'elle aurait donnés à Hécube ; vierge timide et chaste, qui meurt sans se plaindre et ne songe, en tombant, qu'à

> . . . . ranger ses vêtements,
> Dernier trait de pudeur à ses derniers moments [4].

---

[1] SOPHOCLE, *Antigone*, vers 814, 916 et suiv.
[2] *Ibid.*, vers 838, 876, 921 et suiv.
[3] *Ibid.*, vers 929 et 930.
[4] LA FONTAINE, *les Filles de Minée*.

Dans Sénèque, au contraire, Polyxène devient intrépide et farouche, elle court au-devant de la mort ; sa magnanimité touche à la fureur [1], et elle épouvante Pyrrhus qui doit l'immoler.

Moins fière et moins hardie qu'Antigone, moins résignée que Polyxène, l'Iphigénie d'Euripide a besoin de moins d'efforts pour nous attendrir. Aussi n'y a-t-il dans ses plaintes rien de violent ni d'agité : elle regrette la vie, elle ne craint pas d'exprimer sa peur de la mort, elle pleure aussi sa jeunesse qui croissait dans d'autres espérances. Le discours qu'elle adresse à son père est plein de naïveté et de grâce, et d'une naïveté qui, rapprochée de l'idée de la mort que cherche à repousser cette jeune fille, émeut profondément les cœurs :

« Mon père, dit-elle [2], si j'avais la parole d'Or-

Tunc quoque cura fuit partes velare tegendas,
Cum caderet, castique decus servare pudoris.
(Ovide, Métam, liv. XIII.)

Dans Euripide, Polyxène découvre sa poitrine ; mais le poëte ajoute qu'elle était belle et chaste comme une statue. Il emprunte son image à la statuaire pour exprimer sa pensée d'une manière plus pure. Cela montre l'idée que les Grecs se faisaient de la sculpture :

Μαστούς τ' ἔδειξε στέρνα θ', ὡς ἀγάλματος,
Κάλλιστα,.,..

Mamillasque ostendit pectoraque, velut statuæ,
Pulcherrima. . . . .
(Euripide, Hécube, v. 560, éd. Didot.)

[1] Audax virago non tulit retro gradum :
Conversa ad ictum stat, truci vultu ferox...
Tam fortis animus omnium mentes ferit,
Novumque monstrum, est Pyrrhus ad cædem piger.....
(Sénèque, Troyennes, 1151.)

[2] Euripide, Iphigénie en Aulide, vers 1211 à 1252.

« phée, si j'avais la persuasion qui attire les rochers,
« si je pouvais, par mes discours, enchanter qui je
« voudrais, je m'en servirais en ce moment; mais je
« n'ai pour art que mes larmes, que je laisse couler
« devant vous. C'est par là seulement que je peux
« quelque chose. Laissez-moi, comme une sup-
« pliante, prosterner à vos genoux ce corps destiné
« à un si prompt trépas, et que ma mère a enfanté
« avec douleur. Ne veuillez pas que je meure avant
« le temps : la lumière est si douce à voir ! Ne me
« faites pas descendre aux ténèbres souterraines.
« C'est moi qui la première fois vous ai appelé père;
« c'est moi qui, placée sur vos genoux, recevais et
« vous rendais vos caresses. Vous me disiez alors :
« Quand te verrai-je, ma fille, heureuse et fière dans
« la maison d'un époux? — Et moi, je vous disais,
« en attachant mes mains à votre menton, comme
« je le fais encore en ce moment, pauvre suppliante :
« Mon père, quand vous serez vieux, je vous recevrai
« sous l'abri de ma maison, et je vous rendrai les
« soins que j'ai reçus de vous. — Je me souviens
« encore de ces discours; mais vous, vous les avez
« oubliés, puisque vous voulez que je meure. Non,
« mon père, au nom de Pélops et d'Atrée! au nom
« de ma mère, qui a tant souffert à ma naissance et
« qui souffre plus cruellement aujourd'hui, non! Et
« qu'ai-je à faire avec les fautes de Pâris et d'Hé-
« lène? Pourquoi Hélène m'est-elle fatale? Regardez-
« moi, mon père, donnez-moi un regard et un bai-
« ser, afin que j'aie au moins, avant de mourir, ce
« souvenir de vous, si vous ne vous laissez pas tou-
« cher par mes paroles. — Mon frère, tu es bien fai-

« ble encore pour me secourir ; mais pleure avec
« moi, prie mon père que ta sœur ne meure pas ! —
« Voyez, les enfants sentent aussi la douleur; voyez,
« il vous supplie, mon père. Épargnez-moi, ayez pi-
« tié de ma vie. Vos deux enfants, l'un faible en-
« core, et l'autre, hélas ! qui a grandi pour mourir,
« touchent, en suppliants, votre menton. — Mon
« père, je veux vous convaincre par une dernière
« parole : rien n'est plus doux pour les mortels que
« de voir le jour; personne ne souhaite la nuit des
« enfers ; c'est folie que de vouloir mourir. Mieux
« vaut une malheureuse vie qu'une belle mort ! »

Je n'aime ni le souvenir de l'éloquence d'Orphée, qui sert d'exorde à ce discours, ni cette maxime sentencieuse qui le termine. Cela sent les habitudes de l'art oratoire, si chères aux Grecs. Mais, si vous ôtez cette rhétorique de convention, que cette supplication est touchante! quel heureux mélange de sentiments naturels et de réflexions douloureuses! comme l'instinct de la jeunesse se révolte contre la mort!

Tels sont, dans le théâtre grec, les adieux que font à la vie Antigone, Iphigénie et Polyxène. Toutes trois pleurent leur mort prématurée, toutes trois regrettent la vie, et toutes trois aussi finissent par se résigner avec un effort plus ou moins grand, selon que le poëte sent qu'il a plus ou moins besoin de nous attendrir. Ainsi se mêlent le sentiment de l'amour de la vie, naturel à l'homme, et les sentiments de la résignation et de la fermeté ; ainsi s'exprime, dans ces personnages du théâtre grec, le cœur humain tout entier, qui est à la fois faible et fort, timide et hardi.

Voyons maintenant comment, dans son *Iphigénie*, Racine a exprimé ce mélange de sentiments.

L'Iphigénie de Racine est plus résignée et plus magnanime : elle craint de dire qu'elle aime et qu'elle regrette la vie, que la lumière du jour est douce à voir et que les ténèbres de la mort sont affreuses.

. . . . Mon père,
(*dit-elle à Agamemnon*)
Cessez de vous troubler, vous n'êtes point trahi;
Quand vous commanderez, vous serez obéi.
Ma vie est votre bien : vous voulez le reprendre,
Vos ordres, sans détours, pouvaient se faire entendre.
D'un œil aussi content, d'un cœur aussi soumis
Que j'acceptais l'époux que vous m'aviez promis,
Je saurai, s'il le faut, victime obéissante,
Tendre au fer de Calchas une tête innocente;
Et, respectant le coup par vous-même ordonné,
Vous rendre tout le sang que vous m'avez donné[1].

Je sais bien que ce respect est plein de prières muettes; je sais bien que le regret de la vie va percer plus vivement dans les beaux vers qui suivent :

Si pourtant ce respect, si cette obéissance
Paraît digne à vos yeux d'une autre récompense,
Si d'une mère en pleurs vous plaignez les ennuis,
J'ose vous dire ici qu'en l'état où je suis,
Peut-être assez d'honneurs environnaient ma vie
Pour ne pas souhaiter qu'elle me fût ravie,
Ni qu'en me l'arrachant un sévère destin
Si près de ma naissance en eût marqué la fin.
Fille d'Agamemnon, c'est moi qui la première,
Seigneur, vous appelai de ce doux nom de père;

---

[1] Acte IV, sc. 4.

C'est moi qui, si longtemps le plaisir de vos yeux,
Vous ai fait de ce nom remercier les dieux,
Et pour qui, tant de fois, prodiguant vos caresses,
Vous n'avez point du sang dédaigné les faiblesses.
Hélas ! avec plaisir je me faisais conter
Tous les noms des pays que vous allez dompter ;
Et déjà d'Ilion présageant la conquête,
D'un triomphe si beau je préparais la fête.
Je ne m'attendais pas que, pour le commencer,
Mon sang fût le premier que vous dussiez verser[1].

Peut-être me trompé-je ; mais, dans cette supplication modeste et réservée, je sens la vierge chrétienne qui craint de montrer trop d'attachement aux joies de la vie, et la martyre qui s'efforce de mourir

---

[1] Dans l'*Andromède* de Corneille, représentée en 1650, Andromède, condamnée par l'oracle à devenir la proie d'un monstre marin, pleure aussi son sort ; mais elle ne manque pas à la magnanimité qui est de règle pour les héroïnes de théâtre :

> Seigneur, je vous l'avoue (*dit-elle à son père*), il est bien rigoureux
> De tout perdre au moment qu'on doit se croire heureux ;
> Et le coup qui surprend un espoir légitime
> Porte plus d'une mort au cœur de la victime.
> Mais enfin il est juste, et je le dois bénir ;
> La cause des malheurs les doit faire finir.
> Le Ciel, qui se repent sitôt de ses caresses,
> Verra plus de constance en moi qu'en ses promesses ;
> Heureuse, si mes jours un peu précipités
> Satisfont à ces dieux pour moi seule irrités,
> Si je suis la dernière à leur courroux offerte,
> Si le salut public peut naître de ma perte !
> Malheureuse pourtant de ce qu'un si grand bien
> Vous a déjà coûté d'autre sang que le mien,
> Et que je ne suis pas la première et l'unique
> Qui rende à votre État la sûreté publique !
>
> (Acte II, scène 4.)

sans regrets. Iphigénie immole sa douleur à l'autorité paternelle ; elle se ferait scrupule de l'offenser par un murmure trop vif. Voilà ce que le christianisme a fait du cœur de l'homme, voilà comme il le contient et le modère dans ces moments mêmes où la vie qui s'échappe vaut bien au moins un dernier et suprême regret. Cette réserve est plus vertueuse ; mais elle est moins dramatique.

Outre la différence des sentiments, je suis frappé aussi de la différence des idées entre l'Iphigénie de Racine et l'Iphigénie d'Euripide ; et c'est là surtout que je retrouve la différence entre la société antique et la société moderne. L'Iphigénie moderne, fille du roi des rois, et destinée à la main d'Achille, pense aux honneurs qui l'environnaient ; et c'est là le genre de regrets qu'elle semble attacher à la vie. L'Iphigénie antique regrette la lumière si douce à voir ; et, quand elle va à la mort : « Adieu, dit-elle, « brillant éclat du jour, lumière du ciel, clarté ché- « rie, adieu [1] ! » Il n'y a que la fille d'Agamemnon, du plus puissant roi de la Grèce, qui puisse parler comme l'Iphigénie de Racine ; il n'y a pas de jeune fille mourante qui ne puisse répéter les vers de l'Iphigénie antique, car ses regrets s'adressent aux biens les plus universels et les plus doux de la vie : à la lumière, à la beauté des cieux, à la joie qui vient de la nature, à ces jouissances que tous partagent, sans que la part de personne en devienne plus petite. C'est là le trait caractéristique de l'amour de la vie chez les anciens. Ce qui leur plaît de la vie, c'est la nature ; ce qui plaît aux modernes, c'est la société.

[1] EURIPIDE, *Iphigénie en Aulide*, vers 1505.

« Adieu, dit, dans Gœthe, le comte d'Egmont près
« de mourir, adieu, douce vie, aimable habitude
« d'être et d'agir[1] ! » Et, en parlant ainsi, Gœthe
croit que son héros parle à la fois comme un ancien
et comme un moderne, et qu'il regrette en même
temps la nature et la société. Hélas! être et agir, ces
mots abstraits et ternes, sont-ce là les belles et lumineuses images que les anciens adoraient encore
en mourant? Écoutez, dans Sophocle, les adieux
d'Ajax avant de se tuer. Il pouvait regretter ses armes, ses combats, sa gloire, ses malheurs, tout ce
qui, selon nous, fait la vie. « Adieu, dit-il comme
« Iphigénie, brillant éclat du jour, soleil que je vois
« pour la dernière fois, douce clarté, adieu! et toi,
« sol sacré de ma terre natale, Salamine, foyers do-
« mestiques; et toi, belle et glorieuse Athènes, mon
« alliée, ma seconde patrie; et vous, fontaines et
« fleuves; vous aussi, campagnes de Troie, je vous
« salue, vous tous qui m'avez nourri[2] ! » Comparez
ces paroles avec celles d'Hamlet, dans Shakspeare;
car c'est aussi le monologue d'un homme près de
mourir : « Vivre! dit Hamlet, supporter les traits et
« les injures du temps, les injustices de l'oppres-
« seur, les outrages de l'orgueilleux, les tortures de
« l'amour méprisé, les longs délais de la loi, l'inso-
« lence des grands en place et les avilissants rebuts
« que le mérite patient essuie de l'homme sans âme!
« Vivre! lorsqu'avec un poinçon on pourrait soi-
« même se procurer le repos[3] !... » Voilà comment

[1] Gœthe, *Egmont*, acte v.
[2] Sophocle, *Ajax*, vers 859 et suiv.
[3] Shakspeare, *Hamlet*, acte III, sc. 1.

on meurt différemment dans le Nord et dans le Midi : au Nord, faisant aux hommes et à la société des adieux pleins de satire et de dédains ; au Midi, faisant à la nature des adieux pleins d'amour et de regret.

Il n'y a pas moins de différence entre le théâtre où Hamlet expose ses doutes mélancoliques, et celui où Ajax fait à la beauté du jour et à la fraîcheur des eaux ses brillants et funèbres adieux, qu'il n'y en a entre leurs paroles mêmes. Le théâtre antique n'était pas une salle renfermée et ténébreuse, éclairée par la lueur des quinquets, où l'on vient passer le soir une heure ou deux dans de petites niches de bois ; où le héros tragique, quand il parle du soleil, lève les yeux vers un lustre plus ou moins bien allumé, et, quand il invoque le Ciel, regarde un plafond de bois peint, ou bien, au-dessous du plafond, la dernière galerie pleine de spectateurs tumultueux et débraillés. Le théâtre antique était placé sur le penchant d'un coteau, avec le ciel pour plafond, les montagnes et la mer pour décorations. Quand Ajax, sur un pareil théâtre, saluait pour la dernière fois le soleil et la douce clarté du jour, le soleil brillait vraiment au haut des cieux et éclairait le visage mourant du héros et les regards attendris des spectateurs. « Salamine, sol sacré de ma terre natale ! » s'écriait Ajax ; et tous les spectateurs (car je me figure une représentation de l'*Ajax mourant* au théâtre de Bacchus à Athènes), tous les spectateurs pouvaient voir Salamine et son golfe glorieux. La voilà au milieu des flots qui murmurent encore le nom de Thémistocle, la voilà, cette île que le soleil marque de sa lumière et l'histoire de ses souvenirs ; la voilà avec tout ce que son nom et sa vue disent aux Athéniens ! « Belle et glorieuse Athènes, douce sœur de ma pa- « trie ! » disait le héros ; et non-seulement il disait cela dans Athènes, mais Athènes était tout entière sous ses yeux. Voilà le rocher de l'Acropole, aux flancs duquel est bâti le théâtre de Bacchus. Au haut du rocher est le Parthénon, le temple d'Érechthée et le sanctuaire de la Victoire *qui n'a plus d'ailes* pour quitter Athènes. A droite, est la route qui mène à Munychium et au Pirée ; à gauche, est l'Illisus et çà et là quelques sources sacrées qu'Ajax salue aussi en mourant ; car le respect des eaux est en Orient une sorte de religion que les mourants même n'oublient pas. Beau pays, que mes yeux ont vu, qu'ils n'oublieront jamais et dont ils aiment à évoquer le souvenir pour éclairer les brouillards de notre ciel ; montagnes, qui vous transfigurez dans une auréole de lumière ; îles charmantes, mer azurée, qui faites de la terre et des eaux le plus gracieux mélange que puisse rêver l'imagination des hommes ; fontaines, dont l'onde est aussi pure que l'air dont elles tempèrent la chaleur ; fleuves, qui remplacez vos eaux que tarit l'été par la verdure et la fleur des lauriers roses ; clarté du ciel surtout, clarté pleine de pourpre et d'or, qui dessines et qui dévoiles tout dans un pays où l'art et la nature ont une beauté et une grâce qui n'a jamais besoin des ménagements du demi-jour ; douce vue, aspects chéris, qui deviez en effet rendre la vie plus regrettable aux mourants ; — c'est vous qui serviez de décorations au théâtre antique, c'est vous qui enchantiez les yeux des spectateurs, tandis que les vers de Sophocle ou d'Euripide enchantaient leurs esprits !

Il faut donc, quand on compare les personnages du théâtre français avec les personnages du théâtre grec, l'Iphigénie de Racine avec l'Iphigénie d'Euripide, il faut tenir compte de toutes les différences qui tiennent à la forme et à la disposition même des théâtres, non moins que de celles qui viennent de la diversité des temps, des institutions et des climats.

La facile résignation de l'Iphigénie moderne fait tort, selon moi, à la pitié qu'elle inspire. Il y a une scène cependant où cette résignation, quoique plus grande encore qu'avec Agamemnon, devient vraiment touchante et dramatique : c'est quand, s'adressant à Achille, elle veut apaiser sa colère contre Agamemnon :

Le Ciel n'a point (*dit-elle*) aux jours de cette infortunée
Attaché le bonheur de votre destinée.
Notre amour nous trompait; et les arrêts du sort
Veulent que ce bonheur soit un fruit de ma mort.
Songez, seigneur, songez à ces moissons de gloire
Qu'à vos vaillantes mains présente la victoire;
Ce champ si glorieux, où vous aspirez tous,
Si mon sang ne l'arrose, est stérile pour vous.
Telle est la loi des dieux à mon père dictée.
En vain, sourd à Calchas, il l'avait rejetée;
Par la bouche des Grecs contre moi conjurés,
Leurs ordres éternels se sont trop déclarés.
Partez. A vos honneurs j'apporte trop d'obstacles.
Vous-même dégagez la foi de vos oracles;
Signalez ce héros à la Grèce promis;
Tournez votre douleur contre ses ennemis.

> Déjà Priam pâlit; déjà Troie en alarmes
> Redoute mon bûcher et frémit de vos larmes.
> Allez; et, dans ces murs vides de citoyens,
> Faites pleurer ma mort aux veuves des Troyens.
> Je meurs, dans cet espoir, satisfaite et tranquille.
> Si je n'ai pas vécu la compagne d'Achille,
> J'espère que, du moins, un heureux avenir
> A vos faits immortels joindra mon souvenir,
> Et qu'un jour mon trépas, source de votre gloire,
> Ouvrira le récit d'une si belle histoire.
> Adieu, prince; vivez, digne race des dieux[1].

Il y a ici plus que de la résignation : il y a du dévouement ; et c'est là ce qui émeut le spectateur. J'ajoute que ce dévouement devient doux pour Iphigénie, quand elle pense que c'est à la gloire d'Achille qu'elle va être immolée. La résignation est une vertu, le dévouement est souvent une passion ; et c'est là ce qui fait la supériorité dramatique du dévouement sur la résignation. Le courage d'Iphigénie, comme amante, me touche plus que son courage comme fille, parce que le cœur humain n'aime pas, au théâtre, la vertu toute seule et qui prend sa force en elle-même. Mais, quand la vertu se soutient contre une passion à l'aide d'une autre passion, quand elle combat, comme dans Iphigénie, la peur de la mort par l'ardeur du dévouement, alors le cœur humain consent à supporter la vertu et même il s'en laisse toucher. Les martyrs chrétiens, quoique peu dramatiques en général, le sont cependant plus que les stoïciens mourants, tels que Caton ou Thraséas.

L'amour de la vie fait le fond du personnage

---
[1] RACINE, *Iphigénie*, acte v, sc. 2.

d'Iphigénie dans Euripide; le sentiment de la résignation et l'obéissance tient plus de place dans l'Iphigénie de Racine. Mais, ce qu'il faut remarquer, c'est que, dans les deux poëtes, les deux sentiments sont mêlés, quoiqu'à doses inégales, si je puis parler ainsi; et ce mélange de sentiments opposés montre comment les deux poëtes comprennent l'émotion dramatique : ils savent qu'un seul sentiment, un sentiment exclusif, ne suffit pas pour produire l'émotion. Le personnage qui n'a qu'un seul sentiment et qu'une seule pensée, frappe, mais n'attache pas; c'est, pour ainsi dire, un cri poussé par la passion. Ce cri peut faire un mot ou même une scène; mais il ne peut faire un personnage.

Voyons maintenant comment M. Victor Hugo, dans son drame d'*Angelo*, a exprimé ce sentiment de l'amour de la vie.

Le théâtre moderne, et c'est un de ses mérites, a compris combien était froid et monotone ce dédain de la vie qui était devenu le refrain obligé des héros mourants. Il a voulu se rapprocher des Grecs, il n'a pas craint d'exprimer cette peur de la mort que Sophocle donnait à son *Antigone* et Euripide à son *Iphigénie*. Comment l'a-t-il fait? A-t-il atteint le but ou l'a-t-il dépassé? Examinons rapidement cette question, à l'aide d'un exemple.

Angelo, tyran de Padoue, sait que Catarina, sa femme, aime le jeune Rodolfo; il sait qu'elle l'a reçu chez elle. Il entre et lui annonce qu'il faut mourir : elle peut choisir entre le fer et le poison. Catarina semble d'abord se résigner, et elle s'approche de la table où est le flacon; puis, reculant tout à coup :

« Non, c'est affreux, s'écrie-t-elle; je ne veux pas! je
« ne pourrai jamais! Mais pensez-y donc encore un
« peu, tandis qu'il en est temps; vous qui êtes tout-
« puissant, réfléchissez. Une femme, une femme qui
« est seule, abandonnée, qui n'a pas de force, qui est
« sans défense, qui n'a pas de parents ici, pas de
« famille, pas d'amis, qui n'a personne! l'assassiner!
« l'empoisonner misérablement dans un coin de sa
« maison! Ma mère! ma mère! ma mère!......
« Ne me dites pas d'avoir du courage, je vous en prie!
« Est-ce que je suis forcée d'avoir du courage, moi!
« Je n'ai pas honte de n'être qu'une femme bien faible
« et dont il faudrait avoir pitié! Je pleure parce que
« la mort me fait peur. Ce n'est pas ma faute [1]. »

[1] Dans le drame de *Christine à Fontainebleau*, M. Dumas a exprimé la même peur de la mort. Monaldeschi, déjà condamné à mourir, est dans une chambre et des gardes veillent à la porte. Il les entend parler entre eux du sort qui lui est réservé; alors, plein d'épouvante, il s'écrie :

Oh! que faire, mon Dieu! mon Dieu, secourez-moi!
Je sens, à chaque instant, redoubler mon effroi...
Mon Dieu! que devenir?..........
. . . .
Je puis, dans cette chambre obscure et retirée,
Mourir, et que de tous ma mort soit ignorée.
La nuit, seul en ce lieu, sans défense surpris,
Oh! qui me secourrait, qui viendrait à mes cris?
. . . .
Je me souviens du mal que fait une blessure.
Dans un duel, un jour, un spadassin adroit
Me frappa de son fer... son fer entra si froid!....
Et je serais promis à ce supplice horrible!
Je sentirais vingt fois... Oh! non, c'est impossible!
Non... Christine ne peut me garder ce trépas.
(Acte V, sc. 1.)

Certes, les sentiments qu'exprime Catarina sont des sentiments vrais et naturels. Je sens, dans ses paroles, l'horreur de la mort et l'amour de la vie; mais, si j'ose dire ce que je pense, j'entends plutôt, dans cette scène, le cri du corps livré aux angoisses de l'agonie que le cri de l'âme. C'est la chair qui se révolte contre la mort; mais c'est une révolte toute matérielle et toute physique : l'âme n'y est pour rien. Catarina me touche, mais c'est le corps qui parle au cœur. Je vois les sensations du condamné à mort, je vois la chair tressaillir, le visage pâlir, les membres trembler; j'assiste à une agonie. Mais pourquoi ne me montrez-vous que la mort matérielle? pourquoi ne me donnez-vous que la moitié de l'homme? pourquoi, des émotions du mourant, supprimez-vous les plus nobles, les plus élevées, celles qui s'adressent à la vraie pitié de l'homme, à la pitié qui se concilie avec l'admiration et le respect, et non à celle qui touche au dégoût? J'aime qu'Iphigénie regrette *la lumière si douce à voir*, j'aime sa peur des *ténèbres souterraines*, j'aime ses regrets de la vie; mais dans ses plaintes, il y a autre chose que la peur toute physique et toute matérielle de la mort; et, quand elle se résigne, quelle noblesse! quelle dignité! que ce dernier regard et ce dernier baiser qu'elle veut emporter de son père, émeuvent profondément! comme cette résignation relève nos cœurs qu'elle a attendris par ses regrets, et les relève sans les sécher! si bien que la pitié qu'elle nous inspire peut se prolonger, sans devenir, pour nous, une sorte de douleur et de malaise. Comme l'art tempère et purifie la nature! Certes, il y a de la vérité dans les cris et les angoisses de Catarina; mais c'est une vérité qui est, pour ainsi dire, dans l'ordre des vérités de l'histoire naturelle. Dans les plaintes d'Iphigénie, il y a une vérité plus humaine et plus noble.

Qu'il me soit permis d'invoquer ici un souvenir historique qui peut servir d'emblème aux deux genres d'émotions dramatiques que j'essaye de caractériser.

En 94, une femme sortait de la Conciergerie pour aller à la mort. Montée sur la fatale charrette avec ses compagnons d'infortune, madame Roland avait le front aussi doux, le visage aussi calme que si elle eût été encore dans son salon, au milieu de l'élite des Girondins. Fière et bravant par son mépris les outrages de la foule sanguinaire qui courait la voir mourir, elle répétait, en montant sur l'échafaud : « Liberté! que de crimes commis en ton nom! » C'est ainsi qu'elle mourut, sans se plaindre, sans s'agiter, sans avoir eu ni les cris ni les convulsions de l'agonie, toujours digne, toujours majestueuse. Le peuple fut-il ému? non! il ne comprit pas la tranquille beauté de cette mort; et, comme il n'est capable que des émotions qui lui viennent par les sens, celle-là ne pénétra pas jusqu'à lui.

Quelques jours après, sortait de la Conciergerie, pour aller aussi mourir sur l'échafaud, une autre femme : c'était madame Dubarry. La malheureuse, qui n'avait appris le courage et la dignité que dans les petits-soupers de Louis XV, poussait des cris affreux, ne pouvant se résigner à cette idée de mourir; et, sur l'échafaud, elle criait : « Monsieur le « bourreau, encore un petit moment, je vous en

« prie! » Ce petit et misérable moment ne lui fut pas donné, et sa tête tomba, la bouche béante encore des cris qu'elle jetait. Le peuple fut ému. Cette agonie convulsive et haletante, ce débat de la vie contre la mort le frappa et l'attendrit : il comprenait ce genre de tragédie.

III.

DE LA LUTTE DE L'HOMME CONTRE LA DOULEUR PHYSIQUE — DU PHILOCTÈTE DE SOPHOCLE. — D'UNE SCÈNE DU ROMAN DE *Notre-Dame de Paris* DE M. VICTOR HUGO.

Depuis le christianisme, le théâtre et la littérature sont essentiellement spiritualistes. De nos jours seulement, la littérature, sans cesser de prendre la souffrance morale pour sujet, a poussé cette souffrance jusqu'à la douleur physique. Elle a, chose curieuse, matérialisé la douleur morale, tandis que les Grecs, qui représentaient volontiers la douleur physique, l'idéalisaient à l'aide du beau. Ils s'élevaient ainsi du corps à l'esprit; nous suivons la pente contraire. Ils s'avançaient peu à peu vers le spiritualisme chrétien; nous semblons redescendre vers le matérialisme païen.

Essayons d'expliquer ces réflexions par des exemples.

Nous aimons la beauté; nous ne l'adorons pas. Les Grecs l'aimaient et l'adoraient. Il n'y avait de dieux pour eux que ceux qui étaient beaux; Pluton lui-même était beau, quoiqu'il fût le dieu des enfers. Quand les Grecs représentaient les hommes, ils avaient le même soin de la beauté : leurs peintres et leurs statuaires ne représentaient que les hommes qui étaient beaux. « Qui voudra te peindre, dit une ancienne épigramme, puisque personne ne veut te voir? » Les Grecs avaient horreur du portrait, c'est-à-dire de la ressemblance du premier venu; et ils portaient si loin cette salutaire défiance, que les vainqueurs des jeux olympiques, qui avaient tous droit à une statue, n'obtenaient une statue *iconique*, c'est-à-dire une statue qui leur ressemblât, qu'après trois victoires, tant les Grecs craignaient la laideur dans les arts.

Avec cette horreur du laid, les peintres et les statuaires grecs avaient soin de ne jamais représenter l'excès de la passion : les extrêmes douleurs et les extrêmes colères touchent à la contorsion, et la contorsion enlaidit. Timanthe, dans son tableau du Sacrifice d'Iphigénie, voilait la tête d'Agamemnon; non pas qu'il désespérât, comme on l'a dit, de pouvoir jamais exprimer une pareille douleur, mais parce qu'il ne pouvait l'exprimer qu'en donnant au visage du héros une agitation qui l'eût défiguré. La sculpture a représenté les Niobides, les uns déjà morts, les autres expirants; ceux-ci percés du trait fatal pendant leur fuite, ceux-là pendant leurs supplications; Niobé enfin, couvrant de son corps, pour la défendre, sa dernière et sa plus jeune fille qu'elle implore en vain de la clémence des dieux, et que la flèche de Diane va atteindre entre ses bras. Mais aucun de ces mourants, aucun de ces suppliants n'a une attitude désordonnée ou un geste violent; leur visage, et j'allais presque dire leur corps (car, dans la statuaire grecque, l'expression, loin d'être concentrée sur le visage, comme dans la statuaire moderne, est répandue sur tout le corps; et la nudité est pour les sculpteurs grecs, non pas une habitude empruntée au climat, puisque les Grecs étaient vêtus, mais une ressource de l'art, pour mieux exprimer les idées et les sentiments des personnages), leur visage et leur corps, dis-je, expriment la supplication, la souffrance, l'épouvante, la mort même avec une vérité singulière, et en même temps avec une dignité et une mesure admirables. Niobé elle-même, cette mère qui voit périr ses enfants, est belle et majestueuse, parce que le statuaire a saisi le moment où, ayant encore une fille qu'elle supplie les dieux de lui laisser, elle n'est pas arrivée à l'excès de la douleur. Il a évité comme un écueil l'instant où Niobé, assise entre les cadavres de ses quatorze enfants expirés sous ses yeux, sera livrée au désespoir. En effet, tant qu'il reste à la douleur un peu d'espoir, l'âme, et par conséquent la figure humaine, gardent une sorte de tenue et d'équilibre. C'est cette tenue et cet équilibre qui font la beauté morale et la beauté matérielle que l'art grec voulait exprimer.

Ne croyez pas que la poésie antique fût plus hardie que la sculpture ou la peinture pour représenter les passions dans leurs moments d'excès : elle avait les mêmes scrupules. Ainsi, quand Niobé est parvenue au dernier degré de la douleur, la poésie, au lieu de faire violence à l'art pour représenter l'égarement de cette mère désespérée, la change en rocher : elle aime mieux métamorphoser l'homme que de le défigurer. L'imagination antique (car la poésie était seulement l'interprète de l'imagination populaire), l'imagination antique croyait que, lorsque la passion est excessive, l'homme disparaît ; idée juste et profonde, qui fait le fond de ce que nous appellerions aujourd'hui la philosophie des *Métamorphoses* d'Ovide. Hécube, quand elle rencontre, sur le rivage de la Thrace, le corps de Polydore, le dernier né et le dernier mort de ses cinquante enfants, le seul qu'elle croyait avoir sauvé de la ruine de Troie, Hécube n'est plus une femme et une reine : entendez-vous ces tristes et furieux aboiements? La poésie a exprimé et caché à la fois, dans cette métamorphose, le désespoir d'Hécube [1]. Aussitôt qu'une passion excède la force du cœur de l'homme, la poésie antique a recours au prodige : elle préfère le miracle à l'exagération. Elle change Biblis en fontaine, parce qu'elle désespère d'exprimer la douleur de l'amour incestueux et méprisé; elle change Alcyon en oiseau, parce qu'elle ne croit pas pouvoir égaler par ses paroles le désespoir de la veuve de Céyx. Quiconque enfin est emporté par la passion hors des limites de l'humanité perd, dans la fable antique, le visage et les traits de l'homme.

L'art antique, soit qu'avec une habileté admirable il choisisse, pour peindre la passion, le moment qui en précède l'excès, soit qu'allant au delà de ce moment et ne s'y arrêtant pas, il arrive au prodige, qui

---

[1] . . . . Priameia conjux
Perdidit infelix hominis, post omnia, formam ;
Externasque novo latratu terruit auras.
. . . .
. . . . . Veterumque diu memor illa malorum,
Tum quoque Sithonios ululavit mœsta per agros.

(Ovide, *Métam.*, liv. VIII.)

enveloppe tout de son ombre, l'art antique fait, si je ne me trompe, plus d'effet sur l'imagination que l'art moderne, qui s'efforce hardiment d'exprimer l'excès des passions. La prétention de l'art moderne, c'est de tout dire. Que restera-t-il donc à deviner à l'imagination du public? Il est souvent bon de se confier au spectateur pour achever l'idée du poëte ou du statuaire.

Sophocle, dans *Philoctète*, n'a pas craint de représenter la souffrance physique ; mais ce serait une grande erreur de croire qu'il a choisi ce sujet par ce goût du laid qui a été, pendant quelque temps, une des manies de la littérature moderne. Il a trouvé, dans la tradition, Philoctète blessé par un serpent, abandonné par les Grecs dans l'ile de Lemnos, et faisant retentir les rochers des cris que lui arrache la douleur ; il a respecté la tradition. Cicéron reproche à Sophocle d'avoir montré son héros, non pas laissant échapper quelques plaintes étouffées, ce qui est permis, dit-il, mais épouvantant l'ile de ses gémissements [1]. Au théâtre, les plaintes étouffées ne font pas beaucoup d'effet. Ce que j'admire, au contraire, dans le *Philoctète* de Sophocle, c'est l'art du poëte, qui a laissé au héros sa blessure, ses cris et le triste attirail de la souffrance physique, mais qui, à côté de la douleur physique, a eu soin de mettre dans son héros des passions morales qui compensassent l'émotion que donne l'aspect des souffrances. Ce blessé ne songe point seulement à sa blessure, il hait

---

[1] Quamobrem turpe putandum est, non dico dolere (nam id quidem interdum est necesse), sed saxum illud lemnium clamore Philoctetæo funestare. (*De fin.*, liv. II, 29.)

Ulysse et les Atrides qui l'ont abandonné dans cette
île déserte ; et, dût-il même obtenir sa guérison sous
les murs de Troie, il ne veut pas aller porter aux
Atrides les flèches victorieuses d'Hercule. Sa haine
ne témoigne pas seule de l'énergie qu'a gardée son
âme en dépit de ses maux : il regrette son père, sa
patrie et les douces rives du Sperchius ; il pleure la
mort d'Achille et d'Ajax, et Néoptolème s'étonne
que Philoctète, souffrant et abandonné, ait encore
des larmes pour les malheurs d'autrui. Enfin, quand
il quitte son île et sa caverne, si longtemps témoins
de ses douleurs, il ne les quitte pas avec haine et
avec impatience, comme le malade quitte son lit ;
non : il dit adieu aux rochers qui l'ont abrité, aux
fontaines qui l'ont désaltéré, à cette mer dont les vagues venaient frémir au pied de son rocher, à toute
cette nature qui l'a consolé de ses maux, à ces lieux
enfin où il a vécu pendant dix ans, car c'est de là que
leur vient leur charme ; il sent qu'il y laisse beaucoup de sa vie, et voilà ce qui les lui fait regretter.
Ainsi, loin que l'âme de ce malade soit insensible,
loin que la souffrance physique lui ait ôté l'émotion
morale, Philoctète ressent vivement la colère, la
haine, l'affection, le regret, tous les sentiments enfin
qui composent le cœur de l'homme. Ce n'est point
un stoïcien, et je ne m'en plains pas ; mais ce n'est
point non plus un blessé d'hôpital. La douleur physique ne fait pas l'intérêt dramatique de Philoctète ;
j'ose dire, au contraire, que l'ascendant de la nature
morale sur la nature matérielle est le trait dominant
de son caractère. Cet ascendant, il est vrai, ne s'emploie pas à dompter les passions, comme eût fait un

philosophe ; mais qu'y a-t-il qui montre mieux combien, malgré dix ans de souffrances matérielles, Philoctète a gardé d'énergie morale, que ces mots : « Viens, dit Néoptolème, viens vers ceux qui te guériront. » — « Jamais, reprend Philoctète, jamais je n'irai vers ceux qui m'ont abandonné. » Offrez à quelque malade que ce soit, et surtout à un malade qui a souffert dix ans, offrez-lui de le guérir, à condition de pardonner à ses ennemis, et vous verrez avec quel charitable empressement il acceptera le marché que Philoctète refuse. La philosophie blâme avec raison l'usage de tant de fermeté au profit de la haine ; mais le théâtre l'excuse.

Tout est disposé, dans le *Philoctète* de Sophocle, pour faire ressortir les sentiments de la nature morale à côté des souffrances de la nature matérielle. Voyez comme Philoctète résiste avec courage aux accès du mal qui le dévore :

NÉOPTOLÈME.

« . . . . . . D'où vient que tu gardes ainsi le
« silence et que tu restes frappé de stupeur ?

PHILOCTÈTE.

« Ah ! hélas !

NÉOPTOLÈME.

« Qu'as-tu ?

PHILOCTÈTE.

« Ce n'est rien, mon fils ; marche ; je te suis.

NÉOPTOLÈME.

« Est-ce un accès de ton mal ?

PHILOCTÈTE.

« Non, je crois qu'il se calme.

NÉOPTOLÈME.

« Pourquoi invoques-tu les dieux en gémissant ainsi ?

PHILOCTÈTE.

« Je les prie de nous être propices. Ah! hélas!

NÉOPTOLÈME.

« Qu'as-tu donc? tu ne dis rien? pourquoi garder
« le silence? tu parais souffrir.

PHILOCTÈTE.

« Ah! mon fils, je suis perdu, je ne puis plus te
« cacher mon mal. O douleur! il se glisse dans mes
« veines, je le sens; malheureux! je me meurs! il
« me dévore [1] ! »

La douleur l'a vaincu malgré ses efforts ; il tombe épuisé et s'endort. Mais, avant de s'endormir, il demande à Néoptolème et au chœur de ne point l'abandonner pendant son sommeil. L'infortuné se souvient toujours que c'est ainsi que les Grecs l'ont abandonné il y a dix ans. Alors le chœur reste près de lui avec Néoptolème, et demande aux dieux d'envoyer au malade le sommeil, qui apaise les maux : « Som-
« meil, dit-il, charme de nos douleurs, viens avec
« ton souffle le plus doux! Dieu du calme et de la
« paix, ferme ses yeux aux rayons éclatants du jour!
« Viens, ô sommeil, remède de nos maux [2]! » Bientôt Philoctète s'éveille. Ce réveil du malade soulagé de ses maux et reconnaissant des soins qu'il a reçus, ce réveil est plein de sentiments affectueux et tendres :
« Doux réveil, hôtes fidèles, générosité inattendue!

---

[1] *Philoctète*, vers 730 à 746.
[2] *Ibid.*, vers 827.

« non, mon fils, je ne t'aurais jamais cru assez de
« pitié et de courage pour supporter mes maux,
« m'assister et me secourir [1]! » Que j'aime cet étonnement de Philoctète! que j'aime aussi surtout les soins donnés à cet infortuné, et que je sais gré, pour ainsi dire, à la souffrance physique d'être, pour l'âme humaine, l'occasion de tant de bons sentiments! Ne nous y trompons pas, c'est l'alternative de ces émotions tantôt douces et tantôt pénibles, c'est le mélange enfin des effets de la nature morale et de la nature matérielle qui fait le charme irrésistible de la pièce de Sophocle.

N'oublions pas non plus l'admirable simplicité du poëte grec. Simplicité dans le sujet : un vaisseau qui aborde aux rives désertes de Lemnos; Néoptolème cherchant la caverne où Philoctète vit abandonné depuis dix ans; la rencontre entre Néoptolème et Philoctète; Philoctète suppliant Néoptolème de l'emmener avec lui à Scyros; les accès du mal qui l'accable; l'embarras de Néoptolème, qui n'ose dire à Philoctète qu'il veut l'emmener, non point à Scyros, mais à Troie; la colère et la haine du héros, qui refuse d'écouter les avis d'Ulysse, les prières de Néoptolème, et qui ne cède qu'aux ordres divins d'Hercule : voilà toute la tragédie de Sophocle, dont l'action est claire et rapide, et dont les péripéties naissent seulement des sentiments des personnages. Il n'y a pas moins de simplicité dans l'expression que dans l'action. Écoutez Philoctète raconter comment il a vécu depuis le jour où les Grecs l'ont abandonné dans cette île sauvage :

[1] *Philoctète,* vers 867.

« Pour vivre, je tuais avec mes flèches les colombes
« qui volaient près de ma caverne, et, quand j'avais
« tué quelque oiseau, je me traînais avec mon pied
« malade pour aller ramasser ma proie. Si j'avais be-
« soin de boire, ou de ramasser du bois quand ve-
« naient les glaces de l'hiver, je me traînais aussi en
« rampant. Si le feu me manquait, je le faisais jaillir
« avec peine en choquant la pierre contre la pierre ;
« et le feu seul m'a conservé [1]. »

Point de périphrases dans ce récit, point d'ornements affectés, comme dans La Harpe, qui a traduit le *Philoctète*, aussi simplement qu'il a pu, mais qui pourtant n'a pas pu oublier tout à fait le style et le goût de son temps. Ainsi, dans Sophocle, les colombes volent près de la caverne de Philoctète, et c'est là que les tue l'infortuné, qui ne peut guère aller loin. Dans La Harpe, il lance

> . . . . un trait rapide
> Qui fait du haut des airs tomber l'oiseau timide.

Dans Sophocle, Philoctète, pour boire, se traîne près d'une source; il se traîne aussi pour ramasser du bois. Dans La Harpe, au lieu de ramasser du bois, *il brise des rameaux*, et au lieu de boire l'eau courante de sa source,

> Des glaçons dont l'hiver blanchissait ce rivage
> Il exprime avec peine un douloureux breuvage.

Tel est le *Philoctète* de Sophocle, où **se combinent**,

---

[1] *Philoctète*, v. 287.

avec un art merveilleux, les émotions morales et les souffrances matérielles ; où elles se font, pour ainsi dire, équilibre les unes aux autres ; et c'est dans cet équilibre que consiste la beauté du personnage de Philoctète. Jamais le genre de pitié que nous inspirent ses souffrances, jamais cette pitié, que j'appellerais volontiers la pitié du corps, n'y est poussée trop loin, parce qu'elle est relevée et remplacée à propos par une autre pitié plus douce et plus noble, celle de l'âme, celle que nous inspirent ses émotions de joie et de reconnaissance, et même sa colère et sa haine. Avec cet art de tempérer les passions les unes par les autres, l'excès, et par conséquent la contorsion morale ou physique, devient impossible.

Ainsi, les Grecs ne craignaient pas d'exprimer la souffrance physique ; mais ils la soumettaient aux lois du beau. C'est ainsi qu'ils l'idéalisaient, c'est ainsi qu'ils en faisaient une émotion qui pénétrait l'âme sans l'accabler. La philosophie et les arts s'accordèrent, chez les Grecs, pour faire prévaloir la nature morale sur la nature matérielle : les arts, par leur culte de la beauté, qui n'existe que dans le calme, et le calme même du corps vient de l'âme ; la philosophie, en répandant l'idée que l'esprit est supérieur au corps. Cet ascendant progressif de l'esprit sur le corps préparait le monde au christianisme, qui fut le triomphe de la nature morale sur la nature matérielle ; et, par une admirable harmonie, le culte du beau conduisait les hommes au culte du bon.

Nous croyons, depuis l'Évangile, à la prééminence de l'âme sur le corps ; mais la lutte n'en dure pas moins. Dans l'antiquité, la littérature, en dépit du matérialisme qui faisait le fond de la religion, avait fini, sous l'influence de la philosophie, par donner la préférence à l'esprit sur le corps. De nos jours, la littérature semble suivre la marche contraire; non qu'en France la littérature moderne ait cherché souvent à représenter sur le théâtre la souffrance matérielle. Lorsque nous mettons, par hasard, sur la scène une maladie, nous choisissons, de préférence, celles qui tiennent de près à la douleur morale, soit qu'elles en viennent, soit qu'elles l'imitent : ainsi, la folie, le spleen, etc. Dans les infirmités, même procédé : nous représentons la cécité ou le mutisme, les infirmités, enfin, qui semblent exciter l'intelligence par les obstacles mêmes qu'elles lui créent. La littérature actuelle est donc restée spiritualiste, quant au choix des sujets; mais elle est matérialiste par l'expression.

Étudions rapidement cette métamorphose curieuse.

Autrefois, l'expression des sentiments tenait de la nature des sentiments mêmes : elle avait quelque chose de pur et d'élevé ; souvent même elle était trop abstraite. Chaque sentiment de l'âme a, pour ainsi dire, une sensation qui y correspond. Mais jamais, autrefois, le mot qui désigne la sensation ne s'avisait de prendre la place du mot qui désigne le sentiment ; c'était l'âme humaine enfin, et non le corps que la littérature s'efforçait de mettre en relief. De nos jours, on a voulu, non plus seulement dessiner les sentiments du cœur humain, on a voulu les sculpter, si je puis ainsi dire; et comme, par la finesse de leur nature, ils échappaient au ciseau des

Michel-Ange de la littérature, il a fallu, bon gré mal gré, au lieu du sentiment, prendre la sensation. La sensation, en effet, est plus grosse et plus robuste; elle a plus de masse et plus de saillie; elle se prête mieux aux procédés de ce genre de style.

Cette prépondérance de la sensation sur le sentiment est un des plus singuliers effets du style moderne. Nous ne représentons, comme nos devanciers, que les passions de l'âme, la haine, la colère, la jalousie, l'amour, la tendresse maternelle; mais nous les représentons comme des passions du corps, nous les matérialisons, croyant les fortifier; nous les rendons brutales pour les rendre énergiques. C'était une des règles de l'ancienne poétique d'aider à ce que les passions ont de pur et d'immatériel, et de résister à ce qu'elles ont de grossier et de terrestre. C'était ce qu'Aristote appelait purifier les passions. Nous faisons le contraire : nous aimons à pousser la passion morale jusqu'à l'imitation de la passion matérielle; il semble que nous n'ayons foi qu'aux sentiments qui nous font faire un geste, je me trompe, une contorsion physique. Il nous faut les convulsions du corps pour croire aux émotions de l'âme. Et ne pensez pas que nous n'ayons cette manie qu'au théâtre et dans la littérature, non : nous apprécions les passions dans le monde d'après l'effet qu'elles font sur la santé. Où nos devanciers essayaient d'interroger le cœur, nous sommes tentés de tâter le pouls; nous doutons des chagrins qui ne rendent pas malades, nous faisons fi des passions qui ne rendent pas fous, et, dans nos douleurs, nous recourons plus volontiers au médecin qu'au prêtre, parce que, malgré nous et sans le vouloir, nous ne croyons qu'au corps.

Je veux, pour résumer ces réflexions, donner un exemple de la manière dont la littérature exprime ce matérialisme involontaire de la société, et comment la peinture de l'instinct semble remplacer peu à peu la peinture des sentiments.

Dans le roman de M. Victor Hugo, intitulé *Notre-Dame de Paris,* une pauvre recluse vit dans une logette, c'est-à-dire dans un trou entre quatre murailles, percé seulement d'une étroite fenêtre. Elle est à demi folle depuis le jour où elle a perdu sa fille, enfant de quatre ans, que les Égyptiens lui ont volée. Elle retrouve sa fille, mais elle la retrouve échappée à peine de l'échafaud et poursuivie par les sergents d'armes. Elle l'a cachée dans sa logette, et elle refuse de la livrer au bourreau. Le grand prévôt, alors, ordonne de démolir la logette, afin d'arracher Esméralda à cet asile où sa mère la croyait en sûreté. La situation est terrible et forte : c'est celle de Clytemnestre et d'Hécube, quand leurs filles sont arrachées de leurs bras pour être sacrifiées sur l'autel. Il y a de plus, que Gudule, la recluse, est à demi folle depuis quinze ans : car, selon les règles de la poétique moderne, elle n'a pu résister à la douleur qu'elle a eue quand sa fille lui a été volée, et elle est devenue folle. Voyons comment le poëte peint son désespoir, quand les sergents d'armes veulent lui enlever sa fille qu'elle vient à peine de retrouver :

« Lorsque la mère entendit les pics et les leviers
« saper sa forteresse, elle poussa un cri épouvan-
« table; puis elle se mit à tourner avec une vitesse

« effrayante autour de sa loge, habitude de bête
« fauve que la cage lui avait donnée. Elle ne disait
« plus rien, mais ses yeux flamboyaient... Tout à
« coup elle prit un pavé, rit et le jeta à deux poings
« sur les travailleurs. Le pavé, mal lancé, car ses
« mains tremblaient, ne toucha personne, et vint
« s'arrêter sous les pieds du cheval de Tristan ; elle
« grinça des dents... A mesure que le travail des dé-
« molisseurs semblait s'avancer, la mère reculait
« machinalement et serrait de plus en plus sa fille
« contre le mur. Tout à coup la recluse vit la pierre
« (car elle faisait sentinelle et ne la quittait pas du
« regard) s'ébranler, et elle entendit la voix de Tris-
« tan qui encourageait les travailleurs. Alors elle
« sortit de l'affaissement où elle était tombée depuis
« quelques instants, et s'écria ; et, tandis qu'elle par-
« lait, sa voix déchirait l'oreille comme une scie,
« tantôt balbutiait comme si toutes les malédictions
« se fussent pressées sur ses lèvres pour éclater à la
« fois : Ho ! ho ! ho ! mais c'est horrible ; vous êtes
« des brigands ! Est-ce que vous allez vraiment me
« prendre ma fille ? Je vous dis que c'est ma fille !
« Oh ! les lâches ! oh ! les laquais-bourreaux ! les mi-
« sérables goujats ! assassins ! Au secours ! au secours !
« au feu ! Mais est-ce qu'ils me prendront mon enfant
« comme cela ? Qu'est-ce donc qu'on appelle le bon
« Dieu ? Alors, s'adressant à Tristan, écumante, l'œil
« hagard, à quatre pattes comme une panthère, et
« toute hérissée... »

Je m'arrête. Dans Ovide, la métamorphose serait
déjà commencée ; car ce n'est plus une douleur humaine que cette rage de la panthère à qui le chasseur

arrache ses petits; ce n'est plus ni une femme ni une mère que je vois, c'est une folle furieuse, c'est une bête féroce ; la colère s'est changée en fureur, l'instinct a remplacé le sentiment, l'âme a cédé au corps. Éloignons-nous en répétant ce beau vers de Térence :

Homo sum : humani nil a me alienum puto[1].

« Je suis homme, et je ne me laisse toucher qu'à ce qui est humain. »

[1] *Heautontimorumenos*, sc. 1.

IV.

COMMENT LES ANCIENS ET LES MODERNES ONT PEINT LA LUTTE DE L'HOMME CONTRE LE DANGER. — LE NAUFRAGE D'ULYSSE DANS HOMÈRE, ET DE ROBINSON DANS LE ROMAN DE CE NOM. — DESCRIPTION DE LA TEMPÊTE DANS LES ACTES DES APÔTRES. — INCENDIE DU KENT, VAISSEAU DE LA COMPAGNIE DES INDES, EN 1825.

Quand nous nous intéressons aux plaintes d'Iphigénie ou d'Antigone mourantes, quand nous nous laissons toucher aux gémissements de Philoctète blessé, ce n'est pas que nous fassions un retour sur nous-mêmes et que nous sentions que nous nous plaindrions comme Iphigénie, et que nous gémirions comme Philoctète, si nous étions à leur place. L'émotion que nous éprouvons tient à un sentiment plus général; elle n'a rien de personnel. L'homme qui n'a jamais souffert les atteintes de la douleur physique compatit aux souffrances de Philoctète ; l'homme qui maudit la vie s'attendrit aux regrets qu'Antigone a de la quitter. Heureux ou malheureux, nous nous sentons tous émus des plaintes des héros tragiques, et cela sans que nous ayons besoin d'avoir ressenti nous-mêmes leurs malheurs ou leurs passions. Ce qui plaît en eux et nous attire, c'est que l'homme y est en jeu. Ajax n'est ni de mon pays, ni de mon temps, ni de ma famille, et ses malheurs sont fort différents de ceux que j'ai soufferts ou que je souffrirai jamais; peu importe : il m'émeut parce qu'il est homme seulement et parce qu'il souffre. Je n'ai pas besoin d'avoir avec lui d'autre rapport et d'autre parenté que celle-là.

L'homme ne s'intéresse qu'à l'homme. La nature elle-même ne nous plaît que lorsqu'elle est animée par nos émotions ou par nos réflexions : laissée à elle seule, elle languit et perd son charme. Ce que nous cherchons dans la nature, ce qui nous attire, c'est le rapport que nous sentons entre elle et nous. La mer elle-même, toute belle et toute vivante qu'elle est, la mer a besoin de la présence de l'homme. L'Océan sans vaisseaux a beau s'agiter, il n'attire qu'à moitié l'intérêt, parce qu'il lui manque alors, si je puis ainsi dire, le mouvement moral, le seul qui émeuve l'âme. Comparez un instant l'Océan calme et berçant dans ses flots les reflets du soleil, ou violent et plein de tempêtes, mais, soit dans sa sérénité, soit dans ses orages, seul, désert, sans un vaisseau sur son sein, sans un homme exposé à la trompeuse douceur des flots ou à leur terrible colère; comparez-le avec l'Océan, quand, le contemplant du haut d'un promontoire, vous apercevez au loin une voile qui rase les bords de l'horizon : comme tout s'anime à cette vue! Tout à l'heure, nous voyions d'un œil indifférent le choc des vagues contre les vagues; aucun flot plus que l'autre n'attirait nos regards; et notre âme, perdue dans la contemplation de l'immensité des eaux, ne se retrouvait un peu qu'en pensant à soi ou à Dieu. Maintenant il n'y a plus qu'un point qui attache nos yeux, un point que nous suivons d'un regard inquiet. C'est là que nous prions les flots d'être calmes et doux, c'est là que nous craignons leur choc. La contemplation est devenue un spectacle, l'émotion a succédé à la rêverie. Pourquoi? parce qu'il y a un danger où l'homme est en jeu. Tant, encore un coup, tant l'homme ajoute aux choses! tant il prête de sa vie à tout ce qu'il touche!

Voyons donc comment les anciens ont peint la lutte de l'homme contre le danger, et comment les modernes l'ont peinte à leur tour. Je prendrai pour exemple le danger de la tempête, c'est-à-dire un des dangers où l'homme lutte contre la nature, parce que, dans les luttes de ce genre, l'homme montre une grandeur particulière. Dans ces luttes, en effet, il n'a pas toutes ses passions, il n'a pas la colère et la haine que lui inspire ordinairement son ennemi; mais il a tout son courage, augmenté souvent de la résignation que lui donne, soit le respect involontaire qu'il se sent pour cette nature qui, toute violente et toute terrible qu'elle est, obéit pourtant aux lois qu'elle a reçues de Dieu; soit la supériorité secrète que l'âme s'attribue sur ces éléments plus forts que l'homme, mais qui ne savent pas leur force, tandis que l'homme sait sa faiblesse. Souvent aussi l'homme prend le courage qu'il oppose à la tempête dans la confiance que le chrétien a en Dieu, qui est maître des orages comme il est maître aussi de la vie de l'homme; et ce courage paisible n'est pas le moins grand.

La plus belle tempête que je connaisse dans les poëtes anciens est celle d'Homère dans son *Odys-*

sée [1]. C'est aussi celle que je veux étudier et prendre pour point de comparaison.

Neptune, irrité contre Ulysse qui vient de quitter l'île de Calypso et qui va bientôt atteindre sa chère Ithaque, excite contre lui un épouvantable orage. « La terre et la mer se couvrent de nuées épaisses; « une nuit sombre descend du ciel et s'étend sur les « flots. Tous les vents soufflent à la fois; ils soulèvent « les vagues, les amoncellent et les roulent avec fu- « reur contre la terre. Ulysse alors s'écrie : « Mal- « heureux! que vais-je devenir? Je crains bien que « Calypso ne m'ait dit vrai quand elle m'annonçait « qu'avant d'aborder aux rivages d'Ithaque, mon « malheur s'accomplirait. Quels nuages! comme la « mer s'agite et se trouble! quels vents soufflent de « tous les côtés du ciel!...» Il parlait encore, quand « une vague immense se brise sur son vaisseau et le « fait tourner comme dans un tourbillon. Ulysse est « forcé de lâcher le gouvernail qu'il tenait à deux « mains, et tombe hors du vaisseau. En même temps « l'effort de la tempête brise le mât; les voiles et les « cordages sont précipités dans la mer. Ulysse resta « longtemps sous l'eau. En vain il s'efforçait de s'é- « lever au-dessus des flots : l'impétuosité des vagues « et ses vêtements qui s'emplissaient d'eau contra- « raient ses efforts. Enfin il surnagea et rejeta par la « bouche l'onde amère qui ruisselait aussi de sa « tête; puis, il chercha des yeux où était le vaisseau; « car il ne perdit pas courage, quoique accablé de « fatigue, et, s'élançant avec force, il parvint à le « saisir. Il s'assit au milieu de son vaisseau à demi

[1] Liv. v.

« brisé, faible lui-même et épuisé, heureux pourtant
« d'avoir évité l'affreuse mort.

« Le vaisseau flottait çà et là sur la mer, ballotté
« par les vents furieux. La fille de Cadmus, la belle
« Leucothée, qui fut autrefois une mortelle, mais
« qui était devenue une des Nymphes de la mer, vit
« Ulysse et ses périls; elle en fut touchée. Elle prit
« la forme d'un oiseau de mer, et, sortant des flots,
« elle vint se poser sur le vaisseau d'Ulysse. « Mal-
« heureux, lui dit-elle, qu'as-tu donc fait au puissant
« Neptune pour qu'il cherche ainsi à te perdre? Ce-
« pendant tu ne périras pas, quoiqu'il le désire vive-
« ment. Je vois que tu as gardé ta sagesse et ton cou-
« rage. Fais donc ce que je te dis : dépouille-toi de
« tes habits et abandonne aux vents ton vaisseau ;
« jette-toi à la nage et va aborder aux rives des
« Phéaciens : c'est là que le destin veut que tu sois
« sauvé. Prends cette ceinture qui est immortelle et
« qui te préservera de la mort; mets-la sur sa poi-
« trine et ne crains plus de périr. Quand tu auras
« touché le rivage, tu la rejetteras dans les flots en
« détournant la tête et sans regarder en arrière. »
« A ces mots, la déesse lui donna la ceinture; puis,
« sans quitter encore sa forme d'oiseau, elle se re-
« plongea dans la mer, et les flots la cachèrent. Le
« patient Ulysse se mit à délibérer en lui-même :
« Pourvu que ce ne soit pas encore quelque dieu qui
« veuille me perdre en m'ordonnant de quitter mon
« vaisseau! Je ne le ferai pas; car la terre où elle m'a
« dit que je serais sauvé, si je l'atteignais, est bien
« loin encore. J'aime mieux, tant que les planches de
« mon vaisseau résisteront à la fureur des vagues,

« j'aime mieux y rester et supporter la tempête.
« Quand les flots l'auront brisé, alors je nagerai jus-
« qu'à la terre. C'est le meilleur parti que je puisse
« prendre. »

« Pendant qu'il réfléchissait ainsi, Neptune sou-
« leva une vague immense d'une épouvantable hau-
« teur, qui, tombant sur le vaisseau d'Ulysse, comme
« le vent disperse de son souffle un faisceau de paille
« et en jette çà et là les brins, dispersa le vaisseau en
« mille débris. Ulysse sauta promptement sur une
« poutre, et, s'y tenant à cheval, il se dépouilla de
« ses vêtements, présent chéri de Calypso ; puis il mit
« sur sa poitrine la ceinture de Leucothée, et, éten-
« dant les bras, il se jeta dans la mer et commença
« à nager vers la terre. Neptune le vit, et secouant
« la tête : « Va maintenant, dit-il, erre sur les flots
« jusqu'à ce que tu puisses atteindre la terre où
« vivent les hommes, enfants de Jupiter. » Et, à ces
« mots, il s'éloigna et alla dans son temple d'Ægium.
« Minerve alors, cherchant à sauver Ulysse qu'elle
« protégeait, contint le souffle des vents, excepté
« celui de Borée, afin que, poussant les flots sur la
« rive des Phéaciens, il aidât Ulysse à échapper à la
« mort.

« Pendant deux jours et pendant deux nuits en-
« tières, Ulysse erra sur les flots. Souvent son cœur
« se décourageait et prévoyait la mort ; mais le
« troisième jour, l'Aurore aux beaux cheveux éveilla
« un ciel pur et serein. Le vent s'apaisa et s'adoucit,
« le calme s'épandit sur les flots. Ulysse alors vit la
« terre, car elle était proche ; il se souleva sur les
« vagues pour la regarder. Non, quand la douce vie

« revient à un père qui a longtemps souffert la ma-
« ladie ; quand ses fils le voient se ranimer de son
« long abattement, délivré enfin par les dieux, non,
« cette vue n'est pas plus chère aux yeux de ces fils,
« que ne le fut aux yeux d'Ulysse la vue de la terre
« et de la douce verdure. Il nageait, faisant effort des
« pieds et des mains pour atteindre cette terre ché-
« rie. Mais quand il n'en fut pas plus loin que la por-
« tée de la voix humaine, alors il entendit le bruit de
« la mer qui se brisait contre les rochers du rivage.
« Les flots retentissaient en se heurtant contre la
« terre, car il n'y avait sur la rive ni port ni accès fa-
« cile. Ulysse recommença à s'affliger : « Hélas !
« faut-il qu'après avoir vu cette terre que je ne croyais
« plus revoir, après avoir traversé les vagues de la
« mer, je ne trouve aucun moyen de sortir des flots !
« Tous ces rochers sont escarpés, et l'eau se brise
« sur le rivage, qui s'élève comme une muraille
« inaccessible. Au bas, la mer est profonde, sans
« que nulle part je puisse avoir pied. Si le flot me
« jette contre la pierre, je ne pourrai pas m'y atta-
« cher, et, si je nage plus loin, qui sait si je trouverai
« quelque port ou quelque anse favorable ? Et cepen-
« dant la tempête peut m'emporter de nouveau dans
« la mer, ou bien quelque dieu ennemi peut envoyer
« contre moi un monstre dévorant, comme Amphi-
« trite en nourrit tant dans ses ondes ; car je sais
« trop quelle est contre moi la colère de Neptune. »

« Ainsi pensait Ulysse. Mais tout à coup les flots
« le poussèrent contre le rivage. Son corps s'y fût
« brisé et sa chair s'y fût déchirée, si Minerve ne
« lui avait inspiré de saisir à deux mains un rocher

« auquel il se cramponna en gémissant jusqu'à ce
« que la vague fût passée. La vague passa, et il évita
« le choc qu'il redoutait ; mais en s'en retournant,
« la vague l'emporta et le rejeta dans la mer ; et,
« comme le polype arraché du fond de la mer garde,
« dans ses filaments rompus, des débris de sable et
« de cailloux, ainsi les débris de la peau du héros
« restèrent attachés aux pointes du rocher qu'il avait
« embrassé. Emporté dans la mer, Ulysse, cette fois,
« allait périr. Minerve l'avertit de nager un peu plus
« loin, et alors il arriva à l'embouchure d'un fleuve
« aux belles eaux. Là, le rivage n'avait point de ro-
« chers et était à l'abri du vent. — Écoute-moi, qui
« que tu sois, fleuve bienfaisant, s'écria Ulysse ; je
« viens à toi en suppliant, à peine échappé à la co-
« lère de Neptune. Les dieux immortels eux-mêmes
« respectent quiconque, parmi les hommes, arrive
« errant et faible, comme je le suis en m'approchant
« de tes eaux, en embrassant tes genoux après avoir
« tant souffert. Aie pitié de moi, ô fleuve, je me
« fais ton hôte et ton suppliant. »

« Ainsi priait Ulysse ; et le fleuve, ému de pitié,
« apaisa ses eaux, leur donna le calme qu'implorait le
« héros, et le reçut dans son sein. Ses genoux étaient
« brisés de fatigue, ses bras tombaient épuisés le long
« de son corps, tant il avait souffert de la mer ; ses
« membres étaient enflés de douleur, l'onde amère
« ruisselait de sa bouche et de ses narines ; il était
« sans respiration, sans voix. Cependant peu à peu
« il reprit haleine, ses esprits revinrent ; et alors
« son premier soin fut de détacher de sa poitrine
« la ceinture immortelle de Leucothée et de la re-

« jeter dans les flots, sans regarder en arrière. Les « flots l'emportèrent, et la déesse la reçut dans ses « mains. Puis Ulysse, sortant du fleuve, s'assit sur « les roseaux de la rive et embrassa la terre qui con-« serve et nourrit les hommes. »

Je n'ai voulu interrompre par aucune réflexion cet admirable récit; mais il est bon cependant de faire remarquer l'art singulier avec lequel Homère a varié les incidents de sa tempête et a su en renouveler l'intérêt. Il n'a qu'un seul personnage, Ulysse, un personnage qui est toujours en danger; et cependant sa description n'est jamais monotone, parce qu'elle est, pour ainsi dire, partagée en divers tableaux qui raniment sans cesse l'attention du spectateur. Ainsi, Ulysse est précipité dans les vagues; mais il se relève et s'élance sur son vaisseau désemparé; et c'est là qu'Homère nous le montre faible, épuisé, errant à la merci des vents et des flots, mais soutenu par son courage, et heureux d'avoir évité l'affreuse mort; car Homère sait bien que la mer et ses vagues, tantôt blanches et tantôt noires[1], nous intéressent moins que les sentiments de son héros. Les autres peintres de tempêtes se perdent dans la description des accidents matériels de l'orage. Homère montre sans cesse l'homme et les sentiments humains; il a même soin, quand il introduit une déesse de la mer, la belle Leucothée, qui vient secourir Ulysse, il a soin de nous dire qu'elle fut autrefois une mortelle, et voilà

---

[1] Et modo cum fulvas ex imo verrit arenas,
Concolor est illis; stygia modo nigrior unda.
Sternitur interdum, spumisque sonantibus albet.
(OVIDE, *Métam.*, liv. XI, descript. du naufrage de Céyx.)

pourquoi elle prend pitié d'Ulysse et veut le sauver. Sa pitié tient à la sympathie qu'elle a gardée pour les maux de la race humaine. Si Leucothée a, dans la tempête d'Homère, un rôle bien supérieur au rôle de Neptune, persécuteur du héros, ou de Minerve elle-même qui protége Ulysse, elle le doit à sa condition moitié mortelle et moitié divine. Elle peut quelque chose pour le salut d'Ulysse, mais elle ne peut pas tout. C'est par là qu'elle nous intéresse, et c'est par là surtout qu'elle ne détruit pas l'intérêt qui s'attache au héros. Virgile, en donnant aux dieux et aux déesses le premier rôle dans sa tempête[1], a peut-être cru faire une tempête plus poétique et plus merveilleuse; mais il a été moins intéressant. J'aime mieux le courage et l'industrie d'Ulysse surmontant enfin l'effort de la tempête, que Neptune grondant Éole, apaisant les vagues émues, et, d'un coup de son trident, dégageant les vaisseaux embarrassés dans les rochers; car il est plus aisé d'inventer des prodiges que d'exciter des émotions. Or, c'est là le mérite de

[1] Interea magno misceri murmure pontum,
Emissamque hiemen sensit Neptunus, et imis
Stagna refusa vadis ; graviter commotus, et alto
Prospiciens, summa placidum caput extulit unda.
Disjectam Æneæ toto videt æquore classem,
Fluctibus oppressos Troas cœlique ruina ;
Nec latuere doli fratrem Junonis et iræ.
. . . .
. . . . . dicto citius tumida æquora placat,
Collectasque fugat nubes solemque reducit.
Cymothoe simul et Triton adnixus, acuto
Detrudunt naves scopulo ; levat ipse tridenti,
Et vastas aperit syrtes et temperat æquor.
(*Énéide*, 1, 124.)

la tempête d'Homère. Elle n'est ni descriptive comme celle d'Ovide, ni mythologique comme celle de Virgile ; elle est pleine de l'homme et de ses émotions, au lieu d'être pleine de la nature et de ses accidents, ou des dieux et de leurs miracles. Les périls d'Ulysse en font tout l'intérêt, et nulle part, dans l'antiquité, la lutte de l'homme contre le danger n'a été représentée avec plus de vérité.

Dans cette lutte, telle qu'Homère l'a représentée, l'homme souffre beaucoup, mais il ne se laisse pas abattre ; il résiste soutenu par l'amour de la vie, et il finit par vaincre la nature elle-même à force d'industrie et de patience. C'est un genre de courage particulier, et dont la grandeur ne se montre qu'au dénoûment de la lutte et par la victoire ; car, pendant la lutte, le héros n'hésite pas à se plaindre et à se lamenter. Prenez ses paroles, il est faible et abattu ; prenez ses actions, il est ferme et indomptable. D'autres s'élèvent au-dessus des dangers à force de résignation, et ils semblent mépriser le péril plutôt que le vaincre. Mais la patience d'Ulysse ne ressemble nullement à la résignation chrétienne : c'est le triomphe de la fermeté industrieuse et intelligente, qui ne se rebute et ne se lasse jamais, plutôt que le calme que donne la confiance en Dieu.

Un célèbre romancier anglais, Daniel Foë, semble s'être inspiré d'Homère dans la description de la tempête qui jette Robinson dans son île. Il y a même, entre le naufrage d'Ulysse et celui de Robinson, des traits de ressemblance que le hasard seul ne peut pas expliquer. Le vaisseau de Robinson, je le sais, ne ressemble pas plus au vaisseau d'Ulysse que la marine des temps modernes ne ressemble à la marine des premiers jours de la navigation, et nos marins riraient peut-être des tempêtes qui faisaient trembler Ulysse. Mais, un peu plus tôt, un peu plus tard, il arrive pourtant un moment où toutes les tempêtes se ressemblent, où l'homme, qu'il soit sur une barque pontée comme étaient les vaisseaux des Grecs au temps d'Ulysse, ou sur un vaisseau à trois ponts, voit la mer face à face, et n'a plus, pour se sauver, que les ressources qu'il trouve dans son courage. C'est à cet instant suprême qu'il y a une ressemblance singulière entre le naufrage d'Ulysse et le naufrage de Robinson; ce sont les mêmes détails, ce sont aussi les mêmes émotions.

Comme Ulysse, Robinson est violemment jeté contre le rivage par la mer, et, pour éviter que la vague ne l'emporte dans son reflux, il se cramponne comme Ulysse à un rocher, laissant les flots passer sur sa tête, jusqu'à ce qu'il ait un peu repris haleine [1].

---

[1] « La mer, m'ayant entraîné comme auparavant, me mit à terre, ou, pour mieux dire, me jeta contre un rocher, et cela si rudement que j'en perdis le sentiment et le pouvoir d'agir pour ma délivrance; car le coup, ayant porté sur mon flanc et sur ma poitrine, m'ôta entièrement la respiration pour un temps; et, si la mer fût revenue à la charge sans intermission, j'aurais été indubitablement suffoqué. Mais je revins à moi un peu avant son retour, et, voyant que j'en allais être enseveli, je résolus de m'attacher à un morceau de roc jusqu'à ce que les eaux fussent retirées. Déjà les vagues n'étaient plus si hautes qu'au commencement, parce que la terre était proche, et je ne quittai point prise qu'elles n'eussent passé et repassé par-dessus moi. Après quoi, je pris un autre élan qui m'approcha si fort de la terre que la vague qui vint ensuite me couvrit sans m'enlever. Je pus enfin prendre terre, où, étant arrivé, je montai sur le haut du rivage et je m'assis sur l'herbe, à l'abri de l'insulte de la fureur des eaux. »

Daniel Foë n'a pas oublié non plus de dépeindre la joie inexprimable que ressent Robinson, quand, assis sur l'herbe du rivage, il se voit à l'abri de la fureur des eaux ; et cette joie rappelle la joie d'Ulysse voyant de loin la terre et sa douce verdure. Mais ici il faut remarquer une différence entre le génie des anciens et l'esprit des modernes. Les anciens cherchent surtout à peindre, les modernes cherchent à expliquer ; les anciens s'adressent à l'imagination, les modernes à la raison. Ainsi, quand Homère veut nous donner une idée de la joie d'Ulysse apercevant la terre, il ne cherche pas à expliquer les divers sentiments qui agitent son cœur : il prend, dans les affections les plus douces de l'humanité, celle qui est la plus sainte, l'affection filiale ; et cette affection même, il la prend dans son moment de joie le plus pur et le plus vif, dans la joie que cause à des enfants pieux la convalescence d'un père. Il se garde bien d'expliquer ce plaisir infini ; et pourtant c'est à l'aide de ce plaisir qu'il n'explique pas, qu'il nous donne l'idée de la joie d'Ulysse. La comparaison redouble l'idée plutôt qu'elle ne la définit. Daniel Foë, au contraire, cherche à définir la joie de Robinson en la comparant à celle du condamné à mort à qui on annonce sa grâce, et que le chirurgien saigne aussitôt pour éviter les dangers de la secousse que lui cause sa délivrance[1]. La comparaison du poëte

---

[1] « Il est impossible, dit Robinson, d'exprimer tout le ravissement, toute l'extase qu'on éprouve au moment d'une telle délivrance, lorsqu'on se voit, pour ainsi dire, relevé du tombeau. Je ne m'étonne plus que le malfaiteur qui reçoit sa grâce au moment du supplice ait besoin, dans le même temps qu'on lui annonce son retour à la vie, d'un

ancien éveille dans l'imagination l'idée divine de la joie; celle du romancier moderne en fait voir, pour ainsi dire, la sensation matérielle.

Daniel Foë s'est encore inspiré d'Homère pour décrire son Robinson après le premier mouvement de plaisir que lui donne sa délivrance : c'est la même marche d'idées et de sentiments. Dans Homère, Ulysse, après avoir baisé la terre qui l'a sauvé, songe à son dénûment et à sa misère. Que va-t-il devenir? où coucher? — au bord du fleuve? Mais la vapeur qui, le matin, s'élève des eaux, glacera son corps; et, épuisé comme il est, il mourra de faiblesse et de froid. — Ira-t-il chercher un abri dans la forêt prochaine? Mais il craint d'être la proie des bêtes féroces. Cependant il se décide à se réfugier dans la forêt. Il trouve deux oliviers, l'un sauvage, et l'autre greffé, sortant de la même souche, et qui, entrelaçant leurs branches, pouvaient l'abriter contre le vent, contre la pluie et même contre les rayons du soleil. C'est là qu'il se couche, « et Minerve lui envoie un doux sommeil pour le délasser de ses fatigues. » Dans Daniel Foë, Robinson, après un premier instant de joie, jette aussi les yeux autour de lui, et il s'épouvante de son abandon. Comme Ulysse, il craint d'être la proie des bêtes féroces [1] ; et, comme Ulysse enfin, il prend le parti de se coucher sur un

---

chirurgien qui lui tire du sang : le passage rapide de la mort à la vie lui serait funeste »

[1] « L'approche de la nuit redoubla ma terreur : je considérais le sort qui m'attendait, si cette terre nourrissait des bêtes féroces, qui, comme je le savais très bien, ne chassent ordinairement que dans les ténèbres. »

arbre, où il dort d'un sommeil aussi doux que celui que Minerve envoya à Ulysse [1].

La lutte qu'Ulysse soutient contre la nature fait l'intérêt de la tempête de l'*Odyssée*. L'intérêt de la tempête, dans *Robinson*, et même l'intérêt de toute l'histoire de Robinson dans son île, tiennent à la même cause : nous aimons à voir Robinson, laissé à ses propres forces, lutter contre les périls qui le menacent, et retrouver peu à peu, par sa patience et par son industrie, tous les arts de la vie humaine. Robinson, dans son île, est seul et toujours en scène, et cependant il n'est jamais monotone. Chaque effort qu'il fait nous intéresse; car chacun de ses efforts représente, pour ainsi dire, une des phases de la société humaine, qui a souffert aussi et travaillé pour inventer les arts; et cette histoire des inventions humaines, rassemblée dans l'histoire d'un seul homme, nous plaît d'autant plus que, dans *Robinson*, nous voyons mieux que dans une histoire générale les émotions et les idées qu'a dû exciter chaque invention. Ce sont ces émotions qui donnent un charme infini aux essais de Robinson. Il se fait potier, menuisier, laboureur, maçon, architecte, que sais-je? mais l'homme perce sans cesse; l'invention nous oc-

---

[1] « Mon imagination ne m'offrit, pour le moment, d'autre sauvegarde que de monter sur un certain arbre dont le branchage était fort épais, semblable à un sapin, mais épineux, qui croissait près de moi. Je résolus d'y passer la nuit et de remettre au lendemain le choix de ma mort, car je ne prévoyais aucun moyen de prolonger ma vie...... Comme j'étais extrèmement fatigué, je m'endormis bientôt profondément. Jamais je ne goûtai de sommeil plus bienfaisant, et peu de gens, dans ma situation, ont jamais passé de meilleure nuit. »

cupe moins que l'inventeur; c'est l'inventeur que nous observons avec une curiosité infatigable : nous suivons la lutte que Robinson soutient contre les besoins de l'humanité, nous jouissons de ses succès, nous applaudissons à son triomphe, et surtout nous entrons dans tous ses sentiments; nous prenons part à ses inquiétudes, à ses espérances, à ses désappointements, heureux quand il l'est, abattus aussi et découragés quand il se laisse aller à l'abattement. Robinson, dans sa solitude, a, comme Ulysse pendant la tempête, ses moments de désespoir; mais, comme Ulysse aussi, il est soutenu par l'amour de la vie. Il a, de plus qu'Ulysse, un sentiment qui le soutient efficacement contre le désespoir, le sentiment religieux. Dans la solitude, il retrouve la religion comme il retrouve les arts, afin que son histoire représente exactement l'histoire de l'humanité. Robinson pouvait, à toute force, vivre sans le sentiment religieux, car l'homme matériel peut se passer de Dieu; mais l'esprit et le cœur de l'homme ne peuvent pas s'en passer, et Daniel Foë a voulu représenter l'homme tout entier. Aussi, dans *Robinson*, après les premiers moments donnés à satisfaire aux besoins du corps, l'esprit s'éveille et s'inquiète; et alors il trouve la Bible, le seul livre qu'il ait sauvé du naufrage. Car, remarquons-le en passant, Daniel Foë a voulu que Robinson fût aidé dans toutes ses inventions par quelque secours extérieur : il a, pour faire ses meubles, l'image des meubles qu'il a vus, et de plus les outils qu'il a rapportés du vaisseau; pour revenir à Dieu, il a aussi la Bible. Il retrouve donc plutôt qu'il n'invente, et c'est en cela peut-être aussi qu'il ressemble mieux à l'humanité. Dès que Robinson a retrouvé Dieu, il n'est plus seul dans son île : sa Bible, autrefois oubliée et muette, lui parle maintenant un langage qui remplit et anime sa solitude. Dès ce moment, l'homme est devenu, dans Robinson, tout ce qu'il peut devenir quand il est seul ; il ne lui reste plus à retrouver des idées et des émotions naturelles à l'homme que celles que donne la société, et celles-là lui viendront dès qu'il aura Vendredi pour serviteur et pour compagnon.

Le roman de Robinson démontre admirablement l'intérêt que l'homme prend à la peinture des émotions de l'homme, et prouve que nous n'avons pas besoin, pour être émus, d'un grand fracas d'événements. Les aventures de Robinson, avant et après son séjour dans son île, sont mille fois plus variées que celles de sa solitude, et cependant ces aventures nous touchent peu. Ce n'est donc pas dans la diversité des événements qu'il faut chercher l'intérêt ; ce n'est pas non plus dans la description de la nature matérielle. Daniel Foë avait beau jeu à décrire l'île de Robinson ; il avait beau jeu à peindre la solitude et sa beauté mélancolique. Un poëte descriptif et élégiaque n'y eût pas manqué : il eût fait de Robinson un contemplatif ou un misanthrope. Daniel Foë en a fait un homme : c'est par là que son roman est immortel [1].

J'ai commenté avec plaisir l'*Odyssée* d'Homère à

[1] Robinson ne s'occupe que de lui-même, et cependant nous ne songeons pas à l'accuser d'égoïsme. Son égoïsme devient presque à nos yeux de l'héroïsme ; et, au lieu de blâmer les efforts qu'il fait pour être mieux couché, mieux nourri et mieux vêtu, nous les approuvons et nous l'en

l'aide du roman de Daniel Foë, parce que ces deux récits, quoique fort différents de temps, de mœurs et de mérite, ont, pour ainsi dire, le même principe d'intérêt : ils nous émeuvent en nous représentant la lutte que l'homme soutient contre le danger. Le courage que montrent, dans le danger, Ulysse et Robinson, est du même genre : ils défendent leur vie avec la plus industrieuse opiniâtreté. Mais il y a aussi, dans les luttes que l'homme soutient contre la nature, un autre genre de courage, moins remuant, moins dramatique, qui ne combat pas le danger, mais qui le dédaigne : c'est le courage du chrétien qui, préparé à mourir, attend avec calme ce qu'il plaira à Dieu d'ordonner à la tempête. Ce genre de courage gagne en dignité ce qu'il perd du côté de l'action, et l'homme redevient par la résignation aussi grand qu'il l'était par la lutte. Ajoutons que, dans le christianisme, cette résignation ne dégénère jamais en une sorte d'impassibilité orgueilleuse : la foi donne au cœur de l'homme une force qui, venant de Dieu, l'élève sans le gonfler, et le rend ferme sans cesser de le laisser humble.

Le récit de la tempête de saint Paul, dans les *Actes des Apôtres*, est le meilleur exemple de l'intérêt qu'excite ce genre de courage. Saint Paul était envoyé prisonnier à Rome [1]. « Pendant quelques

---

aimons mieux. Nous louons son courage et sa persévérance à chercher ses aises. Robinson échappe au reproche d'égoïsme, parce qu'il n'est pas pour nous un individu, mais un type, et qu'il représente l'humanité industrieuse.

[1] Non post multum misit se contra navem ventus typhonicus, qui vocatur Euro aquilo.

jours le vaisseau suivit sa course régulière; mais bientôt un vent s'éleva, mêlé de tourbillons :

« Et, comme le vaisseau était emporté sans pouvoir tenir contre le vent, nous allions où les vents nous poussaient;

« Ne voyant ni soleil ni étoiles pendant plusieurs jours, et la tempête étant toujours furieuse, les matelots n'avaient plus aucune espérance de se sauver;

« Et personne n'avait plus même le courage de manger. Alors Paul, se mettant au milieu d'eux, leur dit :

« Je vous conseille de prendre courage, parce que nul d'entre vous ne mourra; il n'y aura que le vaisseau qui périra;

« Car l'Ange de Dieu, à qui je suis et que je sers, m'est apparu cette nuit.

Cumque arrepta esset navis et non posset conari in ventum, data nave flatibus, ferebamur.

Neque autem sole, neque sideribus apparentibus per plures dies, et tempestate non exigua imminente, jam ablata erat spes omnis salutis nostræ.

Et cum multa jejunatio fuisset, tum stans Paulus in medio eorum, dixit :

Et nunc suadeo vobis bono animo esse; amissio enim nullius animæ erit ex vobis, præterquam navis.

Astitit enim mihi hac nocte Angelus Dei, cujus sum ego et cui deservio;

Dicens : Ne timeas, Paule : Cæsari te oportet assistere ; et ecce donavit tibi Deus omnes qui navigant tecum.

Propter quod bono animo estote, viri : credo enim Deo, quia sic erit quemadmodum dictum est mihi.

Propter quod rogo vos accipere cibum pro salute vestra ; quia nullius vestrum capillus de capite peribit.

Et cum hæc dixisset, sumens panem, gratias egit Deo in conspectu omnium ; et, cum fregisset, cœpit manducare.

Animæquiores autem facti omnes, et ipsi sumpserunt cibum.

(Chap. XXVII.)

« Paul, m'a-t-il dit, n'ayez point de peur; il vous faut comparaître devant César, et voilà que Dieu vous a accordé la vie de tous ceux qui sont avec vous dans le vaisseau.

« C'est pourquoi, amis, ayez courage; car je tiens pour certain, sur la parole de Dieu, qu'il sera fait comme il m'a été dit.

« Et, en attendant, je vous prie de prendre quelque nourriture pour vous soutenir, puisque, encore un coup, pas un de vous ne perdra un cheveu de sa tête.

« Après ces paroles, il prit du pain, rendit des actions de grâces à Dieu devant tout le monde, et, en ayant rompu, il le distribua.

« Et tous mangèrent du pain et reprirent courage. »

A Dieu ne plaise que je mette les fictions d'Homère en parallèle avec la vérité du récit sacré! Je veux seulement comparer les sentiments que Dieu donne à son apôtre avec ceux que représente le héros d'Homère. Dans la tempête des *Actes des Apôtres*, comme dans celle d'Ulysse, l'homme est toujours en scène. Mais, entre Ulysse et saint Paul, quelle différence! l'un qui ne désespère jamais, quoiqu'il ne se résigne jamais non plus, et qui n'est soutenu, dans sa lutte contre le danger, que par l'amour de la vie, sentiment qui donne plus de patience que de dignité; l'autre qui, dans un vaisseau battu par les flots, n'a pas l'air de s'occuper de l'orage, sinon pour consoler ses compagnons, et qui leur dit d'un ton assuré qu'ils ne perdront pas un cheveu de leur tête : l'ange de Dieu le lui a dit, et son Dieu ne trompe pas. Homère montre Ulysse qui hésite, quand Leucothée lui conseille de quitter son vaisseau et de se jeter dans les flots : peut-être est-ce une ruse d'un dieu ennemi? Mais le Dieu que sert saint Paul n'a point de ruses, et ses paroles n'inspirent pas l'hésitation ; elles affermissent le cœur de l'homme, elles lui donnent l'oubli de l'orage et de ses fureurs. Saint Paul n'est plus un naufragé qui se débat avec courage contre la mort ; c'est un prophète et un apôtre. La tempête cesse presque d'être un danger ; elle n'est plus qu'une occasion de faire éclater la grandeur du Dieu qu'il sert, du Dieu *auquel il est* : car il est à Dieu et non pas à ces vagues courroucées qui le croient leur proie, non pas à ce vaisseau à demi brisé et destiné à périr ; il est à Dieu, lui et tous ses compagnons, dont Dieu lui a accordé la vie.

Chose admirable et qui doit enseigner à l'homme toute la noblesse de sa nature ! Prenez au milieu des plus terribles catastrophes, au milieu de l'incendie ou de la tempête, prenez un des sentiments du cœur humain, soit le courage qui vient de l'amour de la vie, soit la confiance en Dieu, soit le dévouement aux dangers d'autrui, soit l'honneur, soit le respect de la loi ; montrez-le à côté des effets matériels de la catastrophe que vous racontez : ces effets, quelque affreux et quelque curieux qu'ils soient, n'attirent plus notre attention ; le sentiment humain qui est en jeu les éclipse à l'instant, et la nature matérielle perd sa grandeur dès qu'apparaît la nature morale.

Je me souviens, à ce propos, d'un récit que j'ai lu avec une vive émotion. En 1825, un violent incendie

éclata, au milieu de la mer, à bord du *Kent*, vaisseau de la Compagnie des Indes. Le capitaine, voyant qu'il n'y avait pas d'espérance de maîtriser le feu, qui bientôt allait gagner les poudres, ordonna d'ouvrir de larges voies d'eau dans le premier et dans le second pont. L'eau entra de toutes parts dans le vaisseau et parvint à arrêter la fureur des flammes ; mais ce fut un autre danger, et le vaisseau semblait devoir bientôt s'ensevelir dans la mer. « Alors, dit l'auteur
« du récit, commença une scène d'horreur qui passe
« toute description. Le pont était couvert de six à
« sept cents créatures humaines, dont plusieurs, que
« le mal de mer avait retenues dans leur lit, s'étaient
« vues forcées de s'enfuir sans vêtements, et cou-
« raient çà et là cherchant un père, un mari, des
« enfants. Les uns attendaient leur sort avec une ré-
« signation silencieuse ou une insensibilité stupide ;
« d'autres se livraient à toute la frénésie du déses-
« poir. . . . .
« Les femmes et les enfants des soldats étaient venus
« chercher un refuge dans les chambres des ponts
« supérieurs, et là ils priaient et lisaient l'Écriture
« sainte avec les femmes des officiers et des passa-
« gers. Parmi elles, deux sœurs, avec un recueille-
« ment et une présence d'esprit admirables, choi-
« sirent, à ce moment, parmi les psaumes, celui qui
« convenait le mieux à leur danger, et se mirent à
« lire à haute voix, alternativement, les versets sui-
« vants :
« Dieu est notre retraite, notre force et notre secours dans les détresses ;
« C'est pourquoi nous ne craindrons point, quand

même la terre se bouleverserait et que les montagnes se renverseraient dans la mer;

« Quand ses eaux viendraient à bruire et à se troubler et que les montagnes seraient ébranlées par la force de ses vagues;

« Car l'Éternel des armées est avec nous; le Dieu de Jacob nous est une haute retraite [1]. »

Répondez maintenant, vous tous qui m'écoutez, où donc est la tempête? où donc le bruit des flammes et des vagues? *Vox Domini super aquas*, dit ailleurs le Psalmiste [2]; oui, il n'y a plus, à ce moment, sur les eaux que la voix du Seigneur et celle de l'homme que la foi unit à Dieu. Cette voix de Dieu domine pour nous les sifflements des vents, les mugissements de l'orage et les cris des passagers désespérés à côté de la piété de ces deux jeunes sœurs; elle domine, dans notre esprit, l'idée de la tempête, comme elle dominait alors la tempête elle-même dans les âmes que ranimait ce cantique, qui ne sera jamais chanté par des voix plus pures, dût-il même, dans les cieux, être chanté par les anges.

Dans ce péril extrême, le capitaine fit monter un homme au petit mât de hune, « souhaitant, plus
« qu'il ne l'espérait, que l'on pût découvrir quelque
« vaisseau secourable sur la surface de l'Océan. Le
« matelot, arrivé à son poste, parcourut des yeux
« tout l'horizon; ce fut pour nous un moment d'an-
« goisse inexprimable; puis, tout à coup, agitant son

---

[1] Ps. XLV.

[2] Vox Domini super aquas; Deus majestatis intonuit : Dominus super aquas multas.

(*Ps.* XXVIII.)

« chapeau, il s'écria : Une voile sous le vent! Cette
« heureuse nouvelle fut reçue avec un profond sen-
« timent de reconnaissance, et l'on y répondit par
« trois cris de joie. » Le vaisseau signalé était un
brick anglais qui, mettant toutes voiles dehors, vint
au secours du *Kent*. Alors commença une nouvelle
scène. Le transbordement était difficile à cause de
la violence de la mer; il devait être long, et cependant d'un moment à l'autre le vaisseau pouvait sombrer. La discipline fut gardée, et le sentiment de
l'honneur ne fut pas moins puissant contre l'impatience de la délivrance que l'avait été contre le désespoir de la mort le sentiment de la foi et de la
prière. « Dans quel ordre les officiers doivent-ils sor-
« tir du vaisseau? vint demander un des lieutenants.
« —Dans l'ordre que l'on observe aux funérailles, cela
« va sans dire, » répondit le capitaine. Et c'est dans
cet ordre, qui semblait un symbole du péril, que l'équipage sortit du vaisseau, les plus jeunes passant
les premiers, et les officiers du grade le plus élevé
demeurant les derniers sur le vaisseau et restant plus
longtemps près de la mort. Ici encore, remarquons-
le, la tempête et l'incendie émeuvent moins que la
fermeté de l'homme; ici encore l'homme, selon la
pensée de Pascal, est plus noble que les éléments
qui semblent près de l'écraser [1].

J'ai étudié l'expression de l'amour de la vie dans
la lutte que l'homme soutient, soit contre le danger

---

[1] « Quand l'univers l'écraserait, l'homme serait encore plus noble
que ce qui le tue, parce qu'il sait qu'il meurt; et l'avantage que l'univers a sur lui, l'univers n'en sait rien. »
(PASCAL, *Pensées*, part. I, art. 4.)

dans l'Ulysse d'Homère, soit contre la douleur physique dans le Philoctète de Sophocle, soit contre la mort dans l'Iphigénie d'Euripide. Il me reste à étudier de la même manière, et à l'aide des personnages du théâtre ancien et du théâtre moderne, l'expression du sentiment contraire, c'est-à-dire de la haine et du dégoût de la vie, ou du suicide.

V.

DU SUICIDE ET DE LA HAINE DE LA VIE. — DIDON DANS VIRGILE. — OEDIPE DANS SÉNÈQUE ET DANS SOPHOCLE. — STAGYRE DANS SAINT CHRYSOSTÔME.

Je dirais volontiers qu'il faut, pour arriver à l'idée du suicide, un certain exercice de l'intelligence et une certaine fermentation des passions. Les hommes qui n'ont point étudié, les femmes qui n'ont pas lu de romans, n'ont pas, dans leurs peines, recours au suicide. Aussi y a-t-il plus de suicides chez les peuples civilisés que chez les peuples barbares, et on a remarqué qu'en Orient il n'y avait de suicides que depuis l'influence qu'y ont prise les idées européennes. L'homme le plus malheureux du monde, le plus dénué, le plus réduit au fumier de Job, cet homme, s'il n'a pas un peu goûté de l'arbre de la science, s'il n'ajoute pas à ses souffrances le tourment de la pensée, cet homme ne songera point à se tuer. Le suicide n'est pas la maladie des simples de cœur et d'esprit : c'est la maladie des raffinés et des philosophes; et si, de nos jours, les artisans sont, hélas ! atteints eux-mêmes de la maladie du suicide, cela tient à ce que leur intelligence est sans cesse agacée et aigrie par la science et par la civilisation modernes.

Dans l'antiquité, toutes les sectes philosophiques, surtout à Rome, avaient la manie du suicide. Les stoïciens se tuaient pour rester libres et indépendants ; les épicuriens se tuaient parce qu'ils trouvaient qu'il y avait dans ce monde peu de plaisirs et beaucoup de peines. Les stoïciens mettaient dans leur mort une sorte de grandeur et de fermeté qui peut paraître théâtrale ; les épicuriens y mettaient une insouciance et une facilité qu'ils trouvaient de bon goût. — Pourquoi, disaient-ils, tant de cérémonie pour si peu de chose? Qu'avez-vous besoin, ô Caton! d'instituer une conférence philosophique avant de mourir, de discuter solennellement pour et contre le droit que l'homme a de se tuer, de relire le *Phédon*, de préparer majestueusement votre épée, d'attrister votre maison et votre famille par ces funèbres apprêts? Quittez la vie doucement, en sortant de table; allez mourir au lieu d'aller dormir : cela aussi bien se ressemble beaucoup; et n'ayez pas l'air de croire que vous faites quelque chose de grand et de difficile. — A leur tour, les épicuriens démentaient leur insouciance de mourir en l'exagérant : ils se tuaient de compagnie, entre amis, dans des festins, parmi toutes les joies de la vie; autre genre d'apparat qui, pour être plus contraire aux idées qu'inspire la mort, n'en était pas moins le témoignage évident que, pour personne, la mort n'est une chose simple et ordinaire. Il y eut même à Alexandrie, sous Antoine et sous Cléopâtre, une académie des συναποθανουμένων, ou des *co-mourants*, qui faisaient profession d'épuiser tous les plaisirs de la vie jusqu'au jour qu'ils marquaient pour mourir. Cléopâtre, qui était de cette académie, recherchait quels étaient les poisons qui faisaient mourir l'homme avec le moins de peine : chacun, même pour mourir, s'efforçant ainsi, selon les règles de sa secte, d'éviter la douleur et de chercher le plaisir [1].

Ce qui achève de montrer que le suicide est une idée que l'homme ne tient pas de la nature [2], mais de la réflexion, c'est que la mode règle souvent la forme des suicides, si je puis ainsi dire, et que, dans l'antiquité, selon le temps et selon la secte dominante, on mourait en stoïcien ou en épicurien. De même, de nos jours, les suicides sont taillés sur le patron des drames modernes : ils sont tous exaltés, mélancoliques, pleins de colère contre la société, tels, enfin, que le théâtre moderne les fait : car ici ce n'est point le théâtre qui emprunte à la société ses idées et ses passions, c'est la société qui imite tristement le théâtre.

A côté de ce suicide mêlé de philosophie et de passion, qui vient des sectes de l'antiquité ou de l'influence de la littérature moderne, et qui est le suicide le plus commun de nos jours, il y a, il faut le reconnaître, un autre genre de suicide moins réfléchi et moins subtil, qui naît de l'égarement de la passion toute seule, et où la philosophie n'est pour rien. C'est ce dernier genre de suicide qu'ont surtout traité la poésie et le théâtre anciens. Phèdre, Ajax, Didon, ne raisonnent pas sur le droit que l'homme croit avoir sur sa propre vie : ils cèdent aux conseils du déses-

---

[1] PLUTARQUE, *Vie d'Antoine*, ch. LXXIX et LXXX.
[2] Deus mortem non fecit, nec lætatur in perditione viventium. (*Sagesse*, c. I, v. 13.)

poir, sans argumenter, sans subtiliser, sans se jeter dans les profondes rêveries d'Hamlet, sans ressentir les ennuis maladifs de Werther, sans maudire la société comme Chatterton. Leur mort est un coup de désespoir et non la conclusion d'une dissertation philosophique ou religieuse; ils n'ont pu supporter leur douleur, et, dans un moment d'impatience, ils ont rejeté loin d'eux la vie :

> . . . . Lucemque perosi,
> Projecere animas.
> (*Énéide*, vi, 435.)

Mais que la mort les a vite corrigés de cette haine de la vie! comme ils voudraient maintenant voir encore la douce clarté du jour, dussent-ils supporter ces douleurs qu'ils croyaient, hélas! insupportables :

> . . . . Quam vellent æthere in alto
> Nunc et pauperiem et duros perferre labores!
> Fata obstant, tristique palus inamabilis unda
> Alligat et novies Styx interfusa coercet.
> (*Ibid.*, 436.)

Ainsi leur punition est de souffrir le sort qu'ils se sont fait avant le temps : car, loin d'approuver le suicide, Virgile le blâme. Aussi je dirais volontiers que l'exemple des suicides que représente le théâtre ancien n'a pas plus de dangers que l'exemple des meurtres qu'il ne craint pas non plus de montrer. L'homme qui tue ou qui se tue est un furieux égaré par une passion violente; ce n'est pas un modèle que le théâtre ancien nous propose. La poésie antique attire la pitié sur le suicide ou sur le meurtrier, mais elle ne justifie pas le meurtre, elle ne conclut pas du fait au droit, elle n'érige pas la passion en doctrine; elle tâche d'émouvoir, mais elle ne vise pas à convaincre; elle ne donne pas enfin d'argument pour se tuer soi-même, non plus que pour tuer son prochain; seulement elle fait plaindre Didon qui n'a pu supporter le départ d'Énée, ou Oreste qui a vengé sur sa mère le meurtre de son père. C'est là la différence entre les suicides du théâtre ancien et les suicides du théâtre moderne. Les héros anciens émeuvent ceux qui viennent les voir mourir; les héros modernes les prêchent et les endoctrinent. Examinons de plus près cette différence dans quelques-uns des personnages chantés par la poésie antique.

Voyez Didon trahie par Énée. Saint Augustin se reprochait de n'avoir jamais pu lire sans pleurer le quatrième livre de l'*Énéide*. En effet, la peinture de l'amour de Didon excite une pitié qui pouvait paraître dangereuse à saint Augustin. Mais, dans cette pitié, il n'y a rien qui justifie le suicide : Didon ne songe pas à prouver qu'elle a droit de se tuer; elle se tue parce qu'elle est vaincue par la douleur :

> Ergo ubi concepit furias evicta dolore,
> Decrevitque mori....
> (*Énéide*, IV, 474.)

Elle ne songe pas davantage à justifier sa passion; elle sait quel est son délire; elle demande seulement à Énée un peu de répit :

> Tempus inane peto, requiem spatiumque furori.
> (*Ibid.*, 433.)

Et ce qui fait que nous pleurons sur Didon, c'est que, dans ses discours et dans les tristes apprêts de sa mort, tout respire la passion et que rien n'indique l'esprit de système et l'ostentation philosophique. Dans cette nuit, pleine de repos pour toute la nature, et pleine d'agitation pour Didon seulement[1], Didon ne se creuse pas la tête à chercher si elle a droit de disposer de sa vie, et quel est l'avenir caché derrière la mort; non : l'amour seul la tourmente, l'amour tantôt irrité, tantôt suppliant; et quand elle sent qu'elle n'a plus rien à espérer d'Énée : « Mourons, dit-elle, je l'ai bien mérité : »

Quin morere, ut merita es!...
(*Énéide*, IV, 547.)

Un Romain eût dit : Mourons comme j'ai droit de mourir. Mais cette mort n'eût pas été pleurée par saint Augustin. Enfin, quand Didon est sur le bûcher qu'elle a fait préparer, elle n'emploie pas ses derniers moments à glorifier son action et à débiter quelques-unes des belles sentences chères aux stoïciens mourants; non : elle prend le glaive d'Énée et le tire du fourreau sans dire, comme Caton prenant

---

[1] Nox erat, et placidum carpebant fessa soporem
Corpora per terras, silvæque et sæva quierant
Æquora ; cum medio volvuntur sidera lapsu ;
Cum tacet omnis ager, pecudes, pictæque volucres,
Quæque lacus late liquidos, quæque aspera dumis
Rura tenent, somno positæ sub nocte silenti,
Lenibant curas, et corda oblita laborum.
At non infelix animi Phœnissa...
(*Énéide*, IV, 522.)

son épée : « Maintenant je suis mon maître[1]. » Ce sont des pensées plus faibles et plus douces qui l'occupent : elle songe à celui qu'elle a cru son époux, et qui devait, avec ce glaive, la défendre contre ses ennemis[2] ; elle jette un regard sur ces vêtements que portait Énée, sur tout ce qu'elle a gardé de lui et qu'elle veut brûler avec elle : « Gages d'amour tant « que les dieux l'ont permis, dit-elle, tristes dé« pouilles aujourd'hui, recevez mon âme et délivrez« moi de mes douleurs... » Elle dit, et baisant une dernière fois son lit : « Quoi ! mourir et sans me « venger ! Oui, mourons ! et puisse la flamme de mon « bûcher luire sur la mer aux yeux du Troyen ! puisse « ma mort servir d'auspices à sa fuite[3] ! »

La mort de Didon est pleine de passion, et c'est par là qu'elle est dramatique[4]. Mais, à Rome, le suicide prit bientôt un ton plus philosophique et plus sen-

---

[1] PLUTARQUE, *Vie de Caton*, ch. LXXIII.

[2] . . . . Quæ surgere regna
Conjugio tali ! Teucrum comitantibus armis,
Punica se quantis attolliet gloria rebus !
(*Énéide*, IV, 47.)

[3] Dulces exuviæ, dum fata deusque sinebant,
Accipite hanc animam, meque his exsolvite curis.

. . . .
. . . .
Dixit, et os impressa toro : Moriemur inultæ !
Sed moriamur, ait : sic, sic juvat ire sub umbras.
Hauriat hunc oculis ignem crudelis ab alto
Dardanus, et nostræ secum ferat omina mortis.
(*Ibid.* 651.)

[4] Il faut remarquer que le poëte, comme pour protester contre le suicide, a rendu l'agonie de Didon lente et difficile, et il en donne lui-même la raison. Comme elle mourait avant le temps et par un coup de

tencieux. Au lieu d'une scène de passion, ce devint une thèse de philosophie. Dans la *Thébaïde* de Sénèque, Œdipe et Antigone discutent ensemble la question du suicide. Œdipe veut se tuer, non point seulement parce qu'il est malheureux, mais parce qu'il en a le droit : « J'ai, dit-il à Antigone, j'ai droit
« de vie et de mort sur moi-même. J'ai abdiqué sans
« peine l'empire de Thèbes; mais je garde l'empire
« sur ma vie. Donne-moi donc mon épée, ma fille :
« je suis décidé à mourir et à me cacher dans les té-
« nèbres de l'enfer; car, quoique aveugle, la nuit où
« je suis ne me cache pas assez; c'est dans l'enfer
« même que je veux m'ensevelir. Personne n'a le
« droit de m'interdire la mort. Veux-tu me refuser
« mon épée, m'écarter des routes qui conduisent aux
« précipices, m'ôter les herbes qui donnent la mort?
« tes efforts ne feront rien : la mort est partout. Dieu
« l'a ainsi voulu dans sa sagesse. Tout le monde peut
« ôter la vie à l'homme; mais personne ne peut lui
« ôter la mort [1]. »

désespoir, Proserpine n'avait pas encore coupé le cheveu fatal qui tient la vie attachée au corps :

> Tum Juno omnipotens, longum miserata dolorem
> Difficilesque obitus, Irim demisit Olympo,
> Quæ luctantem animam nexosque resolveret artus.
> Nam, quia nec fato, merita nec morte peribat,
> Sed misera ante diem subitoque accensa furore,
> Nondum illi flavum Proserpina vertice crinem
> Abstulerat, stygioque caput damnaverat orco.
> (*Énéide*, IV, 693.)

[1] . . . . Jus vitæ ac necis
Meæ penes me est. Regna deserui libens,
Regnum mei retineo : si fida es comes,

Antigone, dans sa réplique, n'est pas moins sentencieuse : « Mon père, dit-elle, il convient à un
« homme courageux comme vous l'êtes de ne pas
« céder à la douleur et de ne pas fuir devant les maux
« de la vie. La vertu ne craint pas de vivre, elle ré-
« siste au malheur et le contemple face à face ; et il
« n'y a pas de plus véritable mépris de la mort que
« de ne pas même la souhaiter. L'homme arrivé au
« comble du malheur est désormais en sûreté : les
« dieux ne peuvent plus rien ajouter à ses infor-
« tunes [1]. »

>   Ensem parenti trade. . . . .
>   . . . .
>   . . . . Hoc animo sedet
>   Effundere hanc cum morte luctantem diu
>   Animam et tenebras petere : nam sceleri hæc meo
>   Parum alta nox est. Tartaro condi juvat.
>   . . . .
>   . . . . Morte prohiberi haud queo.
>   Ferrum negabis ? noxias lapso vias
>   Cludes, et arctis colla laqueis inseri
>   Prohibebis ? Herbas quæ ferunt letum auferes ?
>   Quid ista tandem cura perficiet tua ?
>   Ubique mors est. Optime hoc cavit Deus.
>   Eripere vitam nemo non homini potest ;
>   At nemo mortem. . . . .
>   (SÉNÈQUE, Thébaïde, act. I, sc. 1.

[1] Et hoc decebat roboris tanti virum
Non esse sub dolore, nec victum malis
Dare terga. Non est, ut putas, virtus, pater,
Timere vitam, sed malis ingentibus
Obstare, nec se vertere ac retro dare.
. . . . Nemo contempsit mori
Qui concupivit. Cujus haud ultra mala
Exire possunt, in loco tuto est situs.

Voilà l'OEdipe et l'Antigone tels que les a faits le stoïcisme romain. Nous ne sommes plus avec Sophocle, à Colone, dans le bois sacré des Furies, divinités mystérieuses et terribles qu'OEdipe invoque comme les arbitres suprêmes de son sort, car il sait que son sort est entre les mains des dieux et qu'il ne lui appartient pas de disposer de sa vie : « Puisse « seulement, dit-il, être arrivé le jour que le des- « tin a marqué pour terme à mes maux ! puissent « Apollon et les filles de la Nuit hâter l'heure de « ma délivrance[1] ! » Sophocle a compris que, de tous les personnages de l'antiquité mythologique, OEdipe est le moins fait pour être un philosophe et un raisonneur. Marqué, dès sa naissance, du sceau de la fatalité, OEdipe a renoncé depuis longtemps à comprendre le secret de sa destinée ; il se respecte lui-même comme la victime ou l'instrument des dieux, et il se croirait impie, s'il osait attenter à ses jours.

Jamais, dans la tragédie grecque, le suicide n'est traité comme une question de philosophie ou de droit naturel : c'est toujours l'effet d'une passion violente. Le suicide même d'Ajax, le plus réfléchi et le plus

---

Quis jam Deorum (velle fac) quidquam potest
Malis tuis adjicere. . . . . ?
(*Ibid.*)

[1] . . . . . Quare mihi demum, o Deæ, juxta
Apollinis responsa concedito exitum vitæ.
. . . .
Agite, o dulces filiæ antiqui Erebi. . . . .
. . . . . Misereat vos hujus miserrimæ
Umbræ OEdipi. . . . .
(SOPHOCLE, édit. Didot, 1842, p. 108.)

prémédité du théâtre grec, n'a rien de sentencieux et de déclamatoire. Dans un accès de folie, Ajax a égorgé les troupeaux de l'armée des Grecs, croyant tuer Ulysse et les Atrides, ses ennemis. Bientôt il reconnaît son erreur, et honteux, épouvanté de son délire, il ne veut plus reparaître aux yeux des Grecs, et il se décide à mourir. La résolution du héros est triste et calme. Mais Sophocle a évité avec autant de soin de tomber dans la gravité philosophique, qui exclut l'émotion dramatique, que dans l'égarement de la folie : car il a voulu représenter un malheureux décidé à mourir, et non un philosophe qui vise à faire une belle mort, ou un malade qui se tue dans un accès de fièvre chaude. Ajax toujours morne et grave ne nous toucherait pas : aussi regrette-t-il la vie, quoique résolu à la quitter. Son âme est agitée par mille passions diverses, par sa haine contre Ulysse et les Atrides, par son amour pour son fils Eurysacès, qu'il recommande à Teucer, son frère ; et c'est par là qu'il nous touche. J'aime surtout, j'aime les supplications de Tecmesse, l'épouse d'Ajax, quand je les compare aux consolations sentencieuses de l'Antigone de Sénèque : « Ajax, dit Tecmesse,
« depuis le moment où je suis entrée dans ta couche,
« je n'ai eu de pensées que pour toi. Je te conjure,
« au nom de Jupiter, protecteur des foyers domes-
« tiques, par ce lit qui nous a rassemblés, ne m'aban-
« donne pas, ne me laisse pas passer en d'autres
« mains. . . . .
« . . . .
« Prends pitié de ton fils qui, seul, privé de toi et
« des secours dus à l'enfance, vivra sous une rude

« tutelle. Quels maux nous préparera ta mort! Après
« toi je n'ai plus d'appui [1]. » — Vive et touchante
prière, pleine en même temps de consolation, et de
la seule consolation qui puisse adoucir Ajax. Rien ne
console, en effet, et n'apaise autant les malheureux
que de se sentir utiles à de plus malheureux qu'eux,
et la pitié que nous avons des maux d'autrui nous
empêche de désespérer des nôtres.

Le stoïcisme n'est point dramatique. A force de
vouloir rendre l'âme humaine paisible et ferme, il
la rend immobile; et ses héros qui ne s'émeuvent
pas ne peuvent pas attendrir le spectateur. Dans le
monde ou dans l'histoire, le stoïcisme, vu de loin,
fait de l'effet : l'homme aime à entendre exposer cette
doctrine sévère qui semble devoir le mettre à l'abri
de toutes les émotions pénibles, et qui l'affermit en
même temps qu'elle l'élève ; il se plaît à contempler
cet épais bouclier que ne peut percer aucun des traits
de ce monde. Les caractères timides et faibles aiment
surtout le spectacle de ces hommes inaccessibles à la

---

[1] O here Ajax. . . . .
. . . . ex quo
In tuum cubile conveni, tuis rebus studeo ;
Teque per Jovem familiarem obtestor,
Perque torum tuum, quo conjunctus es mihi,
Ne me sinas tristem fabulam fieri,
Inimicorumque tuorum ludibrium,
Cujusvis alius arbitrio permissam.
. . . .
Miserere etiam, o rex, filii tui, qui, si puerili
Educatione destitutus, te orbatus,
Ab iniquis tutoribus vexabitur. Quantum miseriarum
Illique et matri, si morieris, relinques!
(SOPHOCLE, édit. Didot, 1842, p. 12.)

crainte et à la douleur ; chacun se met, par la pensée, sous cette armure philosophique, et croit un moment que rien n'est plus facile, en effet, que de se cuirasser ainsi de pied en cap. Aussi le stoïcisme réussit-il surtout dans les temps où la civilisation a poli et affaibli les caractères ; car alors la société se sentant atteinte d'une mollesse qu'elle voudrait secouer, le stoïcisme lui plaît comme contraste, comme consolation, comme espérance. Il plaît au grand nombre, en deçà de l'épreuve ; le petit nombre seul le pousse au delà. Mais cette élite n'y trouve que la force de bien mourir ; elle n'y trouve pas le désir et la force de soulager les maux de l'humanité. Le stoïcisme lui donne la résignation plutôt que le dévouement ; il est toujours prêt à mourir, moins pour secourir ou pour sauver les autres que pour s'honorer par le sacrifice de sa vie : Caton se tue pour ne pas être esclave ; Brutus, parce qu'il désespère de la vertu. Tous deux s'immolent à leur honneur encore plus qu'à la liberté. C'est là le malheur ou la faiblesse de la philosophie stoïcienne. Elle élève l'homme, mais il semble qu'en l'élevant au-dessus du monde, elle l'en sépare et le rende inutile aux hommes. Cet héritage d'héroïsme stérile, cette tradition de suicide par respect de soi-même et de sa dignité, se perpétue à Rome de grands hommes en grands hommes. Les stoïciens de l'empire conspirent peu ; ils ne cherchent pas à délivrer le monde de ses tyrans ; ils se contentent de pourvoir à leur honneur par le silence au sénat, quand le sénat condamne lâchement Agrippine assassinée par Néron [1], et par un sui-

[1] TACITE, *Ann.*, liv. XIV, ch. XII.

cide paisible, quand l'empereur demande leur mort[1].

Inutile et impuissant dans le monde, le stoïcisme n'est guère plus efficace au théâtre. Le stoïcisme cherche à nous perfectionner en nous ôtant les prises que nous donnons à la douleur et au plaisir ; mais ces prises mêmes sont les liens que nous avons avec la nature et avec l'humanité. A force d'être inaccessible à la peine et à la joie, le stoïcien devient une belle statue d'airain. Comment voulez-vous que je m'intéresse à ce bronze sans couleur et sans chaleur? Je mets la main sur sa poitrine, rien ne bat ; je prends sa main, et sa main ne répond pas à la mienne. Aussi, malgré les beaux vers d'Addison, la mort de Caton, au théâtre, n'a jamais touché personne.

Jusqu'ici nous n'avons examiné que le suicide qui naît de la passion ou de la réflexion, tel que nous le montre l'histoire du théâtre et de la philosophie antiques. Il est un autre genre de suicide, plus accrédité de nos jours, que causent la faiblesse et l'impatience des âmes plutôt que la violence des passions ou l'égarement des systèmes. A voir ce genre de suicide, qui semble le mal particulier de notre époque, nous serions parfois tentés de croire que c'est la première fois que l'homme s'est senti atteint de cette maladie ; non : il y a une littérature qui a exprimé l'état de malaise et d'inquiétude que nous ressentons, et qui a peint le monde se consumant de tristesse au milieu des joies les plus étourdissantes, et cherchant aussi dans le suicide un terme plutôt qu'un remède à ses maux. Cette littérature est la littérature des Pères de l'Église.

[1] TACITE, *Ann.*, liv. XIV, ch. XXXV.

Je prends donc, pour sujet de nos recherches sur ce nouveau genre de suicide, un personnage que je trouve dans les Homélies de saint Chrysostôme, Stagyre, qui était possédé du démon.

Ce n'est certes pas une maladie de notre temps que d'être tourmenté par le diable. Mais ne nous en tenons pas au dehors des choses, voyons quel est le démon qui possède Stagyre : c'est la tristesse, ou plutôt c'est l'*athumia,* car le mot grec est plus expressif mille fois que le mot français; c'est le défaut d'énergie et de ressort, c'est l'abattement, ou, pour traduire d'une manière exacte, c'est le néant de l'âme. Voilà le démon de Stagyre. Stagyre était une de ces âmes malades et agitées qui croient appartenir à l'élite, parce qu'elles n'ont pas la force des âmes vulgaires; qui se font des joies et des chagrins à part de tout le monde, et qui, pour dernier trait de faiblesse et d'impatience, méprisent à la fois et envient la simplicité et le calme de ceux qu'ils appellent les petites gens. Stagyre, pour délivrer son âme de ses inquiétudes, était entré dans un monastère. Mais là même il ne rencontrait pas encore cette paix et cette gaieté de cœur qu'il cherchait partout, car l'homme, dans les premiers jours de la solitude, n'y trouve que ce qu'il y apporte. Stagyre se plaignait donc, et sa plainte est curieuse, parce qu'elle indique en même temps un des remèdes du mal qui le tourmentait, et qu'elle montre que Stagyre, comme bien des malades, ne pouvait supporter ni le mal ni le remède : « Ce qui vous fait peine surtout, Stagyre, « dit saint Chrysostôme[1], c'est de voir que beau-

---

[1] Videtur itaque esse causa mœroris tui. . . . .

« coup d'hommes qui étaient tourmentés par le dé-
« mon de la tristesse, quand ils vivaient dans les
« délices et dans les plaisirs, s'en sont trouvés tout
« à fait guéris une fois qu'ils ont été mariés et qu'ils
« ont eu des enfants ; tandis que vous, ni vos jeûnes,
« ni vos veilles, ni toutes les austérités du monas-
« tère, n'ont pu soulager votre mal. » Cette phrase
est pleine d'utiles enseignements. Ainsi ce n'était
point faute de plaisirs et de délices que les hommes
étaient en proie à la tristesse. La tristesse perçait,
comme un ver rongeur, les plaisirs et les joies du
monde romain ; et il n'y avait de secours contre le
démon de Stagyre, ni dans les belles esclaves et leurs
danses ioniennes, ni dans les repas magnifiques, ni
dans les combats de gladiateurs, ni dans les contes
licencieux de Milet, ni dans les peintures volup-
tueuses qui tapissent les murs de Pompéi et d'Her-
culanum. L'*athumia* empoisonnait tout cela, et le
démon possédait tous ces débauchés au sein même
de leurs débauches. Mais si, fatigués de ces plaisirs
et de ces angoisses, ils prenaient des mœurs régu-
lières et simples, s'ils se mariaient et avaient des
enfants, alors, et comme par enchantement, le démon s'éloignait. La vie de famille et sa paisible douceur faisaient fuir les inquiétudes et les malaises.

quod, quum plurimos noveris, dum delicate viverent, hac peste cor-
reptos, eos tamen parvo post tempore ita ea infirmitate liberatos ut per-
fectæ integritati restituti et uxores duxerint, et plurimos procreaverint
liberos, omnibusque vitæ præsentis commodis fruerentur nihilque post-
modum tale paterentur. Contra, tu, cum tantum tempus in jejuniis ac
pernoctationibus, et reliqua vitæ austeritate contriveris, nullam ærum-
narum tuarum liberationem hactenus inveneris. »

(S. Chrys., édit. Gaume, t. I, p. 191.)

Plus de découragements, plus d'amertumes; l'âme de ces possédés se ranimait, rafraîchie et renouvelée par les caresses de leurs enfants. Il n'est pas de démon, en effet, fût-ce même celui de la tristesse, qui ose affronter le voisinage des petits enfants. Il y a, dans l'haleine innocente et fraîche de ces créatures, quelque chose qui est mortel au mauvais esprit, et le berceau d'un enfant allaité par sa mère est le plus sûr talisman contre les pensées qui montent de l'enfer.

Que faut-il, en effet, à l'âme pour échapper à l'*athumia*, à l'épuisement? il faut qu'elle espère, il faut qu'elle ait de l'avenir. L'espérance, c'est-à-dire la foi en l'avenir, est la nourriture de l'âme. L'homme, pour vivre, a besoin d'avenir; sinon, il se désespère et meurt. Eh bien, le mérite des enfants, et ce qui fait qu'ils sont comptés parmi les bénédictions de Dieu, c'est qu'ils sont l'avenir de chaque famille, c'est qu'ils entretiennent, dans l'intérieur de nos maisons, cette idée qui nourrit l'âme. Les enfants nous représentent l'avenir, et ils le représentent sous la forme la plus riante et la plus gracieuse. C'est là ce qui fait leur charme irrésistible; c'est là ce qui met autour de leurs petites têtes cette auréole de bonheur et de joie qui se réfléchit sur le visage des parents, qui échauffe doucement leur cœur, et donne aux plus pauvres et aux plus malheureux la force de travailler et de vivre. Bénie soit donc l'enfance, qui écarte la tristesse et qui chasse le démon! bénie soit l'enfance, par qui vivent au sein des familles cette idée et ce sentiment de l'avenir, aussi indispensables à l'homme que l'air et la lumière qu'il respire.

Dans les trois livres adressés à Stagyre, saint Chrysostôme examine quel est le genre de tristesse qui possède Stagyre ; et c'est là surtout que ces réflexions sont applicables à notre temps, car la tristesse de Stagyre n'est que l'effet du déréglement et de la mollesse de l'âme; chagrin si capricieux, qu'il suffit souvent d'un véritable malheur pour le guérir aussitôt, parce qu'il n'y a pas d'erreur qui tienne contre la vérité.

Aussi saint Chrysostôme ne néglige pas de comparer les souffrances imaginaires de Stagyre avec les véritables souffrances des pauvres et des malades : « Va, dit-il, à la prison ou à la porte des bains pu-
« blics; vois ces malheureux qui n'ont ni habits ni
« asile, transis de froid, grelottant de faim et de mi-
« sère, la face pâle et flétrie, les dents claquant les
« unes contre les autres, ayant à peine la force de par-
« ler ou de tendre la main; et c'est toi qui t'appelles
« malheureux¹ ! » Et, quand il a gourmandé éloquemment par ce contraste les fausses misères de

¹ . . . . Te ad carcerem confer, cunctisque illius habitaculi diligenter exploratis, proficiscere ad balnearum vestibula, quo in loco, fimo et stipula pro vestibus et domo utentes jacent nonnulli nudi, frigore, morbo fameque perpetua obsessi, aspectuque solo ac tremore corporis et sonitu se collidentium dentium prætereuntes ad misericordiam flectentes, neque vocem emittere, neque manum extendere valentes, eo quod jam his malis penitus attriti sunt. Neque hactenus persistas velim. . . . . »
(S. CHRYS., édit. Gaume, t. I, p. 276.)

« Va chercher quelque indigent à secourir, quelque infortuné à consoler, quelque opprimé à défendre. Si cette considération te retient aujourd'hui, elle te retiendra demain, après-demain, toute la vie. Si elle ne te retient pas, meurs, tu n'es qu'un méchant ! »
(J.-J. ROUSSEAU, *Nouvelle Héloïse*, part. 3, lettre 22.)

Stagyre, il analyse cette tristesse de manière, en vérité, à nous faire douter si ce que nous lisons est d'un Père du quatrième siècle ou d'un moraliste de notre temps. Qu'on en juge par les réflexions que je lui emprunte et que je me permets à peine de commenter.

« Le meilleur moyen de se délivrer de la tristesse, « c'est de ne point l'aimer[1]. » Mot profond et dont nous sentons aujourd'hui la justesse. Combien, parmi les héros de nos romans et dans le monde même, combien sommes-nous qui aimons notre tristesse, que nous décorons du nom de mélancolie, et qui l'entretenons amoureusement dans notre cœur! Il faudrait les haïr, ces chagrins imposteurs qui nous cuisent et nous rongent; mais, comme ils tiennent à nos passions par mille fibres vivantes, nous n'avons pas la force de rompre avec eux; nous les caressons, nous les réchauffons avec une sorte de tendresse. « Il est des hommes, dit énergiquement saint Chry-« sostôme[2], qui aiment les démangeaisons et les pi-« cotements de leurs plaies. » C'est de cette manière honteuse et lâche que nous chérissons notre tristesse. Et comment voulez-vous que l'âme rongée par cette plaie qu'elle envenime sans cesse ne succombe pas à la fin? comment voulez-vous que toutes ces émotions qu'elle nourrit et qu'elle excite contre elle-même,

---

[1] Ad effugiedum mœrorem id non parum confert, si interim ingrate illum admittamus.

(S. CHRYS., même édit., t. I, p. 278.)

[2] . . . . Fit simillimum voluti si quis, scabiem ac pruriginem depositurus, morbo suo delectetur et in eumdem ipsum sese injiciat.

(S. CHRYS., *ibid.*)

que ce vautour qu'elle se crée pour se déchirer les entrailles, ne finissent pas par épuiser ce qu'elle a de force et de vie?

Qu'est-ce à dire cependant? Si Dieu a fait le cœur de l'homme capable de tristesse, est-ce un mal que la tristesse? Non, certes. La morale chrétienne ne condamne point les sentiments qu'elle trouve dans l'âme humaine; elle ne veut pas les supprimer; elle ne veut que les régler. Créée par Dieu, la tristesse aussi est bonne; il faut seulement savoir l'employer. « Dieu a « mis la tristesse dans le cœur de l'homme, dit saint « Chrysostôme, non pour l'employer mal à propos « et contre nous-mêmes, non pour nous consumer « et nous perdre, mais pour nous servir et nous « aider. Comment se servir de la tristesse? en l'ad- « mettant à propos dans notre âme. Nous devons « être tristes, non quand nous souffrons, mais quand « nous faisons mal. Malheureusement l'homme a « changé l'ordre et dérangé les temps : c'est quand « nous faisons mal que nous rejetons loin de nous la « tristesse; c'est quand nous souffrons que nous tom- « bons aussitôt dans une profonde douleur, et que « nous voulons nous affranchir de la vie. » Dans aucun

---

[1] Mœrorem quoque Deus inseruit naturæ mortalium, non ut abs re et intempestive illo in rebus contrariis utamur, neque ut nos ipsos perimamus, verum ut ex eo maxima emolumenta consequamur. Quonam vero modo illa consequemur? si illum tempestive assumamus. Porro mœroris tempus non tunc est cum aliquid patimur adversi, sed cum male operamur. At vero nos ordinem pervertimus, temporaque immutavimus, qui, cum innumera mala perpetremus, ne breviter quidem dolore contrahimur; sin vero quippiam a quoquam patiamur mali, protinus concidimus, hæremus, liberarique et cedere ex vita festinamus. (S. Chrys., même édit, t. I, p. 275.)

moraliste, il faut le dire, il n'y a une plus profonde analyse du cœur de l'homme, de sa manière d'aimer et de cultiver la fausse tristesse, et de son ignorance à savoir se servir de la vraie.

Les pensées de tristesse et de suicide de Stagyre nous amènent sans effort, selon la suite des temps et des idées, des suicides du théâtre et de la philosophie antiques aux suicides des drames et des romans modernes ; d'Ajax et de Caton, à Hamlet, à Werther et à Chatterton.

VI

DES SENTIMENTS QUI ACCOMPAGNENT L'IDÉE DU SUICIDE DANS LE THÉATRE MODERNE. — HAMLET DANS SHAKSPEARE. — PAMÉLA, DANS RICHARDSON.

L'ancien théâtre français, disciple fidèle du théâtre grec, a peint le suicide de passion plutôt que le suicide de réflexion. Phèdre apprend que Thésée est vivant; désespérée alors d'avoir avoué à Hippolyte son amour incestueux, elle se décide à mourir. Tous ces motifs sont pris dans la honte qu'elle a de son crime, dans la crainte qu'elle éprouve d'aborder son époux, dans ses remords :

> . . . . Je sais mes perfidies,
> OEnone, et ne suis point de ces femmes hardies
> Qui, goûtant dans le crime une tranquille paix,
> Ont su se faire un front qui ne rougit jamais.
> Je connais mes fureurs, je les rappelle toutes.
> Il me semble déjà que ces murs, que ces voûtes,
> Vont prendre la parole, et, prêts à m'accuser,
> Attendent mon époux pour le désabuser.
> Mourons! de tant d'horreurs que la mort me délivre!
> Est-ce un malheur si grand que de cesser de vivre?
> La mort aux malheureux ne cause point d'effroi.
> . . . .
> Acte III, scène 3.)

Ces deux derniers vers sont les seules maximes

générales que Phèdre exprime en mourant, si même on peut appeler ces deux vers des maximes générales, car ce sont plutôt des sentiments particuliers et des mouvements de passion qui prennent la forme d'une maxime générale sans changer de nature. Les héroïnes de Racine, qui, comme Phèdre, recourent au suicide, Monime dans *Mithridate*, Atalide dans *Bajazet*, y recourent aussi dans des moments de passion. Le suicide n'est pas pour elles un parti prémédité et réfléchi, c'est un coup de désespoir; les conseils de la philosophie n'y sont pour rien, et elles ne s'inquiètent pas le moins du monde de savoir s'il y a quelque gloire à se tuer. Il faut arriver jusqu'au théâtre de Voltaire pour trouver cette idée chère au stoïcisme antique, que le suicide est un signe de courage. Non que les héroïnes de Voltaire se tuent pour faire honneur seulement à la philosophie : c'est la passion qui les pousse au suicide. Mais elles ne sont pas fâchées d'avoir l'air de faire par philosophie ce qu'elles font par passion : aussi elles commentent leur action, elles la justifient; elles changent enfin, autant qu'elles peuvent, en suicide doctrinal le suicide désespéré et violent des héroïnes de l'ancien théâtre. Les personnages du théâtre de Voltaire sont assurément plus dramatiques et plus animés que les personnages du théâtre de Sénèque; mais ils ont aussi la prétention d'être philosophes, et c'est là ce qui les gâte. Voyez Idamé, dans l'*Orphelin de la Chine*, quand elle propose à Zamti, son époux, de se tuer pour échapper à la tyrannie de Gengis-Kan :

. . . . Écoute-moi.
Ne saurons-nous mourir que par l'ordre d'un roi ?

Les taureaux aux autels tombent en sacrifice :
Les criminels tremblants sont traînés au supplice ;
Les mortels généreux disposent de leur sort :
Pourquoi des mains d'un maître attendre ici la mort?
L'homme était-il donc né pour tant de dépendance ?
De nos voisins altiers imitons la constance :
De la nature humaine ils soutiennent les droits,
Vivent libres chez eux et meurent à leur choix ;
Un affront leur suffit pour sortir de la vie,
Et plus que le néant ils craignent l'infamie.
Le hardi Japonais n'attend pas qu'au cercueil
Un despote insolent le plonge d'un coup d'œil.
Nous avons enseigné ces braves insulaires ;
Apprenons d'eux enfin des vertus nécessaires,
Sachons mourir comme eux.

ZAMTI.

Je t'approuve, et je crois
Que le malheur extrême est au-dessus des lois.

(Acte v, scène 5.)

Idamé et Zanti ne sont plus seulement deux époux qui veulent mourir ensemble, ce sont deux philosophes qui dissertent sur le droit que l'homme a de disposer de ses jours. Idamé ne vise pas seulement à la gloire de la fidélité conjugale, elle veut aussi être un esprit fort et un grand caractère. Elle a tort : le théâtre s'accommode beaucoup mieux des grandes passions que des esprits forts.

Le suicide, tel qu'il est peint dans notre ancien théâtre français, dans Corneille et dans Racine, ou dans Voltaire, tient aux suicides que nous trouvons dans la poésie et dans la philosophie antiques, aux suicides de Didon et d'Ajax, ou de Caton et de Brutus ; il ne ressemble pas au suicide rêveur et mélancolique de la littérature de nos jours. Ce genre de suicide a pour aïeux, dans les temps anciens, le Stagyre de saint Chrysostôme, et, dans les temps modernes, l'Hamlet de Shakspeare.

La juste renommée du monologue d'Hamlet, méditant sur le choix à faire entre la vie et la mort, a beaucoup contribué, selon moi à mettre en honneur, au théâtre et dans les romans, la peinture du suicide. Qu'il me soit donc permis de m'arrêter un instant sur le caractère d'Hamlet et sur un des traits particuliers de ce caractère.

Il y a, dans la littérature anglaise, un goût singulier, que j'appellerais volontiers le goût de la mort. Ce qu'il y a de profond et d'inconnu dans l'idée de la mort, ce qu'il y a de vague dans les terreurs qui s'y rattachent, ce qu'il y a d'horrible et même de rebutant dans les traits qui la caractérisent, tout cela semble attirer le génie anglais. Ce goût de la mort est curieux à étudier dans les héros de Shakspeare. Ce n'est point seulement Hamlet dont l'esprit mélancolique et sombre aime à s'entretenir de cette idée : la jeune et belle Juliette, près de boire la potion assoupissante qui doit la faire passer pour morte et la soustraire au mari qu'elle refuse d'épouser, Juliette ne pense pas seulement à Roméo qui viendra la retrouver et la délivrer dans son tombeau, elle ne pense pas seulement à son amour, elle songe avec effroi à ces voûtes funèbres sous lesquelles elle va descendre, à ces lieux pleins de morts et de spectres; son imagination s'entretient de toutes les visions qui pourront l'épouvanter dans ce séjour d'horreur, si elle s'éveille avant le temps où Roméo doit venir la délivrer; elle décrit même le délire qui peut-être s'emparera de ses sens, et comment elle ira profaner dans leurs tombeaux les ossements de ses pères[1]. Cette description, qui ne me parait guère naturelle dans la bouche de Juliette, ne déplait cependant pas aux Anglais, et elle témoigne de ce goût des choses de la mort, qui est un des traits de leur littérature. Roméo, à son tour, semble se plaire outre mesure dans la chapelle funéraire des Capulets. Je sais bien qu'il y retrouve sa Juliette; mais, si j'ose dire ce que je pense, un fils du génie d'Homère ou de Sophocle, un amant grec, ou même italien, ne songerait pas, comme Roméo, à trouver Juliette plus belle que jamais au sein de la mort; sa passion ne paraîtrait pas s'inspirer du séjour même où il revoit sa fiancée. Dans Sophocle, Hémon se tue sur le tombeaux d'Antigone, comme fait Roméo sur le tombeau de Juliette; mais Sophocle ne montre pas aux yeux cette scène d'amour et de mort : ces voûtes lugubres répugnent aux idées que l'art grec se fait de l'amour et de l'hymen. Leur horreur semble, au contraire, redoubler l'ardeur de Roméo : il s'y sent plus passionné, plus enthousiaste, plus amoureux, si j'ose le dire, non pas seulement peut-être parce que c'est la dernière fois que ses yeux contemplent la beauté de Juliette, mais parce que, me trompé-je? ces funèbres lieux conviennent à l'imagination de cet amant, fils du génie de Shakspeare. Écoutez-le : il parle sans terreur et sans dégoût, de quoi? de ces vers mêmes qui vont dévorer ce corps adoré : « C'est ici, dit-il à Juliette[2],

---

[1] *Roméo et Juliette*, acte IV, scène 3.
[2] Acte V, scène 3

c'est ici que je veux fixer ma demeure avec les vers qui sont maintenant ta compagnie! » Voilà Juliette comme il va la voir, et jamais il ne l'a tant aimée. Non, quand il la quittait aux premiers rayons du matin, aux premiers chants de l'alouette ; non quand l'aurore éclairait leurs adieux pleins d'amour, Roméo n'avait pas les paroles de flamme qu'il a dans cette affreuse demeure; et la nature, qui s'éveillait riante et parée après une nuit d'amour, disait moins à son cœur que l'aspect de la sépulture : « O mon « amante, ô mon épouse! la mort, qui a sucé l'am- « broisie de ton haleine, n'a pas encore eu de pou- « voir sur ta beauté : elle éclate encore sur tes lèvres « vermeilles, sur tes joues de rose et dans tous tes « traits. La mort ne t'a pas conquise tout entière[1]. » Dites si jamais Juliette vivante a été plus ardemment adorée! Singulière imagination, qui s'inspire et s'échauffe par l'idée même de la mort! Poésie étrange et toute nouvelle, qui ne doit rien à la Grèce, mais qui se ressent à la fois de l'inspiration du climat et des austères idées dont le christianisme aime à entretenir l'homme! Shakspeare a ressenti ces deux influences : il a cédé sans effort à la première, celle du climat, et il en a même rendu l'effet plus vif et plus puissant sur ses compatriotes; mais il a altéré et perverti la seconde, celle du christianisme.

Expliquons rapidement ces effets divers.

Montesquieu, en remarquant que les suicides sont plus communs en Angleterre que partout ailleurs, attribue cette maladie à l'influence du climat. Selon moi, Shakspeare est aussi pour quelque chose dans

[1] Acte v, scène 3.

ce dégoût de la vie, plus fréquent en Angleterre que dans les autres pays, parce qu'il a ajouté l'influence de la poésie à l'influence du climat. Il a familiarisé ses compatriotes avec l'idée de la mort, il l'a mise sur le théâtre, il l'a hardiment mêlée aux pensées et aux sentiments qui semblent le moins l'admettre. Tant que Juliette et Roméo sont restés dans le cercle de la littérature italienne, ils n'ont pas connu ces vagues et sombres fantaisies qui sont aujourd'hui un des traits de leur caractère. Luigi da Porto, qui est le premier conteur qui ait écrit leur histoire, n'a pas songé à faire de Roméo et de Juliette des rêveurs mélancoliques. Quand le frère Laurent propose à Juliette de l'endormir et de la transporter comme morte dans les caveaux de sa famille : « N'auras-tu « pas peur, lui dit-il, si tu es placée près du corps « de ton cousin Tebaldo qui a été enterré tout nou- « vellement dans ce lieu? — Oh ! répond Juliette « toute joyeuse, s'il fallait passer par l'enfer pour « retrouver Roméo, je ne balancerais pas ! » Voilà de vrais amants italiens, qui ne songent, quand ils s'aiment, qu'à leur amour, qui n'ont peur que de ne pas se retrouver, et non pas de voir les revenants se dresser du fond des tombeaux. Le Roméo italien, quand il est dans le caveau des Capulets, n'entend rien non plus aux charmes de la mort; il ne remarque même pas que Juliette est belle encore, toute morte qu'elle est, tant l'idée de la mort voile à ses yeux la beauté de son amante! et j'aime cette faiblesse ou cette pudeur de l'amour, si j'ose ainsi dire, qui s'arrête devant la mort et ne sent plus pour sa maîtresse que la douleur de l'avoir perdue. « Voilà donc,

« s'écrie le Roméo italien, ces yeux que je me plaisais
« tant à voir, cette bouche d'où sortaient de si douces
« paroles, cette bouche que j'ai baisée tant de fois, ce
« cœur que j'ai senti tant de fois battre avec tant de
« bonheur! tout cela maintenant est froid et glacé...
« et cependant je vis encore! » Douleur naturelle et
simple, où rien ne sent la mélancolie, qui est le
genre de tristesse que le génie du Nord sait le mieux
exprimer. C'est là un contraste remarquable et caractéristique. Toutes les pensées du Roméo anglais se rapportent au cadavre qu'il a sous les yeux, à Juliette telle qu'il aime à la contempler dans son tombeau, belle encore, quoique sans vie, tandis que les pensées du Roméo italien se rapportent à Juliette telle qu'elle était, quand elle vivait, belle et aimée; et le Roméo italien et le Roméo anglais ont chacun les pensées et les sentiments que leur donne leur climat. Au Midi, la vie et la beauté sont choses sacrées, dont l'homme écarte avec soin l'idée de la mort comme une sorte de profanation; au Nord, l'homme appelle volontiers cette idée, comme pour mieux sentir, par le contraste, le charme de la vie et de la beauté. A Vérone, lorsque Juliette, désespérée de l'exil de Roméo, demande au frère Laurent de lui donner du poison : « Je ne te
« donnerai pas de poison, mon enfant, s'écrie le vieux
« prêtre : ce serait un trop grand malheur qu'une
« personne si jeune et si belle que toi mourût! » Mot charmant, surtout dans un vieillard, et qui respire ce respect de la vie et de la beauté, qui est un des traits caractéristiques du génie méridional. A Londres, au contraire, voyez, quand Roméo veut acheter du poison et mourir, comme Shakspeare s'arrête,

avec une sorte de plaisir, sur cet apothicaire qui vend la mort par pauvreté, sur cette boutique qui sent la sorcellerie et le crime, sur ce poison enfin *qui tuerait aisément un homme qui aurait la force de vingt hommes* [1], sur toutes ces idées et sombres et repoussantes qui plaisent à son génie et à celui de ses compatriotes.

Telle est, dans Shakspeare, l'influence que le climat a exercée sur la poésie. Voyons maintenant l'autre influence que nous avons remarquée, celle du christianisme, et comment Shakspeare l'a altérée.

Avant Shakspeare, en effet, comme après Shakspeare, la chaire chrétienne a toujours aimé à représenter à l'homme la poussière de son tombeau [2]. Mais, selon la chaire chrétienne, la mort n'est point pour l'homme une énigme mystérieuse : c'est un jugement que Dieu prononce sur la vie que nous avons menée ici-bas, jugement propice aux bons et redoutable aux méchants. Dans Shakspeare, au contraire, quand Hamlet médite sur la mort, la mort redevient obscure et inconnue : « Mourir, dormir, « dit Hamlet. — Dormir? rêver peut-être? ah! voilà « ce qui nous arrête? Qui sait les songes qui peuvent « traverser ce sommeil de la mort, quand nous « sommes dépouillés de cette enveloppe mortelle? « Au delà de la vie, qu'y a-t-il [3] ? » — Question ter-

---

[1] *Roméo et Juliette*, acte v, scène 2.

[2] M. Olier, fondateur de la congrégation de Saint-Sulpice, prenait sa main dans les derniers jours de sa vie et lui disait : « Corps de péché, tu pourras bientôt. »

(FÉNELON, *Lettres spirituelles*, lettre 108ᵉ, édit. de Toulouse, t. X, p. 274.)

[3] Acte III, scène 1.

rible, il est vrai, mais que le chrétien ne se fait pas. En questionnant ainsi l'avenir, Shakspeare a mis hardiment sur le théâtre l'esprit de doute et de scepticisme, et c'est par là qu'Hamlet est l'aïeul des héros de lord Byron ; ils sont nés de lui : l'ironie sombre et audacieuse de Manfred procède du monologue d'Hamlet. Shakspeare a pris à la chaire chrétienne ses méditations et ses peintures de la mort; mais il les a autrement appliquées, et surtout il les a détournées du but qu'elles avaient : car cette peinture de la mort, qui ne devait servir qu'à réprimer les passions de l'homme, il a montré, dans Roméo, comment l'amour même peut s'en inspirer pour nous émouvoir plus vivement; et cette méditation de la mort, cette peur du juste, dans l'attente des jugements du Seigneur, il en a fait l'effroi de l'homme qui, prêt à se tuer, s'arrête incertain de ce qu'il y a au delà du tombeau.

L'imitation de la littérature anglaise et de la littérature allemande a fait que, de nos jours, la mort est devenue, en France aussi, un des lieux communs de la poésie. Autrefois, nous ne trouvions la mort qu'à l'église, et là nous la trouvions sérieuse et austère, pleine de graves enseignements. Aujourd'hui, nous la trouvons partout dans la littérature; mais nous la trouvons coquette et parée, cherchant volontiers à faire contraste et à frapper l'imagination ; tantôt exagérant son horreur, afin d'ajouter à l'émotion par la peur; tantôt représentée la tête couronnée de roses et le visage riant [1], afin de mieux attirer à

---

[1] « . . . . . . Il n'y a qu'un pécheur larmoyant qui ait pu appeler la mort un squelette. C'est un doux et aimable enfant, au visage rose comme le dieu de l'amour, mais moins trompeur ; un génie silencieux

elle les malheureux qui désespèrent de la vie. Cet emploi fréquent et presque profane que les littérateurs modernes font de l'idée de la mort, tient beaucoup à l'influence de Shakspeare.

C'est donc dans Shakspeare que nous trouvons le principe et la source de cette littérature du suicide, dont nous faisons pour ainsi dire l'histoire. Elle a déjà, dans ce poëte, les traits principaux qui la caractérisent : le goût de la mort et le doute de l'avenir. A ces traits généraux ajoutons le caractère particulier d'Hamlet, qui, quoiqu'il ne se tue pas lui-même, est devenu le type des héros du suicide : une sorte d'Oreste incertain et faible, qui doute du crime qu'il doit venger, et qui doute surtout s'il aura la force d'accomplir la mission qu'il tient du ciel, mission terrible révélée avec un mystère qui trouble la raison d'Hamlet. Oreste est poussé par la fatalité : il n'hésite pas. Hamlet, quoique poussé aussi par la fatalité et averti par l'ombre de son père, garde cependant sa liberté; mais il ne la garde que pour chanceler dans ses résolutions et flotter sans cesse d'une idée à l'autre[1]. Il réfléchit plus qu'il n'agit, il ne pousse rien à bout. Tantôt effrayé du devoir terrible qu'il doit remplir, il semble se demander s'il ne pourrait

et secourable, qui offre son bras à l'âme fatiguée du pèlerin, qui la fait monter sur les degrés du temps, lui ouvre le magique palais de l'éternelle splendeur, lui fait un signe amical, et disparaît. »

(SCHILLER, *Intrigue et amour*, act. v, sc. 1.)

[1] « Le fantôme que j'ai vu pourrait être un esprit infernal; et le démon peut revêtir la forme d'un objet qui nous est cher. Que sais-je? peut-être abuse-t-il de ma faiblesse et de ma mélancolie, pour me conduire au forfait par le pouvoir qu'il exerce sur les imaginations de cette trempe. » (*Hamlet*, acte II, scène 2.)

pas s'y soustraire par le suicide[1]; mais il recule devant l'incertitude de l'avenir, et il commente éloquemment cette peur que l'homme a de l'inconnu[2]. Tantôt il veut tuer le roi, qui a assassiné son père, mais il s'arrête, parce que le roi est en prière et qu'il ne veut pas l'envoyer en paradis[3] : tant sa haine est profonde, mais tant aussi elle est ingénieuse à trouver toujours des raisons pour ne point agir! Il veut aussi punir sa mère; mais il se contente de l'épouvanter par ses paroles. Il n'est pas plus décidé dans son amour que dans sa vengeance : il aime Ophélia, mais il n'ose pas confier à son amour le secret de sa fausse folie; il lui parle tantôt en amant et tantôt en fou, et ce bizarre mélange de paroles contradictoires finit par égarer aussi la raison de la jeune Ophélia. C'est quand elle sera couchée dans la tombe, c'est alors qu'Hamlet avouera hautement l'amour qu'il avait pour elle : car c'est le propre des caractères incertains et faibles de ne savoir nettement ce qu'ils veulent que lorsqu'ils ne peuvent plus l'avoir. Cette folie même qu'Hamlet commence par affecter finit par le troubler lui-même; et il y a là une curieuse leçon, qui s'applique fort bien à ces caractères orgueilleux et faibles qui rêvent d'autant plus qu'ils agissent moins. Il n'est pas bon pour l'homme de donner carrière à toutes ses rêveries. Les sentiments singuliers, les pensées étranges qui nous viennent à l'esprit, nous plaisent d'abord, parce qu'ils nous font

---

[1] « O désordre maudit, faut-il que je sois né pour te réformer ? »
(Acte I, scène 5.)

[2] Acte III, scène 1.
[3] Acte III, scène 3.

croire que nous avons quelque chose d'original et d'au-dessus du vulgaire; nous nous laissons aller volontiers à la tentation d'exprimer ces sentiments bizarres, afin de nous faire regarder comme un homme à part, comme une exception; chose charmante et qui excite l'ambition de tout le monde, surtout dans les temps et dans les pays où règne l'égalité. Mais ce petit charlatanisme n'est pas sans danger pour nous-mêmes : on commence par vouloir duper les autres, on finit souvent par se duper soi-même; on gagne involontairement l'exaltation qu'on singeait, et on perd le bon sens pour avoir voulu, comme Hamlet, jouer avec la folie.

La prépondérance de la pensée et de la parole sur l'action, et, pour tout dire d'un mot, la faiblesse [1], voilà le fond du caractère d'Hamlet, tel que Shakspeare l'a conçu. C'est là aussi le fond des héros du suicide. Écartez, en effet, tous les grands sentiments dont ils font parade, pénétrez dans ces âmes inquiètes : vous trouverez au fond la faiblesse et l'inertie. Elles aiment mieux s'agiter qu'agir, jusqu'à ce qu'un jour, pour s'affranchir des labeurs de l'action, elles se réfugient dans l'éternel repos.

Je ne veux pas prêcher contre le suicide. Je cherche seulement de quelle manière le drame et le roman modernes expriment l'idée du suicide, comment ils la représentent, et si, en peignant ce triste amour

---

[1] « Le paresseux de l'Écriture, qui veut et qui ne veut pas, qui veut de loin ce qu'il faut vouloir, mais à qui les mains tombent de langueur, dès qu'il regarde le travail de près. »

(FÉNELON, *Lettres spirituelles*, 140e; éd de Toulouse, t. X, p. 332.)

de la mort, ils parviennent à nous émouvoir autant que le font les Grecs en peignant l'amour de la vie.

Je ne défends pas au poëte dramatique de mettre le suicide sur la scène : tout ce qui est de l'homme appartient à la littérature. Mais, pour m'émouvoir, il faut que cette pensée de mort, que l'homme a conçue, lutte dans son âme contre l'amour de la vie; il ne faut pas qu'il se tue trop aisément, ou trop vite et pour des causes trop frivoles : car, sans cela, je ne pourrais pas m'intéresser à son sort. Shakspeare, qui a prêté à son Hamlet l'idée du suicide, a eu soin de l'arrêter à temps sur le bord de l'abîme, sachant bien que la lutte contre la mort est plus intéressante que la mort même. Ne croyez pas, en effet, qu'en montrant un héros qui résiste à cette funeste idée, et en faisant pencher le dénoûment vers la vie plutôt que vers la mort, la scène sera moins intéressante; non : dans le drame, le dénoûment importe beaucoup moins que l'action; c'est l'action seule qui attache et qui plaît. Un auteur peut donc, s'il n'a pas prêté à son héros cette faiblesse maladive qui fait qu'il ne peut pas supporter les labeurs de la vie; s'il l'a rendu seulement malheureux, mais non pas malheureux par sa faute et par son imagination; s'il lui a donné des douleurs plutôt que des remords et des rêveries; si enfin il lui a conservé une conscience ferme et pure, un auteur peut fort aisément montrer comment l'idée du suicide traverse l'esprit de son héros et comment il y résiste. La scène excitera la pitié, quoique le héros ne meure pas, et le dénoûment pourra être heureux et moral, sans cesser d'être intéressant. Mais cela, ne l'oublions pas, tient au caractère que le poëte donne à son héros.

En faisant ces réflexions, je pense à une scène du roman de *Paméla*, qui m'a toujours beaucoup ému. Paméla est une servante jeune, belle et spirituelle, que son maître aime ardemment, mais qui résiste à cet amour ; qu'il persécute longtemps et qu'il finit par épouser, vaincu qu'il est par sa vertu. Paméla, enfermée par son maître dans un château du nord de l'Angleterre, mise sous la surveillance d'une méchante femme, et craignant que son maître n'emploie la violence pour triompher de sa résistance, essaye de s'échapper de sa prison : elle descend, la nuit, par la fenêtre et tâche d'escalader un mur de clôture. Mais elle tombe et se blesse dans sa chute : plus d'espoir d'échapper à ses persécuteurs. Que faire? que devenir?

« Dieu veuille me pardonner ! dit-elle. Il me vint
« alors une affreuse pensée dans l'esprit : je tremble
« encore quand j'y songe. En vérité, l'appréhension
« du terrible malheur que j'avais à craindre me dé-
« termina presque à faire une action qui m'aurait
« rendue misérable durant toute l'éternité. O mes
« chers parents, pardonnez à votre pauvre fille ! Le
« désespoir me saisit, je me traînai du côté du vivier,
« et dans quel dessein (j'en ai horreur maintenant!),
« dans le dessein de m'y jeter et de finir ainsi tous
« mes maux en ce monde ; mais hélas ! pour en souf-
« frir d'infiniment plus grands dans l'autre, si la grâce
« de Dieu ne m'avait retenue. Comme j'ai résisté à
« cette tentative (Dieu en soit béni !), je vous racon-
« terai les combats que j'eus à soutenir contre moi-

« même dans cette triste occasion, afin de rendre
« gloire à la miséricorde de Dieu, qui m'a empêchée
« de me plonger dans un abîme d'où il n'y a plus de
« retour [1]. »

Assise ou plutôt gisante au bord du vivier, Paméla considère ses malheurs et l'impossibilité d'échapper à l'infâme condition que lui destine l'amour de son maître :

« Je pensai alors (et cette pensée m'était sans doute
« suggérée par le démon, car elle me plut beaucoup
« et fit une forte impression sur moi), que ces mé-
« chants qui n'ont maintenant aucun remords de
« leur conduite ni la moindre compassion pour moi,
« seraient touchés de quelque repentir, lorsqu'ils
« verraient les tristes effets de leur crime. Oui,
« dis-je, lorsqu'ils contempleront le cadavre de l'in-
« fortunée Paméla tiré de l'eau et couché sur ce ga-
« zon, ils sentiront leur cœur déchiré par de cruels
« remords dont ils sont maintenant incapables; mon
« maître, qui est maintenant si en colère, oubliera
« alors tout son ressentiment et dira : Ah! c'est là
« la pauvre, la malheureuse Paméla que j'ai si injus-
« tement persécutée; c'est moi qui suis la cause de
« sa mort! Je vois bien maintenant qu'elle préférait
« la vertu à la vie même, qu'elle n'était ni hypocrite
« ni trompeuse; mais qu'elle était réellement cette
« créature innocente qu'elle prétendait être. — Peut-
« être qu'alors il répandra quelques larmes sur le
« cadavre de sa servante, qu'il a tant persécutée. Il
« me fera enterrer honorablement et me garantira

---

[1] Traduct. de l'abbé Prévost, édit. in-8º de 1784, t. 1ᵉʳ, p. 265.

« de l'infamie à laquelle on expose ceux qui se dé-
« font eux-mêmes. Tous les jeunes garçons et les
« jeunes filles du voisinage de mes chers parents
« déploreront le sort de la pauvre Paméla; mais
« j'espère qu'on ne me fera pas le sujet de ballades
« ni d'élégies, et que, pour l'amour de mon père et
« de ma mère, on me laissera bientôt tomber dans
« l'oubli [1]. »

J'hésite à interrompre ce récit par quelques réflexions. Je veux cependant faire remarquer le sentiment d'amour qui perce dans l'attendrissement que ressent Paméla à l'idée des pleurs que son maître répandra sur sa tombe, amour involontaire qu'elle ne s'avoue pas, mais qu'elle ressent et même qu'elle exprime sans le savoir, quand elle songe avec une sorte de douceur à l'affliction que sa mort causera à son maître. Cet amour se devine plutôt qu'il ne se voit : il éclôt timidement au milieu des tristes pensées qui agitent Paméla; et cependant, tout faible et tout timide qu'il est, l'âme chrétienne de Paméla comprend qu'il est coupable, car elle se le reproche. J'aime aussi cette modestie qui lui fait craindre les complaintes qui se feraient sur son sort. Il y a eu des gens qui semblaient s'être tués pour que le public parlât d'eux : ils jouaient leur vie pour un instant de renommée. Paméla demande l'oubli : elle craint la publicité comme les autres la recherchent. Mais, avec tant de bons sentiments dans le cœur, il était impossible que Paméla pérît, et ses vertus la défendent et la sauvent de cette pensée du suicide que lui avaient inspirée ses malheurs.

[1] Ibid., p. 267.

Voilà donc comment la pensée du suicide peut émouvoir sans que l'émotion coûte rien à la morale. Mais pour venir, comme Paméla, près du suicide et pour y échapper, il faut le caractère que Richardson lui a donné, il faut la fermeté d'esprit qu'elle tient de la religion. On sent que Paméla résistera au danger de la tentation qui vient l'assaillir, parce qu'elle a résisté à des tentations d'un autre genre, et qu'elle aura contre le suicide la force qu'elle a eue contre la séduction; on sent enfin qu'il y a en elle cette vitalité morale qui fait qu'on peut supporter les peines et les fatigues de la vie. Il est des personnages, au contraire, qu'on sent, dès leur première vue, prédestinés à mourir. Ardents et exaltés, ils manquent de force et de patience : la vie n'est point faite pour eux. Tel est le Werther de Gœthe. Gœthe ne l'avait pas créé pour vivre, et il le savait bien. Aussi, je ne sais plus quel écrivain allemand s'étant avisé de corriger le dénoûment du roman et de faire vivre Werther au lieu de le tuer : « Le pauvre homme, « dit Gœthe[1], ne se doute pas que le mal est sans « remède et qu'un insecte mortel a piqué dans sa « fleur la jeunesse de Werther. »

Quel est donc cet insecte mortel qui, selon Gœthe, a piqué la jeunesse de Werther? Ne nous y trompons pas: c'est l'esprit de doute, c'est l'esprit du dix-huitième siècle; et ce n'est pas Werther seulement que l'insecte a piqué, c'est Gœthe lui-même. Gœthe appartient au dix-huitième siècle; il en est le disciple et l'héritier; il est sceptique et douteur comme le dix-huitième siècle; mais il est poëte. C'est là ce qui

[1] Mémoires.

cache un peu son scepticisme, et, de plus, comme il a senti, avec l'admirable esprit de conduite qu'il avait à côté de son génie, comme il a senti que le scepticisme nuit à la poésie, il a cherché à en corriger les effets, et, pour cela, il a appelé à son secours toutes les ressources de l'art et de la science. Il a adoré la nature, il a été panthéiste, et a mis Dieu partout pour se dédommager de ne l'avoir plus dans son cœur; il a adoré la Grèce et a rendu une sorte de culte à la beauté, telle que la Grèce la concevait dans les arts, tâchant de retrouver l'enthousiasme à l'aide des arts; il a adoré le Midi et a chanté le doux pays des orangers, parce que le Midi est le pays des fortes croyances et répugne au scepticisme; il a adoré aussi le moyen âge, qui ignorait le doute; partout, enfin, il a cherché de quoi guérir la blessure de l'insecte qui a piqué sa jeunesse. Rien n'a fait : le scepticisme perce au fond de tous ses enthousiasmes, et la diversité même de ses inspirations prouve son indifférence. Il n'est ni philosophe ni dévot, ni chrétien ni païen, ni courtisan ni citoyen, ni des temps antiques ni des temps modernes, ni du Nord ni du Midi, ou plutôt il est tout cela à la fois. Il est l'écho de la nature, il redit tous ses chants, toutes ses harmonies; mais il n'y ajoute pas ce chant que nous avons dans l'âme, ce chant qui est pour ainsi dire le son de notre cœur, et qui s'unit si bien aux harmonies qui viennent de la nature. Demandez à Gœthe de représenter l'homme et la nature dans toute leur variété et dans toute leur étendue : il le fera. Il n'y a qu'une chose qu'il ne faut pas lui demander : c'est lui-même. Le *moi* manque dans Gœthe, non pas le *moi* qui sait qu'il est un grand poëte et qui veut l'être, mais le *moi* qui a une pensée et un principe qu'il veut faire prévaloir, ce *moi* enfin qui croit à quelque chose. C'est ce *moi*-là que l'insecte a piqué dans Gœthe et dans Werther.

VII.

DU SUICIDE DANS *Werther* DE GOETHE, ET DANS *Chatterton* DE M. DE VIGNY.

Au dix-septième siècle, quand régnait la religion, il y avait des hommes qui, dédaignant la dévotion ordinaire, visaient à une dévotion supérieure, et qui portaient dans la piété l'agitation d'un esprit raffiné. Fénelon, dans ses *Lettres spirituelles*[1], avertissait ces âmes inquiètes et exaltées de laisser reposer un peu leur esprit : «*Requiescite pusillum*. Il est dangereux, disait-il, d'être un *ardélion*[2] de la vie intérieure.» Ainsi il craignait cette préférence que l'homme est souvent tenté de donner à la vie intérieure sur la vie extérieure, à la contemplation sur l'action. Il savait que beaucoup aiment mieux rêver qu'agir ; il savait surtout que cette mélancolie oisive n'apaise pas les passions : « Elles règnent tristement, dit Fénelon, dans ce sérieux vide et mou[3], » qui devient l'habitude de l'âme.

Werther, avec d'autres idées et d'autres senti-

---
[1] Lettre 154e, édit. de Toulouse, t. X. p. 380.
[2] *Ardelio*, empressé, agité.
[3] Lettre 14e, t. X, p 334.

ments que ceux du dix-septième siècle, est aussi un de ces *ardélions* de la vie intérieure ; et c'est là son malheur. « Je rentre en moi-même, dit-il, et j'y « trouve un monde, mais plutôt en pressentiments et « en sombres désirs qu'en réalité et en action[1]. » Voilà le monde où il aime à vivre ; voilà dans quel *sérieux vide et mou* ses passions vont bientôt régner tristement. En vain ses amis le pressent de prendre un état : « Sois attaché d'ambassade, » lui disent-ils. C'est assurément le moins gênant des états. Cependant Werther résiste longtemps. Un jour enfin, dans une heure où il est mécontent et triste de l'amour sans espérance qu'il a pour Charlotte, il accepte et se laisse faire secrétaire d'ambassade : il rédige des dépêches, expédie des courriers, cachette des lettres ; il a un état. Mais bientôt, prodige étrange et fait pour déconcerter les plus fermes résolutions ! il s'aperçoit que son ambassadeur n'est qu'un sot, et, dans une soirée chez le ministre, il rencontre deux ou trois barons ou marquis qui sont impertinents. Cette épreuve est au-dessus des forces de Werther ; il donne sa démission. Pendant quelques jours, il s'attache à un prince qui est aimable et familier ; mais il reconnaît bientôt aussi que ce prince a un grand défaut. « C'est de faire plus de cas, dit Werther, de mon « esprit et de mes talents que de mon cœur, dont « seulement je fais vanité, et qui est seul la source « de toute force, de tout bonheur et de toute mi- « sère[2]. » Ainsi il se recueille toujours en lui-même, dédaignant l'esprit et le talent, qui sont les instru-

---

[1] Édit. Charpentier, p. 13.
[2] Même édit., p. 118.

ments de l'homme qui agit, et ayant hâte de rentrer dans la vie intérieure : car c'est là qu'il met le mouvement, c'est là qu'il s'agite et se travaille.

Ayant quitté son ambassadeur parce qu'il est un sot, et son prince parce qu'il aime trop l'esprit, Werther renonce à tout état, et il a raison en vérité : car quel état lui trouver où il soit toujours à l'abri des sots, des impertinents et des indifférents? «Je ne suis qu'un « voyageur, un pèlerin sur la terre, dit-il à ses amis. « Êtes-vous donc plus [1]? » — Oui, s'ils ont un état et s'ils y persévèrent, non pas seulement parce qu'un état est le moyen d'ajouter à son prix personnel la force qui vient d'une profession reconnue dans la société, mais parce que les professions, et c'est là vraiment ce qui en fait le mérite, sont l'accomplissement de la loi divine du travail. Dieu nous a mis ici-bas pour agir, et non pour rêver. A toutes nos pensées, à tous nos sentiments, il a attaché l'action comme une nécessité : à la piété, le culte; à l'amour, le soin de la famille; à l'idée du beau, les arts. Nulle part Dieu ne s'est contenté de la pensée, parce qu'elle s'évanouit bientôt dans la rêverie [2]. Cette loi divine ennoblit toutes les professions des hommes; elle adoucit la fatigue des travaux, elle allège l'ennui des

---

[1] Édit. Charpentier, p 120.

[2] La rêverie a inspiré de tout temps le dégoût du travail et mené au suicide. Je trouve dans Stobée l'histoire d'un jeune homme qui, forcé par son père de se livrer aux travaux de l'agriculture, se pendit, laissant une lettre où il déclarait que l'agriculture était un métier trop monotone; qu'il fallait sans cesse semer pour récolter, récolter pour semer, et que c'était là un cercle infini et insupportable. (Stobée, édit. de Gaisfort, chap. 57, t. II, p. 420.) Ce suicide par orgueil et par paresse ressemble à beaucoup de suicides modernes.

affaires. « Je voudrais bien aller vous voir, » dit Fénelon, que j'aime surtout à citer quand il s'agit d'étudier les maladies et les remèdes du cœur de l'homme ; « je voudrais bien aller vous voir, mais je
« n'en ai pas le temps : il faut que je confère avec le
« chapitre métropolitain pour un procès, que j'ex-
« pédie, que j'écrive des lettres, que j'examine un
« compte. Oh ! que la vie serait laide dans un détail
« si épineux, si la volonté de Dieu n'embellissait
« toutes les occupations qu'il nous donne [1] ! »

Ce respect de la volonté de Dieu, ce goût de la règle, qui rend la vie facile et douce, voilà ce qui manque à Werther, parce que, fils du dix-huitième siècle, il n'a pas la foi simple et ferme qu'avaient ses pères; et voilà pourquoi ce pèlerin et ce voyageur sur la terre, comme il aime à s'appeler, n'achève pas son pèlerinage. Dans ce pèlerinage de la vie, qui est pénible et dur, ceux-là seulement vont jusqu'au bout, qui marchent parce que Dieu le veut; ceux qui ne vont que tant que la route leur plaît, s'exposent bien vite à s'arrêter.

Gœthe avait raison : Werther, tel qu'il l'avait créé, ne pouvait pas vivre. Quand il veut faire vivre ses personnages, Gœthe les fait autrement. Voyez son Hermann dans *Hermann et Dorothée*: quel caractère simple et ferme ! quelle mâle allure de cœur et d'esprit ! quel contraste avec Werther ! L'amour qu'il a pour Dorothée n'est pas pour lui un sujet de réflexions profondes et fines ; il ne remarque pas, comme Werther, que *depuis qu'il aime, aucune faculté de son âme ne reste inactive, et qu'il croit être*

[1] *Lettres spirituelles*, édit. de Toulouse, t. XI, p. 139.

plus qu'il n'est, parce qu'il est alors tout ce qu'il peut être[1]; non : il songe seulement que, dans ces temps de guerre et de malheur, il est bon à l'homme de se marier, « parce qu'il y a mainte bonne fille qui « a besoin de trouver la protection d'un mari; et que « l'homme, à son tour, a besoin de rencontrer, dans « la douleur, le regard consolant d'une femme[2]. » Je reconnais, à ces sentiments à la fois tendres et forts, les hommes qui doivent vivre. Mais Werther, que voulez-vous qu'il fasse? Voudra-t-il et pourra-t-il séduire Charlotte? Il vivra alors peut-être ; mais qu'est-ce que cette histoire aura de particulier et de rare? en quoi méritera-t-elle de nous être contée plutôt que les mille et une histoires du même genre? Était-ce la peine, en vérité, que Gœthe prît la plume pour nous dire qu'un jeune homme est parvenu à se faire aimer d'une jeune femme? Et pourtant, si l'histoire n'a pas ce dénoûment trivial, elle ne peut en avoir qu'un autre, le suicide. Ce n'est pas que Werther n'ait beaucoup des qualités qui font que l'homme aime à vivre. Ainsi il est bon ; mais sa bonté tient de son caractère : elle est molle et contemplative, elle ne ressemble en rien à la bonté active et patiente d'Hermann. Werther aime les hommes et la nature, et même, dans les premiers moments de son amour, quand il n'en sentait encore que la douceur, Werther aimait tout le monde, les propos du village, le babil des enfants, les récits des vieilles mères, les médisances des jeunes filles à la fontaine; il aimait les vapeurs du matin dans la vallée, le soleil du midi

---

[1] *Werther*, édit. Charpentier, p. 11.
[2] *Hermann et Dorothée*, édit. Charpentier, page 230.

dans la forêt, l'herbe au bord des ruisseaux, les insectes dans les herbes, la vie partout, Dieu partout[1]. Mais ne nous y trompons pas : cette tendresse confuse qu'il sentait pour toutes choses était l'effet de ce premier épanouissement de cœur que donne l'amour. Ces épanchements de tendresse durent peu : bientôt le cœur se resserre et se fixe sur l'objet aimé; bientôt l'amant n'aime plus, sans le savoir, que deux personnes, sa fiancée et lui-même; et il s'aime d'autant plus lui-même qu'il se sent aimé et que l'amour qu'il inspire le rehausse à ses propres yeux. « Elle m'aime, dit Werther à son ami. Sens-tu « combien je me deviens cher à moi-même, combien « (je ne le dis qu'à toi et tu m'entendras), combien je « m'adore, depuis qu'elle m'aime[2]? » Mot juste et vrai, qui peint admirablement cet égoïsme qui fait le fond de l'amour; égoïsme charmant, qui s'ignore lui-même, qui croit être du dévouement, et qui s'imagine ne vivre que pour autrui, quoique ce soit à lui-même qu'il rapporte tout.

Heureux d'abord et fier de son amour, Werther ne sait bientôt plus qu'en faire : il ne peut pas épouser Charlotte; il ne peut ni ne veut la séduire. Le voilà arrivé à ce moment où, comme le dit milord Édouard à Saint-Preux, étant forcé d'être homme de bien, il aime mieux mourir[3]. Mais, dans Gœthe, cette pensée de suicide, dont J.-J. Rousseau n'a fait qu'une controverse éloquente entre milord Édouard et Saint-Preux, devient le sujet même du roman. A mesure

[1] Édit. Charpentier, p. 6.
[2] Même édit., p. 56.
[3] *Nouvelle Héloïse,* part. 3, lettre 32.

que Werther perd l'espoir d'un succès qu'il ne veut même pas, il penche vers la mort. Cette nature, qui autrefois enchantait ses sens et son âme, l'attriste et l'accable à cette heure : il voyait naguère combien elle créait à chaque minute, il voit maintenant combien elle détruit. Autrefois, quand il était heureux, mais que déjà son amour pour Charlotte « faisait bouillonner son sang, » il allait à Wahleim, dans un petit hameau[1]; là il voyait une paysanne travaillant au milieu de ses enfants; il jouait lui-même avec les plus jeunes, et, en rentrant, il écrivait à son ami que « rien ne fait mieux taire le tapage des passions que « la vue d'une créature comme celle-ci, qui, dans « une heureuse paix, parcourt le cercle étroit de son « existence, trouve chaque jour le nécessaire, et voit « tomber les feuilles sans penser à autre chose sinon « que l'hiver approche[2]. » Aujourd'hui, cette paisible activité n'a plus rien qui l'apaise, ce repos lui semble stupide, ce labeur lui semble insensé, parce que son bonheur seul embellissait autrefois à ses yeux le spectacle des occupations humaines.

Je n'ai pas hésité à expliquer le caractère de Werther tel que je le concevais. Le peu de goût que j'ai pour ce genre de caractère, fort commun même parmi les gens qui ne se tuent pas, ne m'empêche pas de reconnaître l'intérêt que Gœthe a su donner à son héros. Je n'aime pas Werther, mais j'aime la lutte qu'il soutient contre le dégoût de la vie; ou plutôt j'aime à observer les divers degrés de sa défaite, car il s'agit ici, dès les premiers moments,

[1] Édit. Charpentier, p. 15 et suiv.
[2] P. 20.

d'une défaite plutôt que d'une lutte; j'aime à voir comment l'idée de la mort s'empare peu à peu de son esprit. Gœthe a bien senti que, quelque dégoût qu'on ait de la vie, il y a loin encore pourtant de ce dégoût à la résolution de mourir, et c'est cette distance même qui fait l'intérêt : car, dans l'intervalle entre la première et la dernière pensée, que d'émotions diverses! que de sentiments contradictoires! quelle lutte, même dans les plus décidés à mourir, quelle lutte contre la mort! L'âme alors semble, si je puis parler ainsi, devenir plus vivante et plus sensible : tantôt elle se rattache avec une sorte de joie douloureuse aux souvenirs de la vie, qui lui paraît d'autant plus belle qu'elle va la quitter, et, sans cesser de vouloir mourir, elle éclate en regrets de la vie ; tantôt elle se sent prise de je ne sais quelle aigreur impatiente qui fait que tout la choque et la blesse, un mot, un geste, un regard. Mais ne nous y trompons pas, dans cette impatience même je sens l'effort et la révolte de la vie contre une résolution fatale que l'homme, arrivé à ce point, n'a plus la force de changer, et qu'il n'a pas non plus la force d'accomplir. Le spectacle de l'homme, dans ces moments d'hésitation et de souffrance, est plein d'intérêt, et voilà pourquoi Gœthe prolonge le récit des dernières journées de Werther. Comme les détails sont petits et minutieux en apparence! mais comme ils sont merveilleusement inventés pour pousser Werther au suicide! A ce moment, il n'y a plus rien de mesquin et d'indifférent : tout a un sens et une intention, tout porte coup. C'était le dimanche avant Noël. Noël est le jour des étrennes pour les enfants, en Allemagne; et, quand Werther vint le soir chez Charlotte, il la trouva qui s'occupait de préparer les joujoux qu'elle destinait à ses frères et sœurs. Charlotte était décidée à tout faire pour éloigner Werther : elle sentait qu'il le fallait pour son honneur et pour son repos. Elle fut embarrassée en le voyant. Cependant ils se mirent à causer.

« — Vous aussi, dit Charlotte en cachant son em-
« barras sous un aimable sourire, vous aussi, vous
« aurez vos noëls, si vous êtes bien sage. — Et
« qu'appelez-vous être bien sage? s'écria-t-il; com-
« ment dois-je être? comment puis-je être? — Jeudi
« soir, reprit-elle, est la veille de Noël; les enfants
« viendront alors, et mon père avec eux; chacun
« aura ce qui lui est destiné. Venez aussi.... mais pas
« avant... » — Werther était interdit. « Je vous en
« prie, continua-t-elle, qu'il en soit ainsi; je vous
« en prie pour mon repos. Cela ne peut pas durer
« ainsi, non, cela ne se peut pas. Il détourna les
« yeux de dessus elle et se mit à marcher à grands
« pas dans la chambre, en répétant : Cela ne peut
« pas durer! — Charlotte, qui s'aperçut de l'état vio-
« lent où l'avaient mis ces paroles, chercha, par
« mille questions, à le distraire de ses pensées; mais
« ce fut en vain. « Non, Charlotte, s'écria-t-il, non,
« je ne vous reverrai plus! — Pourquoi donc, Wer-
« ther? reprit-elle. Vous pouvez, vous devez nous
« revoir; seulement soyez plus maître de vous. Oh!
« pourquoi êtes-vous né avec cette fougue, avec cet
« emportement indomptable et passionné que vous
« mettez à tout ce qui vous attache une fois! Je vous
« en prie, ajouta-t-elle en lui prenant la main, soyez

« maître de vous! Que de jouissances vous assurent
« votre esprit, vos talents, vos connaissances! Soyez
« homme, rompez ce fatal attachement pour une
« créature qui ne peut rien que vous plaindre. » Il
« la regarda d'un air sombre. Elle prit sa main. « Un
« seul moment de calme, Werther, lui dit-elle. Ne
« sentez-vous pas que vous vous abusez, que vous
« courez volontairement à votre perte? Pourquoi
« faut-il que ce soit moi, Werther, moi qui appar-
« tiens à un autre, précisément moi? Je crains bien,
« oui, je crains que ce ne soit cette impossibilité
« même de m'obtenir qui rende vos désirs si ar-
« dents! » Il retira sa main des siennes, et la regar-
« dant d'un œil fixe et mécontent : « C'est bien, s'é-
« cria-t-il, c'est très-bien! cette remarque est peut-
« être d'Albert? elle est profonde, très-profonde! —
« Chacun peut la faire, reprit-elle. N'y aurait-il donc
« dans le monde entier aucune femme qui pût rem-
« plir les vœux de votre cœur? Gagnez sur vous de
« la chercher, et je vous jure que vous la trouverez.
« Depuis longtemps, pour vous et pour nous, je
« m'afflige de l'isolement où vous vous renfermez.
« Prenez sur vous. Un voyage vous ferait du bien,
« sans aucun doute. Cherchez un objet digne de
« votre amour, et revenez alors : nous jouirons tous
« ensemble de la félicité que donne une amitié sin-
« cère. — On pourrait imprimer cela, dit Werther
« avec un sourire amer, et le recommander à tous
« les instituteurs. Ah! Charlotte, laissez-moi encore
« quelque répit; tout s'arrangera. — Eh bien, Wer-
« ther, ne revenez pas avant la veille de Noël. » Il
« voulait répondre; Albert entra. On se donna le

« bonsoir avec un froid de glace. Ils se mirent à se
« promener l'un à côté de l'autre dans l'appartement
« d'un air embarrassé. Werther commença un dis-
« cours d'un air insignifiant et cessa bientôt de par-
« ler. Albert fit de même; puis il interrogea sa femme
« sur quelques affaires dont il l'avait chargée. En
« apprenant qu'elles n'étaient pas encore arrangées,
« il lui dit quelques mots que Werther trouva bien
« froids et même durs. Il voulait s'en aller, et il ne
« le pouvait pas. Il balança jusqu'à huit heures, et
« son humeur ne fit que s'aigrir. Quand on vint
« mettre le couvert il prit sa canne et son chapeau.
« Albert le pria de rester ; mais il ne vit dans cette
« invitation qu'une politesse insignifiante : il remer-
« cia très-froidement et sortit.

« Il retourna chez lui, prit la lumière des mains
« de son domestique qui voulait l'éclairer, et monta
« seul à sa chambre. Il sanglotait, parcourait la
« chambre à grands pas, se parlait à lui-même à
« haute voix et d'une manière très-animée. Il finit
« par se jeter tout habillé sur son lit, où le trouva
« son domestique, qui prit sur lui d'entrer sur les
« onze heures pour lui demander s'il ne voulait pas
« qu'il lui tirât ses bottes. Il y consentit et lui dit
« de ne point entrer le lendemain matin dans sa
« chambre sans avoir été appelé.

« Le lundi matin, 21 décembre, il commença à
« écrire à Charlotte la lettre suivante, qui, après
« sa mort, fut trouvée cachetée sur son secrétaire,
« et qui fut remise à Charlotte :

« C'est une chose résolue, Charlotte; je veux
« mourir, et je t'écris sans aucune exaltation roma-

« nesque, de sang-froid, le matin du jour où je te
« verrai pour la dernière fois. Quand tu liras ceci, ma
« chère, le tombeau couvrira déjà la dépouille glacée
« du malheureux qui ne connaît pas de plaisir plus
« doux, pour les derniers moments de sa vie, que
« de s'entretenir avec toi. J'ai eu une nuit terrible et
« pourtant bienfaisante. Elle a fixé, affermi ma ré-
« solution : Je veux mourir. Quand je m'arrachai
« hier d'auprès de toi, quelle convulsion j'éprou-
« vais dans mon âme! quel horrible serrement de
« cœur! comme ma vie, se consumant près de toi
« sans joie, sans espérance, me glaçait et me faisait
« horreur! Je pus à peine arriver jusqu'à ma cham-
« bre. Je me jetai à genoux, tout hors de moi; et, ô
« Dieu! tu m'accordas une dernière fois le soula-
« gement des larmes les plus amères. Mille projets,
« mille idées se combattirent dans mon âme; et en-
« fin il n'y resta plus qu'une seule idée, bien arrêtée,
« bien inébranlable : Je veux mourir. Je me cou-
« chai, et ce matin, dans tout le calme du réveil, je
« trouvai encore dans mon cœur cette résolution
« ferme et inébranlable : Je veux mourir... Ce n'est
« point désespoir, c'est la certitude que j'ai fini ma
« carrière et que je me sacrifierai pour toi. Oui,
« Charlotte, pourquoi te le cacher? il faut que l'un
« de nous trois périsse, et je veux que ce soit moi...
« Qu'il en soit donc ainsi! Lorsque sur le soir d'un
« beau jour d'été, tu graviras la montagne, pense
« à moi alors, et souviens-toi combien de fois je
« parcourus cette vallée. Regarde ensuite vers le
« cimetière, et que ton œil voie comme le vent berce
« l'herbe sur ma tombe, aux derniers rayons du

« soleil couchant... J'étais calme en commençant,
« et maintenant ces images m'affectent avec tant de
« force que je pleure comme un enfant [1]. »

Et si nous-mêmes peut-être nous pleurons en lisant cette lettre, c'est qu'elle est pleine du sentiment de la vie, enveloppé plutôt qu'étouffé dans la résolution de mourir. Werther va périr; mais comme toutes ses pensées se reportent vers la vie! comme il l'invoque et l'atteste sans cesse en la quittant! Charlotte lira cette lettre qu'il écrit; Charlotte, en parcourant la vallée qu'il aimait, se souviendra de lui; Charlotte verra le vent bercer l'herbe sur sa tombe aux derniers rayons du soleil couchant. Partout les images de la vie, partout l'idée de ceux qui vivront. La pensée de la mort semble n'être là que pour donner à ces idées quelque chose de plus vif encore et de plus touchant. Même art, même intérêt dans le récit qui précède et qui amène la lettre. Cet embarras d'Albert et de Werther, cette conversation insignifiante, prise, quittée, reprise; cette humeur qui s'aigrit à chaque mot, cette froide invitation à souper, ce froid refus, tout cela, enfin, qu'est-ce autre chose que le mouvement quotidien de la vie humaine, avec ce qu'il a ordinairement de commun et d'indifférent et ce qu'il prend parfois de terrible et de solennel, quand une grande et douloureuse émotion vient le traverser en le rehaussant par la grandeur du contraste? Il y a eu peut-être entre Albert et Werther vingt autres soirées de ce genre; mais celle-ci m'émeut plus que les autres, parce que c'est la dernière soirée de Werther.

[1] Édit. Charpentier, p. 169 et suiv.

Je ne veux pas finir ces réflexions sans dire un mot de l'influence que la *Nouvelle Héloïse* de J.-J. Rousseau a eue sur le Werther de Gœthe. Werther est de l'école de Saint-Preux : son amour enthousiaste et exalté est l'amour tel que Rousseau le représentait. Jusqu'à Rousseau, en effet, la littérature du dix-huitième siècle ne connaissait que l'amour libertin et frivole : ce n'était pas une passion, c'était un plaisir. Rousseau le peignit autrement. Voltaire avait créé Candide et Cunégonde; Rousseau crée Julie et Saint-Preux; et il est curieux de remarquer, en passant, l'effet que firent sur les contemporains ces deux leçons contradictoires. On garda, de l'école de Voltaire, cette indifférence qui se console de tout en pensant que, même en amour, tout est pour le mieux dans le meilleur des mondes possibles; mais on emprunta à Rousseau l'exaltation de Saint-Preux; et, chose singulière, on accorda ces deux choses sans faire un grand effort. Les passions romanesques succédèrent aux bonnes fortunes des roués; mais ce fut un changement de mode plutôt qu'une révolution dans les mœurs : il y eut de grandes paroles et de petits sentiments, des émotions médiocres et des conversations enthousiastes.

Gœthe n'a pas seulement emprunté à Rousseau l'enthousiasme passionné de son Werther; il semble aussi avoir emprunté à la *Nouvelle Héloïse* quelque chose du sujet de son roman. Saint-Preux aime Julie et ne l'épouse pas, de même que Werther aime Charlotte et ne l'épouse pas non plus. Mais cet amour de la femme d'autrui fait à Saint-Preux, comme à Werther, une situation fausse, quoiqu'elle ne soit pas coupable, et cette situation ne peut pas durer longtemps. Rousseau se tire d'embarras par la maladie et la mort de Julie, Gœthe par le suicide de Werther. Un romancier de nos jours [1], qui est aussi de l'école de J.-J. Rousseau, semble avoir cherché, dans son roman de *Jacques*, s'il n'y avait pas un autre dénoûment possible aux histoires de ce genre. Mais il a bientôt senti, avec l'intelligence du cœur humain qu'il a presque toujours eue, que cela était impraticable; et Jacques le mari, après avoir cherché, comme Albert dans *Werther*, à ne pas trop s'offenser de l'amour d'Octave pour Fernande, après avoir, comme M. de Volmar, plus patient encore qu'Albert, admis dans sa maison l'amant de sa femme, après s'être même effacé comme mari tant qu'il a pu, et avoir fait dans son ménage, par esprit de système, ce que d'autres font par lâcheté et infamie, Jacques, voyant que sa situation est fausse et gênée, prend le parti de se tuer. Ainsi l'amant dans *Werther*, la femme dans l'*Héloïse*, et le mari dans *Jacques*, meurent pour sortir d'embarras. Comme, dans les histoires de ce genre, sur trois personnes il y en a toujours une évidemment de trop, il ne s'agit que de choisir celle qu'on sacrifiera, et le choix change selon les temps et les goûts : Gœthe et Rousseau sacrifient l'amant ou la femme; de nos jours, nous sacrifions le mari.

Cette ressemblance entre quelques-uns des événements de l'*Héloïse* et de *Werther* n'est pas, selon moi, l'analogie la plus curieuse entre les deux romans : il y en a une autre plus intime et que je dois remarquer. Dans *Werther* comme dans l'*Héloïse*,

[1] George Sand.

dans l'*Émile* et dans *les Confessions*, il y a une sensibilité qui, malgré l'exaltation du langage, tient plutôt encore à la tendresse des sens qu'à la tendresse de l'âme; et c'est là vraiment la sensibilité telle que l'entendait le dix-huitième siècle. Werther aime à entendre Charlotte parler avec émotion du beau roman de Goldsmith, *le Vicaire de Wakefield*; mais il aime aussi à regarder les lèvres et les yeux qui parlent si bien [1]. Quand Charlotte, à l'aspect de la campagne qui se ranime après l'orage, est émue jusqu'aux larmes et s'écrie : O Klopstock! Werther, se rappelant aussitôt l'ode sublime qui occupe sa pensée, pleure aussi ; mais il pleure sur la main de Charlotte, qu'il mouille de « larmes délicieuses, » dit-il [2]. Le feu court dans les veines de Werther, quand par hasard son doigt touche le doigt de Charlotte [3]. Il aime Albert qui doit épouser Charlotte, parce qu'Albert est bon, sage, vertueux; et cependant il souffre à le voir; pourquoi? parce qu'il est le mari de Charlotte [4]. Cette idée-là gâte toutes les vertus d'Albert. Enfin, quand commence son désespoir amoureux : « Hélas! dit-il, ce vide, ce vide affreux « que je sens dans mon sein!... je pense souvent : « Si tu pouvais une fois, une seule fois, la presser « contre ce cœur, tout ce vide serait rempli [5]. »

Ce mélange de sentiments passionnés et d'émotions ardentes, qui fait le fond de Werther, fait aussi le fond des héros de J.-J. Rousseau dans ses romans; ou plutôt c'est J.-J. Rousseau lui-même tel qu'il s'est peint dans ses *Confessions*. L'âme de Rousseau, en effet,

[1] Édit. Charpentier, p. 31. — [2] P. 37. — [3] P. 57. — [4] P. 63. — [5] P. 135.

est noble et exaltée ; mais son cœur, pour parler comme le dix-huitième siècle, son cœur est grossier : il pense purement, il sent grossièrement. Il est spiritualiste sans doute, mais c'est le spiritualiste d'un siècle libertin ; et, dans ses *Confessions*, ses récits d'amour ont ce double caractère : ils sont à la fois exaltés et brutaux. C'est peut-être même par là qu'ils plaisent tant à la jeunesse ; car ils répondent du même coup aux premières ardeurs des sens et aux premiers enthousiasmes de l'âme.

Cette sensibilité moitié âme et moitié corps que je remarque dans Werther et dans J.-J. Rousseau est un mauvais préservatif contre la pensée du suicide. *Sensus carnis mors est*, a dit saint Paul ; *sensus vero spiritûs vita et pax* [1]. Paméla et Werther expliquent et personnifient fort bien, selon moi, ce verset de saint Paul. Paméla, qui résiste à la passion de son maître et au penchant de son cœur, Paméla vit, grâce à la force d'un esprit élevé par la religion au-dessus des émotions matérielles : *sensus spiritûs vita et pax*. Werther, soumis à l'ascendant de sa passion, et d'une passion qui emprunte beaucoup à l'ardeur des sens, Werther meurt ; et c'est sa passion, c'est sa sensibilité, devenue la maîtresse de son âme, qui le pousse à la mort : *sensus carnis mors est* [2].

Mais, entre les passions qui poussent l'homme au suicide, il est des différences qu'il est bon de remar-

---

[1] Épit. aux Rom., chap. 8, v. 6.

[2] Τὸ φρόνημα τῆς σαρκὸς... τοῦ πνεύματος. La Vulgate traduit par *prudentia carnis... spiritûs*. Dans la traduction latine de saint Chrysostôme (édit. des Bénédictins), on trouve *sensus carnis*, interprétation autorisée par le commentaire que fait saint Chrysostôme du verset de saint Paul. Érasme a traduit *affectus carnis... spiritûs*.

quer, surtout quand nous étudions la manière dont la littérature exprime et représente l'idée du suicide ; car l'expression de cette idée et l'émotion qu'elle nous inspire dépendent beaucoup de la passion qui l'enfante. Nous sommes plus tentés d'excuser le suicide que cause une passion violente et forte, et surtout une de ces passions qui sont communes à tous les hommes, que le suicide que cause une passion particulière ou une maladie exceptionnelle. J'ajoute que, plus nous sommes disposés à excuser, plus nous sommes disposés aussi à nous émouvoir ; car il y a toujours une part quelconque d'approbation dans notre pitié. Ainsi Werther qui meurt par amour me touche plus que Chatterton qui meurt par vanité, et par vanité littéraire, qui, de toutes les vanités de ce monde, est la plus vive, je le sais, mais qui est aussi celle à laquelle le public compatit le moins, parce que c'est celle qu'il ressent le moins.

Or, ce qu'il y a de curieux et de triste à la fois à remarquer, c'est qu'à mesure que les suicides sont plus nombreux, il semble que les causes en deviennent moins graves. On ne se tue plus seulement par honneur, comme Paméla voulait se tuer, ou par amour comme Werther ; on se tue par vanité, par caprice, par ennui, par imitation. A force de soigner et de cultiver la sensibilité de notre cœur, nous avons pris, pour ainsi dire, le tempérament de la sensitive : nous frémissons au moindre toucher, tout mouvement nous est un choc, toute égratignure nous est une plaie, toute contrariété nous est un désespoir ; l'âme est devenue sybarite : elle ne peut plus supporter le pli même d'une rose.

Cette sensibilité maladive, aigrie par l'orgueil, fait le fond du caractère de Chatterton, tel que M. de Vigny l'a mis sur le théâtre ; et c'est pour cela peut-être que le suicide de Chatterton nous touche peu. Chatterton ne se tue pas comme un amant désespéré ou comme un stoïcien : il se tue par vanité, et parce qu'au lieu d'honorer son génie, le lord-maire de Londres lui conseille de ne plus faire de vers et lui offre une place de valet de chambre. Cela prouve peut-être que le lord-maire est un sot et un impertinent ; mais faut-il pour cela que Chatterton se tue ? et n'est-ce pas, en vérité, faire trop bon marché de sa vie que de la mettre à la merci du premier sot que nous rencontrons ? Le suicide de Chatterton n'est pas le suicide douloureux et désespéré tel que l'amour l'inspire à Werther : c'est le suicide de l'orgueil blessé. « ... Pays damné ! terre du dédain !
« sois maudite à jamais ! » s'écrie-t-il après avoir lu un journal qui prétend qu'il n'est pas l'auteur de ses poésies, et la lettre où le lord-maire lui offre de le prendre à son service.

(Prenant la fiole d'opium.)

« O mon âme ! je t'avais vendue ! je te rachète avec
« ceci. *(Il boit l'opium.)*

« Libre de tous ! égal à tous à présent ! — Salut,
« première heure de repos que j'aie goûtée ! — Der-
« nière heure de ma vie, aurore du jour éternel,
« salut ! — Adieu, humiliations, haines, sarcasmes,
« travaux dégradants, incertitudes, angoisses, mi-
« sères, tortures du cœur, adieu ! Oh ! quel bonheur !
« je vous dis adieu[1] ! »

[1] Théâtre de M. de Vigny, édit. Charpentier. *Chatterton*, acte III, sc. 7.

Ainsi la calomnie d'un journal et l'impertinence d'une lettre, voilà les motifs du suicide de Chatterton. Quand Caton se tuait, c'était au moins pour plus que cela.

Je sais bien que l'ingénieux auteur de *Chatterton* a rattaché à son personnage une théorie sur les devoirs que la société est tenue de remplir envers les poëtes. Elle doit, quand elle rencontre le génie, le soutenir, l'encourager et l'affranchir par ses dons des soins et des embarras de la vie; le génie, enfin, doit avoir sa liste civile. J'y consens de grand cœur et mon offrande est prête. Dites-moi seulement à quel signe je puis le reconnaître : est-ce à la vanité impatiente? à la promptitude des découragements? à l'avortement des espérances? à l'estime de soi et au dédain d'autrui? Hélas! à ce compte, le génie court les rues; et bien fou qui se ferait débiteur, quand il pourrait lui-même, en aidant un peu à ses propres défauts, se faire créancier. A Dieu ne plaise que je veuille ici dresser le signalement du génie! il me semble seulement que le génie a un signe trop oublié de nos jours, un signe qui le caractérisait autrefois de la manière la plus éclatante : il est patient et vivace. La force de vivre fait essentiellement partie du génie. Voyez Homère, le Dante, le Tasse, Milton : le malheur ne leur a pas manqué; ils ont vécu cependant, parce qu'ils avaient en eux la force qui fait supporter les peines de la vie. Dieu ne leur avait pas donné le génie comme un parfum léger qui s'évapore dès qu'on secoue le flacon qui le contient, mais comme un viatique généreux qui soutient l'homme pendant un long voyage. Quoi! vous avez en vous une pensée divine et immortelle, et vous ne savez pas supporter les ennuis de la vie, le dédain des sots, la méchanceté des calomniateurs, la froideur des indifférents! Quoi! vous marchez la tête dans les cieux, et vous vous plaignez, parce qu'un insecte caché dans l'herbe vous a piqué le pied en passant! — Sauvez, me dit-on, le génie de sa propre faiblesse et de sa langueur. — Mais je me défie du génie qui ne peut vivre qu'en serre chaude, et je n'attends de cette plante souffreteuse ni fleurs qui aient de parfum ni fruits qui aient de saveur. On s'écrie qu'il ne faut au génie que deux choses : *La vie et la rêverie, le pain et le temps*[1]. Le pain! Dieu a dit à l'homme qu'il ne le mangerait qu'à la sueur de son visage. Pourquoi le génie serait-il dispensé de cette loi du travail, qui est la loi de Dieu? — Mon travail, dit le génie, est de rêver. — Hélas! la rêverie n'est pas une profession que la société puisse reconnaître et récompenser. — Elle a tort, dit-on : c'est à la rêverie que nous devons la poésie, et la poésie doit avoir son prix dans le monde. — Oui! Aussi obtient-elle le plus beau prix que l'homme puisse donner à l'homme : elle obtient la gloire. Mais voyez, en même temps, quelle admirable justice dans cette distribution que l'homme fait de la gloire aux grands poëtes! Jusqu'au jour où la poésie sort, grande et belle, des longues rêveries du poëte, personne ne savait si son rêve serait stérile ou fécond, et s'il resterait à l'homme éveillé quelque chose des enchantements de l'homme endormi : car enfin si le rêveur n'a à me raconter, en s'éveillant, que les sornettes

---

[1] Même édit., p. 362.

de sa nuit, pourquoi le récompenserais-je? pourquoi lui dirais-je : Rêvez, rêvez encore, faiseur de mauvais songes; pendant votre sommeil, je travaillerai pour vous! — Non! au travail incertain de la rêverie, l'homme a raison d'offrir seulement l'espérance incertaine de la gloire. C'est à l'aide de l'espérance de la gloire qu'il entretient la rêverie, tant qu'elle rêve, ne sachant pas ce qu'enfanteront ses rêves. Mais le jour où la poésie s'élance du cerveau du divin songeur, alors, outre la gloire, l'homme donne au génie, de notre temps surtout, la fortune et les honneurs; et souvent alors, chose étrange, c'est le moment que Dieu semble choisir pour retirer au génie quelque chose de sa force et de sa beauté; comme si, lorsque l'homme s'empresse d'ajouter ses dons aux dons que Dieu a faits, Dieu reprenait aussitôt les siens, pour éviter le mélange entre les trésors de la terre et les trésors du ciel.

Nous avons examiné les diverses vicissitudes du sentiment que l'homme a de sa propre vie; nous avons vu comment la littérature ancienne et la littérature moderne ont exprimé ce sentiment; et quelle singulière différence il y a entre elles : l'une s'inspirant plus volontiers de l'amour de la vie, l'autre de l'amour de la mort; l'une empruntant ses images et ses idées à tout ce qui vit, à tout ce qui s'embellit de l'éclat du jour et du ciel, l'autre prenant ses pensées ou ses émotions dans le spectacle et dans l'appareil de la mort; l'une plus simple, l'autre plus raffinée; l'une qui touche au beau dans les arts et au vrai dans la morale, l'autre qui, dans les arts, touche à l'exagéré et au fantastique, et qui, dans la morale, touche au matérialisme déguisé sous le beau nom de sensibilité; l'une enfin, pour dire toute ma pensée, meilleure et plus morale que l'autre, parce qu'en faisant aimer la vie, elle fait aimer les devoirs qui la remplissent, parce qu'elle encourage l'homme à être patient et ferme ¹; tandis que l'autre, en nous inspirant le dégoût de la vie, nous inspire aussi le dégoût de nos devoirs, et nous fait aimer l'inertie, en attendant le néant.

Voilà les deux littératures et je dirais volontiers les deux morales, que nous avons comparées en faisant l'étude d'un des sentiments du cœur humain, l'amour de la vie. Nous continuerons cette comparaison en étudiant un autre sentiment, l'amour paternel.

¹ « Ma fille, dit Hécube à Andromaque, ne compare pas la mort à la vie : l'une est le néant, l'autre garde toujours l'espérance. »
(EURIPIDE, *les Troyennes,* vers 627 et 628.)
Hécube a raison : l'homme qui vit peut espérer, car saint Paul a dit : « Fidelis Deus est, qui non patietur vos tentari supra id quod potestis. » (S. PAUL. *Corinth* 1, X, v. 13.) La tentation est mesurée à la force ; voilà pourquoi l'espérance doit toujours être conservée.

VIII.

DE L'AMOUR PATERNEL. — LE VIEIL HORACE, DON DIÈGUE ET GÉRONTE DANS *Horace, Le Cid* ET *le Menteur* DE CORNEILLE. — TRIBOULET DANS *Le Roi s'amuse,* PAR M. VICTOR HUGO.

Je ne veux point définir l'amour paternel. C'est le mérite de la littérature dramatique de ne point définir les sentiments, mais de les mettre en action. Nous devons donc, dans nos études sur cette littérature, nous défier de l'esprit d'analyse et de définition : ne disséquons pas ce qui vit.

Je prends l'amour paternel tel qu'il est dans notre ancien théâtre, surtout dans Corneille, et je le compare avec l'amour paternel tel qu'il est représenté dans les drames et dans les romans modernes.

Dans Corneille, l'amour paternel a un caractère particulier de fermeté et de grandeur. Au premier coup d'œil, il semble que don Diègue et le vieil Horace manquent de tendresse : ils n'ont pas, du moins, ce qui chez nous passe pour le signe de la tendresse, je veux dire cette faiblesse et cette agitation que nous appelons sensibilité. Mais prenez ces grandes âmes dans les moments où elles ne se surveillent plus, dans ces moments où quelque coup inattendu ôte à l'homme l'empire qu'il a sur lui-même; prenez le vieil Horace quand ses fils partent pour le combat :

> Ah! (*dit-il*) n'attendrissez point ici mes sentiments!
> Pour vous encourager ma voix manque de termes,
> Mon cœur ne forme point de pensers assez fermes.
> Moi-même en cet adieu j'ai les larmes aux yeux.
> Faites votre devoir, et laissez faire aux dieux.
>
> (Acte II, scène 8.)

Voilà la tendresse comme doit la ressentir une grande âme qui se trouble et avoue son trouble. Ce vieillard, qui paraît impitoyable et dur, sait même consoler sa fille et sa bru, Camille et Sabine, et les consoler comme on console, c'est-à-dire en prenant part à leurs peines, en les ressentant. Ainsi, lorsqu'en dépit des Horaces et des Curiaces, Rome et Albe ont paru vouloir chercher d'autres combattants :

> Je ne le cèle point (*dit-il*), j'ai joint mes vœux aux vôtres,
> Si le Ciel pitoyable eût écouté ma voix,
> Albe serait réduite à faire un autre choix;
> Nous pourrions voir tantôt triompher les Horaces,
> Sans voir leurs bras souillés du sang des Curiaces;
> Et de l'événement d'un combat plus humain
> Dépendrait maintenant l'honneur du nom romain.
> La prudence des dieux autrement en dispose.
>
> (Acte III, scène 5.)

Ainsi, tout Romain qu'il est, il aurait mieux aimé pour ses fils moins de gloire et moins de dangers, et il ne cache pas à ses filles la douleur qu'il a ressentie. Mais les dieux le veulent et la gloire de Rome l'ordonne : il se soumet. Dirons-nous, pour cela, que le vieil Horace aime sa patrie plus qu'il n'aime ses enfants? Non; cela montre seulement que le vieil Horace n'a pas pour sa patrie les mêmes sentiments que pour ses fils : il aime ses enfants avec faiblesse et avec émotion, comme nous les aimons tous ; mais il aime sa patrie avec une fermeté décidée à tout faire et à tout souffrir pour elle.

Dans le vieil Horace, l'amour paternel éclate surtout quand, d'accord avec le devoir, il n'a plus à se contraindre. Voyez cette scène où il sait enfin que son fils a fait triompher Rome, et qu'il est vainqueur et vivant :

> O mon fils, ô ma joie ! ô l'honneur de nos jours !
> O d'un état penchant l'inespéré secours !
> Vertu digne de Rome et sang digne d'Horace !
> Appui de ton pays et gloire de ta race !
> Quand pourrai-je étouffer dans tes embrassements
> L'erreur dont j'ai formé de si faux sentiments?
> Quand pourra mon amour baigner avec tendresse
> Ton front victorieux de larmes d'allégresse ?
>   (Acte IV, scène 2.)

Il pleure alors sans plus vouloir se cacher, ce vieux Romain qui, au départ de ses filles, s'accusait d'avoir les larmes aux yeux ; il pleure, et ses larmes de joie nous touchent plus vivement encore que ses larmes d'inquiétude, parce qu'elles nous découvrent le fond de cet amour paternel qui, jusque-là, se dérobait à nos yeux avec une sorte de pudeur.

Tel est le vieil Horace, tels sont les pères dans Corneille : vraiment hommes, parce qu'ils ont tous les sentiments humains, mais prêts à sacrifier ces sentiments aux choses qui sont supérieures au cœur de l'homme et qui font sa loi [1].

---

[1] Ces bons et francs sentiments sont de tous les temps : quand Nelson perdit un œil en 1794, au siége de Calvi, il écrivait à son père qu'il

Il y a dans le caractère du vieil Horace un trait que je me reprocherais d'oublier, c'est le sentiment qu'il a du pouvoir qui lui appartient comme père de famille. Ce trait est tout romain. « *Jus autem potestatis quod in liberos habemus*, dit Gaïus [1] copié par Justinien dans ses Institutes, *proprium est civium romanorum; nulli enim alii sunt homines qui talem in liberos habeant potestatem, qualem nos habemus* [2]. Le Romain avait droit de vie et de mort sur

ne s'en était pas fallu de l'épaisseur d'un cheveu qu'il n'eût la tête emportée, et son père lui répondait avec des paroles dignes du vieil Horace ou dignes d'un père vraiment chrétien : « C'est une puissance infaillible, une puissance pleine de sagesse et de bonté qui a diminué la force du coup dont vous avez été frappé. Bénie soit cette main qui vous a sauvé pour être, j'en suis certain, pendant bien des années encore, l'instrument du bien qu'elle prépare, l'exemple et la leçon de vos compagnons. Il n'y a point à craindre, mon cher Horace, que ce soit jamais de moi que vous vienne une dangereuse flatterie; mais, je l'avoue, j'essuie quelquefois une larme de joie en entendant citer votre nom d'une manière aussi honorable. Puisse le Seigneur continuer à vous protéger, à vous diriger, à vous assister dans tous vos efforts pour accomplir ce qui est salutaire et équitable. Je sais que les militaires sont généralement fatalistes. Cette croyance peut sans doute être utile; mais il ne faut pas qu'elle cache la confiance que tout chrétien doit avoir dans une Providence spéciale, qui dirige tous les événements de ce monde. Votre destinée, croyez-le bien, est dans les mains du Seigneur, et les cheveux même de votre tête sont comptés. Je ne connais point, quant à moi, de doctrine plus fortifiante. » *(The dispatches and letters of vice-admiral viscount Nelson.* — Londres, 1845-1849.)

[1] Gaii Institutionum comment., 1, § 55, édit. de M. Blondeau, t. II, 1838, des *Institutes*, p. 109.

[2] Gaïus ajoute cependant : « Nec me praeterit Galatarum gentem credere in potestate parentum liberos esse. » Le mot est curieux à noter. Le pouvoir paternel était aussi fort respecté dans l'ancienne France, et ce respect, on le voit, nous venait des Gaulois, qui prirent le nom de Galates en Asie.

ses enfants; il pouvait les vendre jusqu'à trois fois, selon la loi des Douze Tables [1]. Le fils avait beau se marier et avoir des enfants, il n'en appartenait pas moins à son père avec sa femme et ses enfants. Le consulat même n'affranchissait pas le fils des liens de l'autorité paternelle, et la loi politique s'inclinait devant la loi civile. Le sentiment de cette toute-puissance devait donner à l'amour paternel, chez les Romains, un caractère particulier de dignité : le père se sentait magistrat. Aussi, dans Corneille, quand le vieil Horace apprend la fuite de son fils, il n'hésite pas à le condamner, et il jure qu'il le punira :

> J'en atteste des dieux les suprêmes puissances,
> Avant ce jour fini, ces mains, ces propres mains
> Laveront dans son sang la honte des Romains!
> (Acte III, scène 6.)

Ne demandez donc pas au père de famille investi d'une pareille puissance, ne lui demandez pas les mollesses de l'amour paternel tel que nous le connaissons. Dans la société romaine, le père avait une foi inébranlable en son autorité, qu'il sentait émanée de la nature et confirmée par les lois et les mœurs de son pays. Dans la société moderne, au contraire, le père semble parfois douter de son pouvoir, et il cherche à suppléer à l'autorité par la tendresse; mais la tendresse ne crée pas l'autorité : elle adoucit le

---

[1] Après trois ventes successives, son droit expirait et le fils était libre. Cette dureté du vieux droit romain s'était tournée peu à peu en indulgence, comme cela arrive chez tous les peuples qui aiment mieux garder leurs anciennes lois, en les adoucissant par l'interprétation, que de les détruire par esprit d'innovation. Ainsi, le père qui voulait émanciper son fils le vendait trois fois fictivement.

commandement, elle embellit l'obéissance, elle établit entre le père et les enfants une sympathie qui amène peu à peu l'idée de l'égalité, et qui, par cela même, affaiblit l'idée du pouvoir paternel. Il ne faut pas que la tendresse du père de famille, s'il veut être obéi et respecté, ait rien qui ressemble à une autre sorte de tendresse : l'amour paternel ne doit pas être une passion, mais un devoir. Tel est vraiment l'amour paternel dans le vieil Horace : majestueux en sa joie quand il embrasse son fils victorieux, comme en sa colère quand il condamne son fils qu'il croit coupable; calme enfin, maître de lui; et c'est là le véritable caractère des sentiments où l'idée du devoir entre pour beaucoup : rien ne calme le cœur de l'homme comme le devoir.

Dans le *Cid*, l'amour paternel de don Diègue a le même caractère de fermeté et de grandeur. Don Diègue aime son fils; mais quand l'honneur de sa maison est compromis par l'insulte du comte, il n'hésite pas à risquer la vie de son fils, il n'hésite pas à lui dire ces terribles paroles : «*Meurs ou tue*[1]!» L'honneur dans don Diègue, comme l'amour de la patrie dans le vieil Horace, fait taire l'amour paternel sans l'étouffer. Don Diègue, il est vrai, n'a pas le temps d'éprouver les alarmes qui troublent le cœur du vieil Horace et qui trahissent malgré lui sa tendresse paternelle; car, dans le *Cid*, la vengeance suit de près l'outrage : don Diègue ne peut pas rester déshonoré, même pendant une heure; l'orgueil espagnol ne supporterait pas cette attente, et Cor-

---

[1] Acte I, scène 5.

neille se reprocherait de laisser reparaître les cheveux blancs de ce vieillard avant qu'ils soient vengés. Quand don Diègue a remis sa cause aux mains de son fils,

> Accablé (*dit-il*) des malheurs où le destin me range,
> Je vais les déplorer. Va, cours, vole et nous venge!

Caché tant que dure l'affront, il ne reparait que lorsqu'il est vengé. Nous ne voyons donc point ses alarmes pendant le combat, nous ne voyons point la lutte entre l'honneur et la tendresse paternelle. Ce n'est pas, en effet, dans cette lutte que Corneille a mis l'intérêt de sa pièce. Il y a un autre amour plus passionné, plus vif que l'amour paternel, qui doit soutenir la lutte contre l'honneur. Les pleurs que la tendresse paternelle eût arrachés à don Diègue eussent peut-être affaibli à nos yeux l'inflexibilité de la loi de l'honneur; et Corneille avait besoin que nous crussions à la fatalité de cette loi, afin, plus tard, d'excuser Rodrigue d'y sacrifier son amour pour Chimène. Nous ne voyons combien don Diègue aime son fils que lorsque, vengé par lui, il peut jouir à son aise de la victoire, lorsqu'il n'a plus ni la honte de l'insulte ni la crainte du combat. C'est alors que la tendresse paternelle éclate librement dans don Diègue :

> . . . . Ne mêle point de soupirs à ma joie.
> Laisse-moi prendre haleine afin de te louer.
> Ma valeur n'a point lieu de te désavouer :
> Tu l'as bien imitée, et ton illustre audace
> Fait bien revivre en toi les héros de ma race.
> C'est d'eux que tu descends, c'est de moi que tu viens;

> Ton premier coup d'épée égale tous les miens,
> Et d'une belle ardeur ta jeunesse animée
> Par cette grande épreuve atteint ma renommée.
> Appui de ma vieillesse et comble de mon heur;
> Touche ces cheveux blancs à qui tu rends l'honneur,
> Viens baiser cette joue, et reconnais la place
> Où fut jadis l'affront que ton courage efface.
>
> (Acte III, scène 5.)

Et ne croyez pas que ce fils, ce vengeur adoré, sauvé à peine des périls d'un combat, ne croyez pas que don Diègue va l'aimer désormais d'un amour plus craintif et plus faible, non : il aime l'honneur et la renommée de son fils plus que la vie même de ce fils, ou plutôt il croit désormais à l'invincible ascendant de sa gloire : qui donc pourrait le vaincre, après qu'il a vaincu le comte? — Je sais bien que, lorsque son fils, désespéré du courroux de Chimène, lui dit qu'il cherche la mort, don Diègue lui répond d'aller combattre les Maures qui viennent de débarquer.

> Là, si tu veux mourir, trouve une belle mort.
>
> (Acte III, scène 6.)

Mais je ne prends point cette parole pour un triomphe de l'amour de la patrie sur l'amour paternel; je ne la prends plus pour ce terrible mot du premier acte : « *Meurs ou tue.* » Là, l'honneur ordonnait au père d'envoyer sans frémir son fils à la mort ou à la vengeance; ici, don Diègue ne croit pas que son fils coure à la mort : il court à la victoire, il en a le pressentiment et la confiance; et s'il lui parle encore de trouver une belle mort, c'est qu'avec cette expérience du cœur humain que le vieillard a gagnée dans sa longue vie, il sait que la meilleure manière de relever le cœur de l'homme abattu par la passion, c'est d'exciter en lui une autre passion, et qu'on le distrait plus aisément qu'on ne le console. A qui veut mourir d'amour offrez un grand péril et l'occasion de mourir avec gloire, il la prendra volontiers, et alors même il cherchera plutôt à vaincre qu'à mourir. Voilà ce que fait le vieux don Diègue; et voilà pourquoi il ne laisse point de repos à Rodrigue et le jette au milieu des périls avec une sorte d'orgueil qui montre combien il aime son fils et de quelle manière il l'aime, l'envoyant combattre les Maures après le comte, don Sanche après les Maures; et quand le roi, sur le défi accepté par don Diègue pour son fils, veut remettre le combat au lendemain,

> Non, sire (*dit le vieillard*); il ne faut pas différer davantage :
> On est toujours tout prêt quand on a du courage.
> LE ROI.
> Sortir d'une bataille[1], et combattre à l'instant !
> DON DIÈGUE.
> Rodrigue a pris haleine en vous la racontant.
> (Acte III, scène 5.)

J'ai analysé le caractère du vieil Horace et de don Diègue, afin de bien faire comprendre comment Corneille concevait l'amour paternel et comment il l'exprimait. Don Diègue et le vieil Horace aiment leurs fils, mais ils les aiment d'un amour ferme et élevé; ils ressentent les émotions de l'amour paternel, mais ils les soumettent à un sentiment plus élevé

---

[1] Le combat contre les Maures.

et plus noble : ici l'honneur, là l'amour de la patrie.

Et ne croyez pas que ce soit la hauteur de sentiments propre à la tragédie qui ait donné aux pères de Corneille cette élévation et cette fermeté : dans la comédie du *Menteur*, le caractère paternel garde cette fermeté qui s'allie si bien avec la tendresse. Géronte est un père affectueux et indulgent ; il croit au conte que lui fait son fils d'un mariage forcé contracté à Poitiers ; il lui pardonne, il s'attendrit même à l'espoir de se voir revivre dans ses petits-enfants. Mais cette crédulité, qui lui vient de sa tendresse et qui la témoigne, n'abaisse pas en lui la grandeur du caractère paternel : Géronte n'est pas le père imbécile et dupe de la vieille comédie. S'il s'est laissé tromper un instant, écoutez-le quand il apprend que son fils a menti : voyez quelle noblesse dans sa colère, de quel ton il atteste le respect que son fils devait à ses cheveux blancs qu'il a outragés par ses mensonges ! Le vieil Horace n'est pas plus grand dans son indignation contre son fils qu'il croit lâche, que Géronte dans son courroux contre son fils devenu menteur ; et quand don Diègue, pour venger son injure, en appelle à l'honneur de Rodrigue, il n'a pas de paroles plus vives et plus ardentes que Géronte, quand Géronte reproche à Dorante d'avoir forfait à l'honneur :

GÉRONTE.

Êtes-vous gentilhomme ?

DORANTE, *à part*.

Ah ! rencontre fâcheuse !

(*Haut.*)

Étant sorti de vous, la chose est peu douteuse.

GÉRONTE.

Croyez-vous qu'il suffit d'être sorti de moi?

DORANTE.

Avec toute la France aisément je le croi.

GÉRONTE.

Et ne savez-vous pas avec toute la France,
D'où ce titre d'honneur a tiré sa naissance,
Et que la vertu seule a mis en ce haut rang
Ceux qui l'ont jusqu'à moi fait passer dans leur sang?

DORANTE.

J'ignorerais un point que n'ignore personne,
Que la vertu l'acquiert comme le sang le donne.

GÉRONTE.

Où le sang a manqué, si la vertu l'acquiert,
Où le sang l'a donné, le vice aussi le perd.
Ce qui naît d'un moyen périt par son contraire;
Tout ce que l'un a fait l'autre le peut défaire;
Et dans la lâcheté du vice où je te voi,
Tu n'es plus gentilhomme, étant sorti de moi.

DORANTE.

Moi!

(Acte v, scène 3,)

Cette brusque apostrophe : « *Êtes-vous gentilhomme?* » vaut le mot de don Diègue : « *Rodrigue, as-tu du cœur?* » C'est le même appel fait au sentiment de l'honneur. Et voyez comme Géronte, vieux gentilhomme, ressent la honte de son fils, et de quel ton il la lui reproche, répétant plusieurs fois à dessein les mots qui sont les plus cruels à entendre pour un homme d'honneur, les mots de lâche et de menteur; si bien que, s'irritant de ces défis injurieux et oubliant presque que c'est son père qui lui parle, Dorante s'écrie avec colère et prêt à répondre à l'insulte : Je ne suis plus gentilhomme, moi! — Mais ce cri de fierté n'apaise pas le vieillard, et il reprend avec l'autorité d'un père irrité :

> — Laisse-moi parler, toi de qui l'imposture
> Souille honteusement ce don de la nature.
>
> (Ibid.)

Bientôt pourtant, après ces premiers cris de l'honneur outragé, Géronte reprend le ton du père affectueux et indulgent, d'autant plus affligé des fourberies de son fils qu'il l'avait traité avec plus de douceur[1] : ne lui avait-il pas pardonné son prétendu mariage clandestin? et c'est par un mensonge qu'il a reconnu sa tendresse! Ainsi toujours, dans Géronte comme dans don Diègue et dans le vieil Horace, l'amour paternel se montre mêlé de tendresse et de

---

[1] De quel front cependant faut-il que je confesse
Que ton effronterie a surpris ma vieillesse,
Qu'un homme de mon âge a cru légèrement
Ce qu'un homme du tien débite impudemment?
Tu me fais donc servir de fable et de risée,
Passer pour esprit faible ou pour cervelle usée?
Mais, dis-moi, te portais-je à la gorge un poignard?
Voyais-tu violence ou courroux de ma part?
Si quelque aversion t'éloignait de Clarisse,
Quel besoin avais-tu d'un si lâche artifice?
Et pouvais-tu douter que mon consentement
Ne dût tout accorder à ton contentement,
Puisque mon indulgence, au dernier point venue,
Approuvait à tes yeux l'hymen d'une inconnue?
Ce grand excès d'amour que je t'ai témoigné
N'a point touché ton cœur ou ne l'a point gagné.
Ingrat, tu m'as payé d'une imprudente feinte,
Et tu n'as eu pour moi respect, amour ni crainte!

(Acte V, scène 3.)

fermeté, de force et de faiblesse, tel qu'il est enfin. Mais, dans ce mélange, Corneille a toujours soin de soumettre le sentiment faible au sentiment fort, la tendresse au devoir; et la loi morale reste supérieure à l'homme, dont elle contient le cœur sans l'étouffer. Il y a, entre Géronte et don Diègue ou le vieil Horace, les différences qui séparent les personnages comiques des personnages tragiques; mais c'est le même fonds de sentiments et d'idées.

Examinons maintenant si l'amour paternel a gardé, au théâtre, ce caractère de dignité, et si les pères, dans le drame moderne, sont encore ce que Corneille les avait faits.

Si je ne me trompe, le rôle de l'amour paternel, au théâtre, a dégénéré; et il a dégénéré comme dégénèrent, dans la littérature, les idées et les sentiments, par l'exagération. Quand les sentiments s'affaiblissent dans la société, ils s'exagèrent dans la littérature par compensation. Au lieu de représenter l'amour paternel mêlé de tendresse et de fermeté, comme Corneille l'avait fait, on l'a représenté vif, ardent, agité, jaloux même; on lui a prêté quelques-unes des qualités ou quelques-uns des défauts d'un autre genre d'amour.

Il y a, par exemple, dans l'amour paternel, comme dans toutes les sortes d'amour, une part d'égoïsme qu'il est permis d'indiquer. Au lieu de l'indiquer, on l'a exagérée, on l'a mise en relief et en saillie. Dans don Diègue et dans le vieil Horace, il y a quelque chose de cet égoïsme paternel; mais il se confond avec un autre sentiment moins étroit et moins personnel, avec l'orgueil de famille. Cette fierté de la race épure et transforme l'égoïsme; elle lui ôte ce qu'il a de mesquin et de rétréci. Quand le vieil Horace croit que son fils a, par sa fuite, souillé la gloire de sa famille, quelle ardente et sublime colère!

> Pleurez le déshonneur de toute notre race
> Et l'opprobre éternel qu'il laisse au nom d'Horace!
> (HORACE, acte III, scène 6.)

Voilà bien les sentiments d'un père qui, revivant dans ses enfants, comme ses aïeux revivent en lui, sent qu'il va, lui et toute sa race, être déshonoré par le déshonneur de son fils! Quand don Diègue revoit Rodrigue qui vient de venger l'honneur de sa maison, sa joie témoigne du même sentiment que la colère du vieil Horace :

> . . . . Ton illustre audace
> Fait bien revivre en toi les héros de ma race :
> C'est d'eux que tu descends, c'est de moi que tu viens.
> (LE CID, acte III, scène 6.)

C'est ainsi que, dans les familles qui ont de la durée, comme la famille romaine et la famille féodale, l'égoïsme paternel se montre rehaussé et ennobli par l'orgueil de la race.

Dans les sociétés, au contraire, où la mobilité des institutions publiques atteint la famille elle-même et en relâche les liens, l'égoïsme paternel ne perd pas ses droits. Seulement, comme, au lieu de se rattacher à une longue suite d'aïeux, cet égoïsme ne peut plus se rattacher qu'à soi-même, il a un autre caractère et une autre expression : il est plus jaloux, plus ombrageux, plus étroit surtout; il ne se rapporte plus à quelque idée supérieure, comme à la dignité de la famille; il ne se rapporte, pour ainsi dire, qu'à la joie instinctive que le père ressent d'avoir un enfant. Dans les pères de Corneille, j'entrevois l'égoïsme paternel; mais cet égoïsme s'élève et disparaît bientôt dans la hauteur de leurs sentiments d'honneur et de fierté héréditaires. De nos jours, l'égoïsme paternel ne peut plus guère s'élever en s'appuyant sur de pareils sentiments : les mœurs et les institutions lui refusent cette aide, quand même il voudrait l'avoir. Aussi il s'est, pour ainsi dire, recueilli et concentré en lui-même par goût ou par nécessité; il s'est exalté dans sa propre force, et il a cherché, au théâtre, à nous intéresser seul et sans le secours d'aucune idée et d'aucune affection qui lui soient supérieures. C'est ce nouveau caractère de père, introduit de nos jours sur la scène, que je veux étudier dans le personnage de Triboulet du drame de M. Victor Hugo intitulé : Le roi s'amuse.

« Triboulet, dit l'auteur dans sa préface, Tribou« let est difforme, Triboulet est malade, Triboulet « est bouffon de cour; triple misère qui le rend mé« chant. Triboulet hait le roi parce qu'il est le roi, « les seigneurs parce qu'ils sont les seigneurs, les « hommes parce qu'ils n'ont pas tous une bosse sur « le dos... Il déprave le roi, il le corrompt, il l'a« brutit; il le pousse à la tyrannie, à l'ignorance, au « vice; il le lâche à travers toutes les familles des « gentilshommes, lui montrant sans cesse du doigt la « femme à séduire, la sœur à enlever, la fille à dés« honorer. »

Mais ce Triboulet, difforme et laid, a une fille.

Cette fille est son seul amour, sa seule joie et sa seule vertu. Plus il hait le monde, plus il aime sa fille. L'auteur a voulu, comme il le dit dans la préface de *Lucrèce Borgia*, montrer dans Triboulet comment l'amour paternel sanctifie la difformité physique, et, dans Lucrèce Borgia, comment l'amour paternel purifie la difformité morale. Il est donc curieux d'étudier comment M. Victor Hugo a exprimé l'amour paternel dans Triboulet, puisqu'il a voulu faire de ce personnage le type de cet amour.

J'aime à dire, en commençant cette étude, que personne de nos jours n'a su peindre avec plus de charme que M. Victor Hugo la joie que l'enfant répand dans la famille et l'amour qu'il inspire. Voyez ces vers charmants des *Feuilles d'automne* :

Il est si beau, l'enfant, avec son doux sourire,
Sa douce bonne foi, sa voix qui veut tout dire,
　　Ses pleurs vite apaisés ;
Laissant errer sa vue étonnée et ravie,
Offrant de toutes part sa jeune âme à la vie
　　Et sa bouche aux baisers !
. . . .
Seigneur, préservez-moi, préservez ceux que j'aime,
Frères, parents, amis, et mes ennemis même
　　Dans le mal triomphants,
De jamais voir, Seigneur, l'été sans fleurs vermeilles,
La cage sans oiseaux, la ruche sans abeilles,
　　La maison sans enfants[1] !

L'amour paternel respire dans ces vers ; mais, notons-le bien, l'amour paternel dans ce qu'il a de doux plutôt que dans ce qu'il a de grand ; dans la joie que donnent ce sourire charmant, ce regard à

[1] *Feuilles d'Automne*, XIX.

la fois naïf et sérieux, et cet air de bonheur ingénu qui sont les charmes de l'enfance; l'amour paternel dans sa première et dans sa plus facile jouissance, quand l'enfant n'est encore qu'un sujet de plaisir et non un sujet de réflexion. Mais est-ce ainsi qu'on aime un fils, quand ce mot a pris, avec le cours des ans, un sens plus grave et plus sérieux? L'amour des enfants est-il tout l'amour paternel, ou bien n'en est-il que la première et la plus douce partie? Quand l'enfant, plus âgé, commence à avoir des passions et des volontés qui le distinguent et souvent le séparent de nous, quand nous sentons que nous avons affaire à quelqu'un qui ne fait plus partie de nous-mêmes, quoiqu'il tienne encore à nous d'une manière si intime et si forte, alors l'amour paternel doit prendre un autre caractère et une autre expression; alors, en se dévouant pour son fils, le père fait vraiment un acte de vertu plutôt que d'instinct; alors aussi, d'un autre côté, quand le père veut que le fils ne vive que pour lui et n'aime que lui, son égoïsme paternel devient plus visible et plus choquant.

Venons maintenant à Triboulet et voyons comment il aime sa fille : l'aime-t-il comme un enfant ou comme une fille? l'aime-t-il pour lui ou l'aime-t-il pour elle?

> Ma fille! ô seul bonheur que le Ciel m'ait permis!
> D'autres ont des parents, des frères, des amis,
> Une femme, un mari, des vassaux, un cortége
> D'aïeuls et d'alliés, plusieurs enfants, que sais-je?
> Moi, je n'ai que toi seule! Un autre est riche... eh bien!
> Toi seule est mon trésor et toi seule es mon bien!
> Un autre croit en Dieu, je ne crois qu'en ton âme;

D'autres ont la jeunesse et l'amour d'une femme ;
Ils ont l'orgueil, l'éclat, la grâce et la santé,
Ils sont beaux ; moi, vois-tu, je n'ai que ta beauté,
Chère enfant ! ma cité, mon pays, ma famille,
Mon épouse, ma mère, et ma sœur et ma fille,
Mon bonheur, ma richesse, et mon culte et ma loi,
Mon univers, c'est toi, toujours toi, rien que toi !
De tout autre côté ma pauvre âme est froissée.
Oh ! si je te perdais !... Non, c'est une pensée
Que je ne pourrais pas supporter un moment !
. . . .
(Acte II, scène 3.)

Je ne sais si je me trompe, mais cette expression ardente et passionnée ne me paraît pas convenir à l'amour paternel ; elle appartient à une autre sorte d'amour. Triboulet semble aimer sa fille comme on aime une femme ; il l'aime d'une passion égoïste et jalouse, il l'aime pour lui et non pour elle. Ce n'est pas ainsi qu'aiment les pères. Ils aiment moins peut-être, si l'on prend le mot d'amour dans son sens le plus passionné ; mais ils aiment mieux. Triboulet, du reste, explique lui-même l'amour qu'il a pour sa fille, amour qui rapporte tout à soi, amour égoïste et personnel.

TRIBOULET, *à Blanche.*

. . . . . . Tu ne manques de rien,
Dis ? Es-tu bien ici ?... Blanche, embrasse-moi bien !

BLANCHE.

Comme vous êtes bon, mon père !

TRIBOULET.

Non. Je t'aime :
Voilà tout. N'es-tu pas ma vie et mon sang même ?
(Acte III, scène 3.)

Le mot de Blanche est charmant et vrai. L'enfant sait gré au père de son amour comme d'une bonté, parce qu'il se sent distinct de son père et qu'il comprend que l'homme est bon quand il aime quelque autre que soi-même. Mais Triboulet, qui sent qu'il aime sa fille comme une partie de lui-même, Triboulet n'est pas bon : il est amoureux, ce qui est différent.

A Dieu ne plaise que je blâme les effusions de l'amour paternel! Je crois que rien n'est plus propre à émouvoir le cœur, et que rien ne convient mieux à la poésie. Homère n'a pas craint de nous montrer Hector, armé pour le combat et prêt à partir, prenant son fils dans ses bras; et comme l'enfant, effrayé par l'éclat de l'armure de son père et par les mouvements de la crinière qui flotte sur son casque, se rejette en criant dans le sein de sa nourrice, Hector sourit, prend son casque et le dépose à terre. Alors, embrassant son fils et l'élevant dans ses bras : « Jupiter, et vous tous, dieux immortels, faites que cet « enfant soit honoré par les Troyens comme je le suis « aujourd'hui, et qu'il soit brave dans les combats et « puissant sur son peuple; faites qu'en le voyant re- « venir du combat, couvert de dépouilles sanglantes, « après avoir tué quelque illustre ennemi, la foule « se dise : Il est plus brave encore que son père.—Et « cette voix de la foule réjouira le cœur de sa mère[1]. »

---

[1] *Iliade*, VI, vers 476.
Virgile a imité ces vers; mais il est bien au-dessous de son modèle. Énée, avant de partir pour le combat, embrasse aussi son fils :

> Postquam habilis lateri clypeus loricaque tergo est,
> Ascanium fusis circum complectitur armis,

Voilà une vraie et touchante effusion de l'amour paternel. Hector joint à l'idée de sa gloire l'idée de la gloire de son fils, qu'il souhaite plus grande que la sienne; il mêle l'amour-propre et le dévouement. C'est là l'amour paternel tout entier [1].

La tendresse paternelle de Triboulet, au contraire, est tout égoïste et toute personnelle. Voyez, quand les courtisans lui ont enlevé sa fille pour la livrer au roi, voyez quelle est, dans ses emportements, l'idée qui le domine : il redemande sa fille avec une sorte de fureur, mais avec la fureur de l'homme à qui l'on a volé son bien, avec la fureur de l'avare qui redemande sa cassette, ou plutôt avec celle d'une mère à qui les bohémiens ont pris son enfant. Il ne semble même pas penser aux dangers que court la vertu de Blanche; il songe à lui-même plutôt qu'au malheur de sa fille :

> Summaque per galeam delibans oscula, fatur :
> Disce, puer, virtutem ex me verumque laborem,
> Fortunam ex aliis. Nunc te mea dextera bello
> Defensum dabit et magna inter præmia ducet.
> Tu facito, mox cum matura adoleverit ætas,
> Sis memor, et te animo repetentem exempla tuorum
> Et pater Æneas et avunculus excitet Hector.
> (*Énéide*, XII, 432.)

J'aime mieux la prière d'Hector demandant à Jupiter que son fils Astyanax vaille mieux que lui-même, que cette leçon philosophique et orgueilleuse d'Énée : *Disce, puer*, etc.

[1] Ulysse, dans sa descente aux enfers, raconte à Achille le courage et la gloire de son fils Pyrrhus ; et alors Achille, qui regrette la vie et qui aimerait mieux être l'esclave d'un pauvre laboureur que de commander aux morts, Achille, malgré sa tristesse, ressent un mouvement de joie, « et s'éloigne heureux de savoir que son fils est un guerrier illustre. »

(*Odyssée*, chant IX.)

Messeigneurs, il me faut ma fille! il me la faut,
A la fin! Allez-vous me la rendre bientôt?
Oh! voyez! cette main, main qui n'a rien d'illustre,
Main d'un homme du peuple, et d'un serf et d'un rustre,
Cette main qui paraît désarmée aux rieurs,
Et qui n'a pas d'épée, a des ongles, messieurs!
(Acte III, scène 3.)

Certes, je ne voudrais pas que Triboulet fût calme et résigné dans ce terrible moment. Je ne critique ni sa douleur ni sa colère. Mais, dans l'art, toutes les passions ont une mesure qu'elles doivent garder : la douleur ne doit point aller jusqu'aux convulsions, ni la colère jusqu'à la rage, parce que, arrivés à cet excès, elles cessent d'être des sentiments, elles deviennent des instincts, et elles en ont la violence et la brutalité; elles en ont surtout l'aveuglement et le vertige. Je veux dire que l'homme, dans cet état, n'a plus même l'idée de ce qui fait sa douleur, sa crainte ou sa colère : il est frappé et comme étourdi par le coup de la passion. Tel est Triboulet dans sa douleur et dans sa colère : il est aveugle. Il devrait ne songer qu'au déshonneur de sa fille, il devrait pleurer sa vertu profanée. Au lieu de cela, il s'occupe d'insulter les seigneurs de la cour[1] ; il est plus irrité qu'affligé, plus injurieux que triste. Ce n'est pas tout : quand sa fille s'élance hors de la chambre du roi, éperdue, égarée, en désordre, le premier sentiment de Triboulet est la joie de la retrouver, joie tout instinc-

---

[1] Vous lui (le roi) vendriez tous, si ce n'est déjà fait,
Pour un nom, pour un titre, ou toute autre chimère,
Toi, ta femme, Brion! toi, ta sœur! toi, ta mère!
(Act. III, sc. 3.)

tive¹; et, pour penser au malheur de sa fille, il lui faut ce mot de Blanche :

> . . . . Malheureux que nous sommes!
> La honte...
>
> (Acte III, scène 3.)

Si Triboulet avait pu croire un seul instant que sa fille eût péri, je concevrais qu'en la revoyant son premier cri fût un cri de joie; mais il sait qu'elle est dans la chambre du roi. Comment donc sa première pensée, en la retrouvant pâle, éperdue, n'est-elle pas une pensée de douleur et de honte?

Cette loi de l'instinct, loi toute matérialiste, est tellement la loi de tous les personnages du drame de M. Victor Hugo, que, lorsque Blanche avoue à son père qu'elle aime le roi, c'est encore par l'instinct qu'elle explique son amour; et cette réponse satisfait son père.

TRIBOULET.

Et tu l'aimes?

BLANCHE.

Toujours.

TRIBOULET.

Je t'ai pourtant laissé
Tout le temps de guérir cet amour insensé.

BLANCHE.

Je l'aime.

---

¹ . . . Quel bonheur de te revoir encor!
J'ai tant de joie au cœur que maintenant j'ignore
Si ce n'est pas heureux. — Je ris, moi qui pleurais! —
De te perdre un moment pour te ravoir après.

(Ibid.)

TRIBOULET.

O pauvre cœur de femme! — Mais explique
Tes raisons de l'aimer.
BLANCHE.
Je ne sais.
TRIBOULET.
C'est unique.
C'est étrange! . . . .
Je te pardonne, enfant!
(Acte IV, scène 1.)

Triboulet cependant ne renonce pas pour cela à sa vengeance. L'amour même que sa fille a pour François Ier rend celui-ci plus coupable aux yeux de Triboulet; il l'en hait davantage :

Il ne sera pas dit, le lâche suborneur,
Qu'il m'ait impunément arraché mon bonheur!
(Acte IV, scène 1.)

vers curieux et qui répondent au caractère que l'auteur a donné à Triboulet. Ainsi, ce n'est pas seulement le déshonneur de sa fille qu'il veut venger, c'est surtout la perte qu'il a faite d'une portion du cœur de sa fille, Blanche ne l'aime plus seul, elle n'est plus toute à lui. Voilà pourquoi le roi périra, moins pour avoir déshonoré Blanche que pour avoir arraché à Triboulet ce bonheur égoïste et jaloux dont il jouissait seul.

En créant Triboulet, M. Victor Hugo n'a point, selon moi, représenté le père; il n'en a représenté qu'un côté, et le moins beau côté. Triboulet n'est pas le type de l'amour paternel, et il n'a qu'un des éléments de cet amour, l'élément le plus passionné peut-être, mais le moins bon, l'égoïsme. Cette manière de représenter un caractère en ne peignant qu'un de ses côtés, en le montrant de profil plutôt que de face, cette manière prête à l'effet, mais elle est dangereuse et fausse; elle donne à l'art plus de saillie, mais elle lui ôte en étendue; et elle le rétrécit, puisqu'au lieu de représenter toute l'humanité, elle n'en représente plus qu'un trait particulier. Elle substitue la caricature au portrait, car la caricature n'est que la mise en relief d'un trait particulier de la physionomie aux dépens de l'ensemble. Ce genre de peinture et d'invention, qui aime mieux l'effet que la vérité, est fort commun de nos jours.

Autrefois, un caractère dramatique était un ensemble de qualités et de défauts qui, d'une part, luttaient les uns contre les autres, et, de l'autre, étaient soumis à quelque loi supérieure de religion, d'honneur ou de patriotisme. Cette lutte faisait l'intérêt du personnage mis sur la scène; et cette loi supérieure, qu'il tâchait d'accomplir, faisait la moralité de son caractère. Selon les incidents de la pièce, chaque passion semblait devoir tour à tour l'emporter, aucune n'étant représentée comme irrésistible; et la loi morale, qui dominait le drame, ne l'étouffait pas, étant visiblement suspendue, pendant toute la pièce, sur la tête des personnages, mais ne s'accomplissant qu'au dénoûment. Aujourd'hui, les caractères sont composés autrement. Au lieu de représenter l'ensemble d'un caractère et de montrer la lutte entre ses bonnes et ses mauvaises passions, on choisit une de ses passions, qu'on fait violente, irrésistible, fatale, et qui devient la maîtresse absolue de toutes les autres; c'est-à-dire qu'on prend un détail du cœur humain pour le cœur humain tout entier. En même temps la loi morale, qui, dans le drame ancien, soutenait la lutte contre les passions, cette loi qu'avouaient ceux mêmes qui la trangressaient, si bien qu'elle avait toujours place dans la pièce, soit par la vertu, soit par le remords, cette loi disparaît aussi devant l'ascendant de la passion souveraine. Plus de contrepoids d'aucune sorte, ni du côté des passions rivales, ni du côté du devoir. Que reste-t-il donc pour lutter contre les passions? le hasard des événements. Et voilà pourquoi, dans le drame moderne, l'intérêt réside plutôt dans l'étrange complication des événements que dans le choc des passions opposées. Le poëte n'a plus à sa disposition que la force du hasard, c'est-à-dire une force souverainement capricieuse et mobile, pour lutter avec la passion qu'il s'est plu à représenter. De là aussi, dans le drame moderne, quelque chose d'arbitraire et de fantastique. Les incidents et les coups de théâtre sont accumulés; mais ces incidents ne naissent plus, comme dans le drame ancien, du mouvement naturel des passions mises sur le théâtre; ils n'ont plus leur cause dans le caractère des personnages; ils naissent de la fantaisie du poëte qui, sentant le besoin de réveiller de temps en temps les spectateurs, noue son action d'une manière bizarre et vise surtout à la surprise.

L'égoïsme paternel substitué à l'amour, un détail et un trait particulier remplaçant l'ensemble du caractère paternel, la prépondérance enfin de cette passion particulière sur toutes les autres et, avant tout, sur la loi morale, telles sont les premières métamorphoses, ou plutôt telle est l'altération que le personnage de père a subie depuis Corneille jusqu'à nos jours.

IX.

DE L'ÉGOÏSME PATERNEL DANS LE *Paria* DE M. DELAVIGNE ET DANS LA PIÈCE DE COLLÉ INTITULÉE : *Dupuis et Desronais*.

M. Victor Hugo n'est pas le premier qui ait essayé de représenter l'égoïsme paternel. Dans *le Paria*, M. Delavigne avait fait de cet égoïsme un des ressorts de sa pièce. Avant M. Delavigne, Collé avait fait aussi de ce sentiment le sujet d'une pièce intitulée : *Dupuis et Desronais*. Il n'avait pas lui-même inventé ce caractère du père égoïste : il l'avait trouvé dans un romancier du dix-septième siècle, inconnu aujourd'hui, Challes, auteur des *Illustres Françaises*, recueil de Nouvelles qui sont surtout remarquables par la finesse et la vérité des observations morales.

Recherchons rapidement dans ces auteurs, fort différents par le temps et par l'esprit, les diverses nuances de l'égoïsme paternel, et voyons d'abord de quelle manière M. Delavigne l'a représenté dans sa tragédie du *Paria*.

Un jeune paria, Idamore, a quitté son père et son pays natal; il est venu à Bénarès, il s'est fait soldat; et, grâce à ses exploits contre les Portugais qui attaquaient l'Inde, il est devenu le chef de la tribu des

DE L'ÉGOÏSME PATERNEL.

guerriers. On ignore sa naissance et son origine. Il aime Néala, la fille du chef des brahmes, et il va l'épouser. C'est à ce moment qu'arrive le vieux paria, Zarès, père d'Idamore. Il a quitté son désert pour chercher son fils qui était sa seule joie et son seul bonheur sur la terre. Il le retrouve, il l'embrasse, il lui raconte en beaux vers combien il a souffert quand il s'est vu abandonné par lui :

> Je marchais, je courais, je criais : O mon fils !
> Mon fils ! L'écho lui seul répondait à mes cris.
> Je rentrai vers le soir, me disant sur la route :
> Près du toit paternel mon fils m'attend sans doute.
> Personne sur le seuil, nul vestige, aucun bruit;
> Je m'y retrouvai seul, et seul avec la nuit.
> Que son astre à regret sembla mesurer l'heure !
> Combien ma solitude agrandit ma demeure !
> Mes yeux, de pleurs noyés, s'attachaient sans espoir
> Sur cette place vide où tu devais t'asseoir.
> J'accusai de ta mort le tigre, le reptile,
> Nos rochers, dont les flancs te devaient un asile,
> Ces arbres du vallon, mes hôtes, mes amis,
> Muets témoins du crime et qui l'avaient permis;
> Tout l'univers entier, les humains et moi-même.
> Avant de t'accuser, ô toi, mon bien suprême,
> Toi, l'unique soutien d'un père vieillissant,
> Toi que j'avais nourri, toi, mon fils, toi, mon sang!
> (Acte III, scène 4.)

Dans ces races injustement maudites par la société, les affections domestiques doivent être d'autant plus fortes qu'elles remplacent toutes les autres jouissances. Voilà pourquoi Zarès ne peut pas supporter l'idée de perdre de nouveau ce fils qui vient à peine de lui être rendu. Et pourtant le mariage d'Idamore avec Néala va le lui enlever : Idamore va entrer dans la famille et dans la caste des brahmes; il ne sera plus un paria, il ne sera plus le fils de Zarès. C'est en vain qu'Idamore offre à son père de partager ses honneurs : Non, répond le vieux paria,

> Mes honneurs sont tes soins ; mon unique richesse,
> C'est toi, c'est le bonheur de te parler sans cesse,
> De reposer ma tête en te voyant le soir,
> Et de la relever, mon fils, pour te revoir.
> Que m'offres-tu? des jours passés dans la contrainte,
> A gémir, à t'attendre, à te voir avec crainte,
> Quand la gloire ou l'amour voudront bien, par pitié,
> Te céder, pour une heure, à ma triste amitié.
> Je t'aime avec excès ; sois à moi sans partage.
> (Ibid.)

Et comme Idamore, plein d'amour pour Néala, hésite à la quitter pour suivre son père, Zarès, désespéré, s'écrie, reprenant son bâton de voyage :

> Seul et fidèle appui qui reste à ton vieux maître,
> Viens, sois mon guide au moins, puisqu'il ne veut pas l'être.
> O forêts d'Orixa, bords sacrés, doux sommets,
> Humble toit qu'il jura de ne quitter jamais,
> Mer prochaine, où mes bras instruisaient son courage
> A se jouer des flots brisés sur ton rivage,
> Me voici ! recevez un père infortuné :
> Je reviens mourir seul aux champs où je suis né.
> (Ibid.)

Cet égoïsme paternel a quelque chose de naturel et de touchant, surtout dans un malheureux; et cependant, selon moi, cet égoïsme répugne au spectateur. Pourquoi, en effet, Zarès n'accepte-t-il pas le sort brillant que lui offre son fils ? Pourquoi veut-il opiniâtrément le ramener dans son désert et le forcer de sacrifier son amour? L'affection paternelle a été créée par Dieu, non pour recevoir, mais pour donner; non pour exiger des sacrifices, mais pour en faire. De plus, je crois que le poëte a oublié de donner à Zarès le seul sentiment qui pût nous faire concevoir sa répugnance à partager les grandeurs de son fils · le fanatisme religieux. Le juif du moyen âge, proscrit par les chrétiens, les proscrivait à son tour; il les haïssait non-seulement comme un peuple d'oppresseurs, mais comme un peuple de profanes; il aimait mieux voir périr son fils que de le voir chrétien. Tels doivent être les parias à l'égard des brahmes. Ils doivent avoir haine contre haine, fanatisme contre fanatisme; ils doivent les maudire du fond de leur misère, comme ceux-ci les maudissent du haut de leur orgueil. Aussi, quand le vieux paria voit son fils prêt à entrer, par son mariage, dans les rangs de cette caste orgueilleuse, pourquoi ne revendique-t-il son fils qu'au nom de son amour paternel? Ah! si c'était au nom de la religion, au nom de sa légitime haine contre la tyrannie des brahmes, au nom de Dieu enfin, que Zarès revendiquât son fils, alors nous ne nous étonnerions plus de son opiniâtreté, car nous savons que c'est le propre de l'enthousiasme ou du fanatisme d'étouffer les sentiments naturels. Nous verserions des pleurs sur l'amour malheureux d'Idamore et de Néala, mais nous concevrions que Zarès voulût faire renoncer son fils à cet amour qui lui semble une impiété. Ce serait la lutte éternelle entre le devoir et la passion, entre le ciel et la terre; ce serait le vieux Lusignan suppliant sa fille de redevenir chrétienne et de se séparer d'Orosmane. Mais l'égoïsme de Zarès ne peut pas servir seul de contre-poids à l'amour d'Idamore pour Néala : la religion, comme dans *Zaïre*, ou l'honneur, comme dans *le Cid*, peuvent seuls contre-balancer l'amour. Au théâtre, l'égoïsme paternel ne doit, selon moi, être représenté qu'avec beaucoup de réserve, plutôt comme un défaut qui perce malgré nos efforts, que comme un sentiment qui a droit de se montrer; plutôt aussi, par conséquent, dans la comédie, où les caractères ne sont pas proposés comme des exemples, que dans la tragédie, où les personnages cherchent à nous intéresser.

C'est de cette manière que Collé nous l'a représenté dans sa pièce de *Dupuis et Desronais*. Son père égoïste semble rougir de son défaut ; il le dissimule tant qu'il peut, et les efforts qu'il fait pour vaincre ou pour cacher sa passion nous intéressent, parce que, après tout, cette passion tient de près à une qualité. Le spectateur excuse et blâme à la fois ce père qui aime tant sa fille qu'il ne veut point avoir de gendre, c'est-à-dire quelqu'un que sa fille aimera autant et plus que lui-même. Le mélange de haine et d'intérêt que comporte ce caractère fait de la pièce de Collé un genre particulier de comédie que l'auteur, dans ses Mémoires, essaie de définir en disant qu'elle ne ressemble ni aux pièces de La Chaussée, qui sont des drames, ni aux pièces de Marivaux, quoiqu'elle s'en approche, ni aux pièces de Regnard et de Dufresny ; et il conclut modestement que ce genre de comédie est tout à fait neuf et original. Collé, en parlant ainsi, oubliait *le Misan-*

DE L'ÉGOÏSME PATERNEL. 173

thrope [1]; car le Misanthrope est aussi un caractère que le poëte a voulu qu'on aimât et qu'on blâmât à la fois. Seulement, dans *le Misanthrope*, le ton de la comédie domine toujours, et c'est là le grand art de Molière; tandis que, dans *Dupuis et Desronais*, le ton du drame perce partout, quoique Collé détestât le drame.

Avant d'examiner la pièce de Collé, disons un mot de l'auteur.

Collé doit avoir sa place dans l'histoire de la littérature du dix-huitième siècle. Il n'appartient pas à l'école des encyclopédistes, car il s'en moque souvent; il a pourtant les idées du dix-huitième siècle, et il cède plus qu'il ne le croit à l'influence des hommes qu'il censure. C'est même par là que Collé représente fidèlement un des côtés de la société du dix-huitième siècle. Quel que fût, en effet, à cette époque, l'ascendant des philosophes, il y avait une grande partie de la société qui avait de la répugnance pour cette école, plutôt encore pour ses hommes que pour ses idées. De là, à côté de la grande école philosophique du dix-huitième siècle, une école nombreuse d'écrivains qui, sans être les adversaires du parti de l'Encyclopédie, blâmaient ses prétentions insolentes et son intolérance irréligieuse; qui aimaient la liberté, mais la liberté réservée et discrète de la vie privée, et non la liberté politique avec sa manie de régenter le monde; point dévots, un peu sceptiques, mais qui blâmaient fort l'incrédulité pédante ou fanatique; hommes d'opposition, mais en chansons seulement,

---

[1] Fontenelle est le premier qui ait remarqué ce genre de caractère du Misanthrope, et il semble même revendiquer pour le drame la comédie de Molière. (Œuvres de Fontenelle, tom. VII, préface.)

et n'allant jamais jusqu'au pamphlet; bons bourgeois d'ailleurs, et qui s'accommodaient fort bien d'une hiérarchie sociale où ils n'étaient ni les premiers ni les derniers; s'employant volontiers à divertir les princes, et tâchant de s'enrichir avec leur aide ou à leurs dépens, sans renoncer pourtant à en médire de leur mieux.

Telle est cette école qui se rattache de loin à Montesquieu lui-même, qui sut toujours se tenir à l'écart de la secte encyclopédique, quoiqu'il eût fait les *Lettres persanes*; et à Duclos qui, quoique philosophe, blâmait la témérité déclamatoire des apôtres de l'irréligion; école qui a, pour représentants principaux, Le Sage, le premier d'entre ces libres diseurs qui ne voulaient pas être esprits forts, Marivaux, Piron, Crébillon fils, Panard, Collé enfin; école qui, selon moi, exprime fidèlement l'esprit et le caractère de ce que j'appellerais le milieu de la société du dix-huitième siècle. Dans ce milieu, en effet, viennent se réunir, comme cela arrive toujours, des opinions contradictoires qui se tempèrent l'une par l'autre : un peu de philosophie et un peu de religion, un peu d'amour de la liberté et un peu d'empressement pour le service des princes, un peu de hardiesse et un peu de complaisance. Les mémoires de Collé, intitulés : *Journal historique*, sont un curieux témoignage de ce mélange singulier d'opinions opposées, qui composent, je le dis sérieusement, la vraie sagesse du public.

Collé fit d'abord des chansons, des parades, des amphigouris, « pièces de vers en pur galimatias[1]. » Mais

---

[1] « L'amphigouri, comme l'on sait, n'est qu'un galimatias rimé très

ces chansons et ces parades n'étaient point destinées au public : elles étaient faites pour amuser la société que voyait Collé. Cette société était d'abord toute bourgeoise, mais de cette bourgeoisie qui touche à la noblesse par la finance. C'est par là que Collé entra plus tard dans la société du comte de Clermont et du duc d'Orléans, le grand-père du roi Louis-Philippe, qui tous deux aimaient la comédie et la jouaient. Collé fit des vaudevilles pour les fêtes que donnaient ces princes, car il faut remarquer que dans ce siècle épris de la littérature, les fêtes et les amusements étaient tous littéraires par quelque coin. Collé fit jouer sur le théâtre du duc d'Orléans quelques-uns de de ses

richement. Collé a composé beaucoup trop de couplets dans ce genre méprisable : ce sont ses propres expressions. Il les regardait comme des égarements de sa jeunesse, *delicta juventutis*, et il n'en a admis qu'un seul dans le recueil de ses poésies. Nous le transcrirons ici, parce qu'il a donné lieu à une anecdote littéraire :

> Qu'il est beau de se défendre
> Quand le cœur ne s'est pas rendu !
> Mais qu'il est fâcheux de se rendre
> Quand le bonheur est suspendu !
> Par un discours sans suite et tendre
> Égarez un cœur éperdu ;
> Souvent, par un malentendu,
> L'amant adroit se fait entendre.

« Ce couplet a tant d'apparence d'avoir quelque sens, que le célèbre Fontenelle, l'entendant chanter chez madame de Tencin, crut le comprendre un peu et voulut le faire recommencer pour le comprendre mieux. Madame de Tencin interrompit le chanteur et dit à Fontenelle : — Eh ! grosse bête, ne vois-tu pas que ce couplet n'est que du galimatias ? — Il ressemble si fort à tous les vers que j'entends lire ou chanter ici, reprit malignement le bel esprit, qu'il n'est pas surprenant que je me sois mépris. »

(*Journal historique*, Notice sur Collé, p. 14.)

proverbes, qui, aussi bien, ne comportaient guère le grand jour de la représentation publique; c'est aussi sur ce théâtre que fut représentée la *Partie de chasse de Henri IV*, la meilleure pièce de Collé, et la seule, avec *Dupuis et Desronais*, qui fasse de lui un littérateur : il n'eût été, sans cela, qu'un spirituel chansonnier de société.

Introduit, par ses chansons et ses parades, dans la société des princes, Collé essaya de se servir de leur crédit pour faire fortune, et il obtint une part d'intérêt dans les fermes générales; mais il ne l'obtint pas sans peines, sans démarches, sans tracas; et, en vérité, l'histoire de ses sollicitations est une comédie plus plaisante que toutes ses pièces et toutes ses chansons. Ce qui fait la gaieté de cette histoire, c'est qu'il veut à la fois garder sa dignité d'homme de lettres et avoir sa place. Cela fait de Collé un personnage de Brutus solliciteur, le plus naturel, disons-le franchement, et le plus plaisant du monde; et comme il écrivait jour par jour ce qu'il pensait, nous suivons, dans son *Journal*, les amusantes vicissitudes de sa fierté et de son ambition. Un jour, il est en train d'orgueil, méprisant fort les auteurs qui se laissent traiter lestement par les grands seigneurs : « C'est leur faute, dit-il vivement : on n'é- « crase que les bêtes qui rampent. » Quelques jours après, il raconte avec complaisance que le comte de Clermont l'a fait dîner avec lui et l'a comblé de politesses : le comte de Clermont voulait le consulter sur une pièce de sa façon. Puis, comme Collé est sincère et naïf, il se reprend pour remarquer qu'il y a bien un peu de vanité dans son récit; il l'a-

voue, mais aussitôt il corrige l'aveu par cette réflexion toute philosophique, que « l'idée qu'il a toujours eue que tous les hommes sont égaux doit dominer le reproche de vanité qu'il se fait, et qu'il ne trouve pas effectivement les caresses d'un prince du sang quelque chose d'aussi satisfaisant pour l'amour-propre qu'on pourrait se l'imaginer. » Enfin, comme s'il n'y avait pas encore là assez de ces contradictions naturelles au cœur de l'homme, il ajoute en note :
« Ce que les prétendus philosophes modernes ont
« écrit sur l'égalité des hommes et des conditions
« m'a fait réformer mon jugement sur cette matière.
« Leurs traités vains et orgueilleux sur ce sujet, au
« lieu de m'affermir dans mon premier sentiment,
« m'en ont fait changer. Je pense actuellement, par
« des raisons qu'il serait trop long de détailler, que
« l'inégalité des conditions est nécessaire et utile
« aux hommes qui vivent en société ; mais je pense
« toujours, et plus que jamais, que, pour son bon-
« heur, il faut vivre avec ses égaux, se retirer des
« grands et fuir les gens de qualité. C'est ce que j'ai
« mis en pratique [1]. »

Voilà Collé, ou plutôt voilà ce que nous sommes tous : nous aimons l'égalité et nous aimons les distinctions ; nous faisons les philosophes en diminuant, dans nos paroles, le plaisir que nous trou-

---

[1] Note écrite en 1780.

Il dit encore ailleurs et avec plus de justesse : « Il faut voir les grands et ne pas vivre avec eux ; dans le peu de temps qu'on les voit, les beaucoup étudier pour en accroître son talent, et les faire servir, d'un autre côté, honnêtement à l'accroissement de sa petite fortune. »

(*Journal*, t. III, p. 495.)

vons aux caresses des princes du sang ; mais nous en jouissons d'autant plus que nous le disons moins ; puis enfin, quand viennent l'âge et l'expérience, nous trouvons que l'inégalité des conditions est utile aux hommes : heureux encore ceux qui, après avoir été tour à tour un peu tribuns et un peu courtisans, finissent, comme Collé, par être seulement de bons bourgeois, c'est-à-dire à la fois indépendants et respectueux.

Il y a lieu de s'étonner que l'auteur des Proverbes libertins qu'on jouait sur les petits théâtres des princes se soit avisé de traiter le sujet de *Dupuis et Desronais*. Cette analyse pénétrante de l'égoïsme paternel, cette peinture un peu triste d'un des sentiments qui se cachent au fond du cœur humain, ne semblent guère s'accorder avec la verve et la gaieté d'un chansonnier. Mais Collé lisait beaucoup les anciens conteurs, et, dans ses *Proverbes*, il empruntait souvent aux vieux fabliaux leur naïve liberté de mœurs ; seulement il changeait leur naïveté en indécence pour plaire à son public de bonne compagnie[1]. C'est dans des lectures de ce genre qu'il rencontra les Nouvelles de Challes, les *Illustres Françaises*, et, parmi ces Nouvelles, *Dupuis et Desronais*, ou le père égoïste[2].

La Nouvelle de Challes touche à un des points les plus délicats de l'organisation de la famille. Pen-

---

[1] « On a joué, à Berny, chez le comte de Clermont, *Isabelle précepteur* (un des proverbes de Collé), et j'ai fourni pour cette représentation les annonces, quelques couplets et quelques autres petites *ordures* qu'ils me demandaient encore. » (*Journal*, t. II, p. 54.)

[2] *Bibliothèque des Romans*, avril 1776, t. VII.

dant dix-huit ans, une fille a été élevée sous les yeux de son père et de sa mère ; elle n'aime qu'eux, et ils n'aiment qu'elle. Cependant elle est en âge d'être mariée ; ils la marient, et alors entre dans la famille, pour en agrandir le cercle, ou plutôt pour le rompre, un homme qui prend brusquement au père et à la mère la plus belle et la meilleure moitié des affections de leur fille chérie. Il fait de même pour les biens, il leur en prend aussi une moitié. Cela s'appelle établir ses enfants. Je sais bien que telle est la loi commune, et qu'on a mauvaise grâce, je ne dis pas à s'en plaindre, mais même à s'en étonner [1]. Cependant cette loi est dure, et elle ne s'accomplit pas sans quelques sourds murmures, qui s'entendent, quand on prête une oreille attentive aux secrets mouvements du cœur humain.

Le personnage de Dupuis, dans la Nouvelle de Challes, représente ces petites jalousies et ces secrets murmures des pères et mères. Dupuis est à la fois la mère qui craint d'être moins aimée, et le père qui craint d'être moins maître de sa fortune. Il ne peut

---

[1] « A-t-on jamais rien vu de plus tyrannique que cette coutume où l'on veut assujettir les pères, rien de plus impertinent et de plus ridicule que d'amasser du bien avec de grands travaux, et d'élever une fille avec beaucoup de soin et de tendresse, pour se dépouiller de l'un et de l'autre entre les mains d'un homme qui ne vous touche de rien ? »

(MOLIÈRE, *l'Amour médecin*, act. I, scène 5.)

« Sed nepotes aliquis habere desiderat et avi nomen acquirere...... confert opes proprias, et adhuc poscitur ; nisi dotem solvat, exigitur. Si diù vivat, onerosus est. — Emere istud est generum, non acquirere, qui parentibus filiæ vendat aspectus. Ideone tot mensibus gestatur utero, ut in alienam transeat potestatem ? Ideo commendandæ virginis cura suscipitur, ut citius parentibus auferatur. » (SAINT AMBROISE, *de Virginibus*, liv. 1, chap. 7., (édit. Parent-Desbarres.)

pas supporter l'idée d'avoir un gendre, c'est-à-dire un homme à qui il donnera du même coup sa fille et ses biens, sans en faire pour cela son obligé. Challes a peint ce caractère avec une finesse et une vérité singulières, et surtout il a eu le mérite de ne le rendre ni odieux ni ennuyeux. Dupuis n'est pas ennuyeux, parce qu'il n'est pas un de ces personnages, trop communs dans la comédie, qui nous font volontiers leur confession dans quelque monologue, mais qui ne savent pas mettre leur passion en action. Challes ne se contente pas seulement de définir le caractère de Dupuis, il le fait agir. Dupuis est égoïste avec tant d'habileté et de finesse, que ni sa fille ni Desronais qui veut être son gendre ne peuvent le prendre en faute et lui reprocher son égoïsme ; car cet égoïsme a toujours une bonne raison pour se défendre, et le lecteur admire, malgré lui, les ressources de cette passion même qui lui répugne. Dupuis n'est donc jamais ennuyeux. Il n'est pas odieux non plus, parce qu'au fond on sent qu'il aime sa fille et qu'il aime aussi Desronais. Son défaut ne détruit pas ses bonnes qualités, et ce mélange de bien et de mal fait que Dupuis ne nous rebute pas, quoiqu'il nous impatiente ; et qu'il nous amuse, quoiqu'il nous contrarie. Nous sommes, à son égard, comme Desronais lui-même, qui se dépite et qui pourtant aime Dupuis, et qui même ne peut pas le blâmer autant qu'il le voudrait, « car ce « diable d'homme, dit-il, s'arrange de manière à « avoir toujours raison, et il me désespère sans me « laisser le droit de me fâcher. »

Voyons quelques-unes des scènes inventées par

Challes pour faire ressortir ce caractère de Dupuis.

Dupuis sait que sa fille aime Desronais et qu'elle en est aimée : il comprend que bientôt les deux amants le presseront de les marier. Comment leur résister? Le mariage est convenable de tous côtés. Dupuis veut pourtant le retarder, sinon l'empêcher; et pour cela, comme il n'a encore aucun engagement avec Desronais, il prend le parti, pendant un voyage que celui-ci fait à Angoulême, de promettre sa fille à M. Dupont, fils d'un de ses anciens amis. Desronais, à son retour, apprend ce projet, et, désespéré, vient demander à Dupuis la main de sa fille, lui offrant de l'épouser sans dot, sans biens, lui disant qu'il l'aime et qu'il en est aimé. A ce discours Dupuis fait l'étonné, répond qu'il est engagé de parole avec le fils d'un de ses anciens amis : « Je ne « prétends pourtant point contraindre ma fille, dit-il, « et je lui laisse la liberté de se décider. Si elle « vous préfère, je ne penserai plus à Dupont, qui « est un riche parti; mais je ne vous unirai pas « aussitôt. » Le lendemain, au moment où Dupuis causait avec M. Dupont des articles du contrat, Desronais, qu'il a eu soin de faire prévenir, arrive et réclame la parole que Dupuis lui a donnée la veille, de laisser sa fille décider entre Dupont et lui-même. « Mademoiselle Dupuis rougit, » dit Desronais, qui raconte lui-même son histoire, « mais ne « balança point; et, se jetant aux genoux de son « père, elle lui fit entendre en ma faveur tout ce « qu'une fille sage, honnête, spirituelle et passion- « née, peut dire de plus fort. Dupont le père, fort « étonné, se conduisit en galant homme, appuya

« notre demande, et défendit à son fils de songer à
« cette alliance. M. Dupuis, faisant comme s'il ne
« savait pas comment se tirer de ce mauvais pas,
« prit le parti de feindre plus de colère qu'il n'en
« avait, et dit à sa fille que tout ce qu'il pouvait
« faire, c'était de la laisser telle qu'elle était. »

Voilà une scène bien conduite, car Dupuis y a le rôle d'un père indulgent et sage qui ne veut pas contraindre sa fille et qui rompt avec celui qu'il avait semblé choisir pour gendre, sans que celui-ci puisse se plaindre, puisque sa fille l'a éconduit; sans que Desronais non plus puisse lui en vouloir, puisqu'en sa faveur il a consenti à retirer sa parole; et s'il tarde encore quelque temps à lui donner sa fille, Desronais est forcé d'excuser ce retard : il faut bien, en effet, mettre quelque intervalle entre une rupture et un nouveau mariage. De cette manière, Dupuis, dans la Nouvelle de Challes, est égoïste à son aise et presque avec honneur, sans que personne puisse l'accuser.

Le triomphe de Challes, c'est d'avoir su amener Dupuis à faire l'aveu à Desronais lui-même de cette crainte singulière qu'il a d'avoir un gendre, et cela sans que Desronais puisse s'en choquer, ni le lecteur non plus. Les pères égoïstes laissent entrevoir leur égoïsme, mais ils n'osent pas l'avouer et le justifier; ils n'osent pas surtout lui donner son vrai nom : ils diront qu'ils aiment leur fille, mais ils ne diront pas qu'ils l'aiment pour eux plutôt que pour elle. Dupuis est plus hardi : il avoue son défaut, et il le justifie. « Bientôt Dupuis, dit Desro-
« nais, me donna de son attachement une preuve

« à laquelle je ne m'attendais pas. J'avais obtenu
« l'agrément de la cour pour la charge dont je
« suis revêtu ; mais il était question de payer cette
« charge, et je n'avais que les deux tiers de l'argent
« qu'il me fallait. Le délai que j'avais pris expirait.
« J'ignore comment M. Dupuis fut informé de ma
« situation. Sans me rien dire, il emprunta de tous
« côtés, mit en gage une partie de son argenterie,
« et me fit remettre par sa fille douze mille écus.
« Cet acte de générosité me toucha. J'allai lui faire
« mes remerciements : il ne voulut pas m'écouter ;
« j'insistai. — Eh ! morbleu, me dit-il, puisque
« vous en voulez tant parler, il faut que j'en parle
« aussi. N'est-il pas vrai que si vous aviez épousé ma
« fille toute nue, comme vous la demandiez, vous croi-
« riez que c'est son bien que je vous aurais donné,
« et non pas le mien ? n'est-il pas vrai que, parce
« que vous ne m'êtes rien, vous m'avez plus d'obli-
« gation que vous ne m'en auriez si vous étiez mon
« gendre ?... — J'avouai que oui. — Eh ! voilà jus-
« tement l'endroit, reprit-il. Mon ami, sois toujours
« le maître du tien, et laisse à tes enfants, si jamais
« tu en as, le soin de te faire la cour, sans te mettre
« en risque de la leur faire. Tu auras des enfants un
« jour : agis avec eux comme j'agis avec Manon ;
« car je vous regarde tous deux comme sur le même
« pied. »

« Je fus contraint de trouver de bon sens cette mo-
« rale qui me faisait enrager. J'admirais cet homme
« qui me confiait son bien et qui ne voulait pas me
« donner sa fille. »

Dans cette scène, le caractère de Dupuis est peint

d'une manière piquante et vraie, et pourtant il ne déplaît pas : tout en blâmant Dupuis, nous reconnaissons cependant qu'il y a, dans sa pensée, un coin de vérité; seulement il l'exagère; mais c'est par là même que son caractère a du relief et devient comique.

Le dénoûment de la Nouvelle de Challes est triste, mais il est vrai et moral. Dupuis voulait sincèrement donner sa fille à Desronais; seulement il voulait, par égoïsme, ne la marier que le plus tard possible. Il est puni par son défaut même. Tout à coup il tombe malade et se sent près de la mort. Alors ce temporiseur veut se hâter : il veut, avant de mourir, voir Marianne et Desronais mariés dans sa chambre même; mais il meurt avant ce mariage; et cet homme, qui avait, pour ainsi dire, épuisé le temps en retards égoïstes, n'en trouve plus pour accomplir la seule pensée généreuse de sa vie.

Je m'étonne que Collé n'ait pas mieux profité des heureuses inventions de Challes. Dupuis, dans Collé, est plutôt un misanthrope et un défiant qu'un père égoïste et jaloux. Ses monologues, empreints de je ne sais quelle tristesse mélancolique, et ses actions indécises et flottantes, ne nous donnent pas le secret de son caractère.

On parle beaucoup, dans la pièce, de la défiance de Dupuis, comme si c'était une défiance universelle et une véritable misanthropie :

> Vous ignorez la défiance extrême
> Dont son cœur s'est armé contre le genre humain,
>
> (Acte III, scène 5.)

dit Desronais à Marianne. Mais ce n'est pas du genre

humain que Dupuis se défie; c'est de son gendre. Son inquiétude ne s'égare pas sur le monde entier ; elle ne porte que sur un point, sur l'idée de partager sa fille et sa fortune avec un homme qui, recevant tout cela de la loi et de l'usage, plutôt que de l'affection et de la générosité de son beau-père, ne s'en croira pas plus tenu de l'aimer. Voilà son souci, voilà son caractère. De Challes ne s'y est pas trompé.

Je préfère aussi de beaucoup le dénoûment de Challes au dénoûment de Collé. Dans Collé, Dupuis finit par s'attendrir, et il consent au mariage de sa fille avec Desronais :

> Et, s'il se peut, sois toujours mon ami,
> (*lui dit-il*),
> Quoique tu deviennes mon gendre.
>   (Scène dernière.)

Ces deux derniers vers sont les meilleurs de la pièce, et ceux qui indiquent le mieux le caractère de Dupuis. Mais ce dénoûment est commun. Le théâtre regorge de dissipateurs qui, au cinquième acte, sont économes, de joueurs qui ne jouent plus, d'avares qui deviennent généreux, de haineux qui oublient leur haines, de méchants enfin qui se changent en bons. Ce n'est pas dénouer naturellement une comédie de caractère, que d'en métamorphoser moralement le personnage principal.

Avouons-le, en finissant ces réflexions : l'égoïsme paternel est un caractère difficile à mettre sur le théâtre. Il convient mieux au roman qu'au théâtre, parce que, dans le roman, l'auteur peut facilement l'expliquer, tandis que, dans le drame, les explications fatiguent vite le public. Au théâtre, les sentiments simples réussissent toujours mieux que les sentiments compliqués. Aussi l'égoïsme paternel n'arrive ordinairement sur la scène que dans les derniers jours des littératures, lorsque, les sentiments simples étant épuisés, les auteurs sont forcés de chercher, dans les recoins du cœur humain, les sentiments raffinés et qui piquent la curiosité. On commence par peindre l'amour paternel dans ce qu'il a de tendre et de dévoué, de ferme et d'élevé; on finit par rechercher ce qu'il peut avoir de jaloux et d'égoïste.

X.

DE L'INGRATITUDE DES ENFANTS. — *L'Œdipe à Colone* DE SOPHOCLE. — *Le roi Léar* DE SHAKSPEARE.

L'art a deux moyens d'élever ses personnages, le bonheur et l'infortune; et, de ces deux moyens, je ne sais pas si le second n'est pas le plus efficace; car il s'adresse à la pitié, qui est dans le cœur de l'homme un ressort plus puissant que l'admiration, et qui surtout s'use moins vite. Dans don Diègue et dans le vieil Horace, le caractère paternel grandit par le respect et par l'obéissance que leur témoignent leurs fils; mais, dans Œdipe et le roi Léar, ce caractère sacré semble s'élever encore, soutenu par l'indignation qu'excite l'ingratitude de leurs enfants.

Aux personnages d'*Œdipe* et du roi *Lear*, à ces antiques victimes de l'ingratitude filiale, nous opposerons le caractère et les sentiments que les romans d'aujourd'hui prêtent aux pères délaissés par leurs enfants. Cette comparaison ne profitera pas seulement à nos études littéraires : car la manière dont chaque temps conçoit ce rôle de père outragé, indique aussi, si je ne me trompe, l'idée qu'il a de la famille et de la force des obligations qui lient le père et les enfants.

Comme Œdipe, le roi Lear est chassé par ses enfants; mais il y a, dans la manière dont Sophocle et Shakspeare représentent leurs malheurs, des différences qu'il est curieux de rechercher, différences toutes littéraires, qui tiennent à la forme du drame antique et du drame moderne; car, quant à l'intention morale, elle est la même dans Shakspeare et dans Sophocle : les deux poëtes ont tous deux l'idée de la sainteté du droit paternel et de l'inévitable vengeance attachée aux enfants ingrats.

Examinons d'abord l'Œdipe antique.

Depuis sa naissance jusqu'à sa mort, la destinée d'Œdipe est mystérieuse. Voué au malheur dans le sein de sa mère, exposé en naissant sur le mont Cithéron, sauvé par la colère des dieux, meurtrier de son père, mari de sa mère, frère de ses enfants, s'arrachant lui-même les yeux comme indigne de voir le jour, quand ses crimes ou ses malheurs lui sont dévoilés; bientôt chassé de Thèbes par ses fils, et n'ayant plus qu'Antigone, sa fille, pour guide et pour soutien, c'est à Colone, près d'Athènes, dans un bois consacré aux Furies, qu'il vient, selon un oracle d'Apollon, chercher sa mort et sa sépulture. Mais, avant de mourir, il doit accomplir sur ses fils la vengeance des dieux, comme ses fils, en le chassant, l'avaient accomplie sur lui.

Tout, dans Œdipe, révèle la sainteté du caractère paternel : c'est pour avoir tué son père qu'Œdipe est chassé, c'est pour avoir chassé leur père qu'Étéocle et Polynice périront misérablement; terrible enchaînement d'expiations successives qui vengent la justice par le crime même; car la fatalité antique, ne nous y trompons point, n'est pas aussi capricieuse ni aussi injuste qu'elle en a l'air : elle a pour moyens le hasard et le mal, mais elle a pour but la justice. N'ayant pour instruments que des passions effrénées, elle frappe le meurtre par le meurtre et punit le crime par le crime; mais la justice plane au-dessus de ces fureurs humaines et les dirige, malgré elles, au but mystérieux qu'elle poursuit.

Dans l'*Œdipe à Colone*, il y a une autre idée, pleine aussi de mystères, et que je me reprocherais de ne pas indiquer, parce qu'elle ajoute encore à la grandeur du personnage d'Œdipe. Une fois les expiations accomplies, une fois l'outrage fait à la majesté paternelle vengé par la mort d'Œdipe et de ses fils, le tombeau de ce même Œdipe qu'avait poursuivi la colère des dieux deviendra, pour la terre qui le possédera, un gage de grandeur et de puissance. Telle est la force attachée à l'expiation et à la victime expiatoire : vivante, on la frappe sans pitié au nom de Dieu, car elle représente le mal que sa mort doit abolir; et morte, on la révère comme le symbole de la justice rétablie[1]. Œdipe est une victime de ce genre; et ce qui montre que la bénédiction mystérieuse attachée au tombeau d'Œdipe n'est pas une tradition qui lui soit particulière, c'est qu'il en est de même du tombeau d'Oreste, cet autre type de la fatalité antique, et qui n'est aussi, comme Œdipe,

---

[1]   OEDIPE.

Quels sont ces oracles, ma fille, et qu'ont-ils prédit?

ISMÈNE.

Qu'ici même, pendant votre vie et après votre mort, les peuples vous rechercheront pour leur propre sûreté.

(SOPHOCLE, *Œdipe à Colone*, vers 388.)

qu'un emblème de la justice rétablie par le crime. L'oracle d'Apollon avait prédit aux Lacédémoniens qu'ils seraient faibles et vaincus, tant que les cendres d'Oreste ne reposeraient pas à Sparte [1].

Ne cherchons donc pas dans Œdipe un personnage qui soit maître de ses actions : Œdipe est l'instrument des dieux, et toutes ses actions ont une marque divine. D'autres pères peut-être, aussi malheureux et aussi irrités qu'Œdipe, pourraient s'attendrir aux supplications d'un fils prosterné à leurs pieds. Œdipe est inflexible, car il représente la justice des dieux. En vain Polynice le conjure de lui pardonner, en vain Antigone joint ses prières à celles de son frère; Œdipe refuse même de lui répondre : la voix paternelle se profanerait à parler au fils ingrat. Entendre et répondre est le commencement de l'union entre les hommes, c'est un lien ; et désormais, entre Œdipe et ses fils, il n'y a plus de liens : l'ingratitude les a rompus. Œdipe finit pourtant par répondre à Polynice, mais c'est pour le maudire ; et cette parole même de colère et de vengeance, il ne l'eût pas accordée à son fils, si les vieillards de Colone ne lui avaient demandé, au nom de Thésée, de répondre

---

[1] « Les Lacédémoniens avaient été continuellement malheureux dans leur première guerre contre les Tégéates; mais, du temps de Crésus, et sous le règne d'Anaxandride et d'Ariston à Sparte, ils acquirent de la supériorité par les moyens que je vais dire. Comme ils avaient toujours eu le dessous contre les Tégéates, ils envoyèrent demander à l'oracle de Delphes quel dieu ils devaient se rendre propice pour avoir l'avantage sur leurs ennemis. La Pythie leur répondit qu'ils en triompheraient, s'ils apportaient chez eux les ossements d'Oreste, fils d'Agamemnon. »

(HÉRODOTE, liv. I, chap. 67. Trad. de Larcher.)

à Polynice[1]. Alors Œdipe, comme Thésée est son hôte, cède au respect de l'hospitalité : car l'hospitalité est aussi une loi qui vient des dieux, et le ministre de la justice des dieux, Œdipe, doit la respecter. Mais il ne change pas pour cela l'arrêt qu'il doit prononcer; et, ce qu'il y a de remarquable, le chœur de vieillards de Colone ne le lui demande pas, tant l'inflexibilité de la vengeance paternelle domine tous les esprits!

« Croyez, citoyens, croyez que, si ce n'était pas
« Thésée, le souverain de ce pays, qui me l'eût en-
« voyé en exigeant que je lui répondisse, jamais il
« n'aurait entendu le son de ma voix. Mais, puisqu'on
« le veut, qu'il écoute les paroles qu'il mérite :
« elles ne béniront et ne réjouiront pas sa vie.

« C'est toi, scélérat, qui, dans Thèbes, quand tu
« possédais le trône et le sceptre que ton frère pos-
« sède à présent, as toi-même chassé ton père; toi
« qui lui as ôté sa patrie, toi qui lui as fait porter ces
« indignes vêtements, que tu pleures de me voir,
« aujourd'hui que tu es exilé et malheureux comme
« moi! Mais ces malheurs, je ne les pleurerai pas; je
« les supporterai en conservant dans mon cœur, tant
« que je vivrai, le souvenir de ton parricide : car
« c'est toi qui m'as réduit à vivre comme je vis, c'est
« toi qui m'as chassé, c'est par toi que j'erre de lieux
« en lieux, réduit à mendier des étrangers ma vie de
« chaque jour. Enfin, si je n'avais mis au jour ces
« deux filles qui me nourrissent, je mourrais et par
« ton crime. Ce sont elles qui sont mes gardiennes et

---

[1] *Le chœur* : « Par égard pour celui qui vous adresse ce suppliant, répondez-lui ce qu'il vous convient de lui dire, et renvoyez-le après votre réponse. » (Vers 1346.)

« mes nourricières ; elles se font hommes pour souf-
« frir avec moi. Vous, vous n'êtes point mes fils !...
« Non, tu ne renverseras point les remparts de cette
« Thèbes que tu cours assiéger ; mais ton frère et toi,
« noyés dans le sang l'un de l'autre, vous périrez
« sous ses murs. Voilà les imprécations que j'avais
« faites sur vous et dont j'implore encore l'effet, pour
« vous apprendre à respecter ceux dont vous tenez la
« vie et à ne pas mépriser votre père parce qu'il est
« aveugle..... Fuis ! je te renie et je t'abjure, fils
« exécrable ; fuis et emporte avec toi mes impréca-
« tions ! Puisses-tu ne jamais recouvrer ta patrie ni
« même rentrer dans Argos, ton exil ! puisses-tu pé-
« rir de la main du frère qui t'a chassé, et puisse ton
« frère périr en même temps de ta main ! puisse l'en-
« fer que j'invoque, l'enfer, auteur des maux de
« notre famille, te recevoir dans ses affreuses té-
« nèbres ! J'invoque contre toi les Furies, qui pré-
« sident en ces lieux ; j'invoque le dieu Mars, qui a
« jeté dans le cœur de ton frère et de toi cette haine
« implacable, tu m'as entendu : pars, et va dire aux
« Thébains et à tes fidèles alliés les récompenses
« qu'Œdipe garde à tes fils [1]. »

Ducis a fait aussi un *Œdipe à Colone* ; mais Ducis, poëte du dix-huitième siècle, n'a pas donné à Œdipe l'implacable fermeté de l'Œdipe antique. L'Œdipe de Ducis est un Œdipe chrétien ; c'est aussi, disons-le, le père tel que le dix-huitième siècle aimait à le mettre sur le théâtre : le père sensible et même un peu larmoyant.

L'Œdipe de Ducis résiste d'abord, comme l'Œdipe

---

[1] Vers 847

de Sophocle, aux supplications de Polynice ; il le maudit même, et, dans cette malédiction, les vers de Ducis sont souvent traduits, ou, ce qui vaut mieux, inspirés de Sophocle :

> Je rends grâce à ces mains, qui, dans mon désespoir,
> M'ont d'avance affranchi de l'horreur de te voir.
> Vers Thèbes, sur tes pas, ton camp se précipite :
> J'attache à tes drapeaux l'épouvante et la fuite.
> Puissent tous ces sept chefs, qui t'ont juré leur foi,
> Par un nouveau serment s'armer tous contre toi !
> Que la nature entière, à tes regards perfides,
> S'éclaire, en pâlissant, du feu des Euménides !
> Que ce sceptre sanglant, que ta main croit saisir,
> Au moment de l'atteindre, échappe à ton désir !
> Ton Étéocle et toi, privés de funérailles,
> Puissiez-vous tous les deux vous ouvrir les entrailles !
> De tous les champs thébains, puisses-tu n'acquérir
> Que l'espace, en tombant, que ton corps doit couvrir !
> Et, pour comble d'horreur, couché sur la poussière,
> Mourir, mais en sujet, et bravé par ton frère !...
> Adieu : tu peux partir. Raconte à tes amis
> Et l'accueil et les vœux que je garde à mes fils.
>
> (Acte III, scène 5.)

Ces beaux vers, pleins de colère et de vengeance, sont dignes de l'Œdipe antique. Mais bientôt arrive l'Œdipe moderne. Polynice, quoique maudit, persiste à supplier son père ; il le menace de se tuer, ce qui n'eût guère ému l'Œdipe antique ; l'Œdipe moderne a le cœur moins ferme :

> Qu'entends-je ? où suis-je ?... O ciel ! si c'était la vertu !
> Je balance... je doute... Ingrat, te repens-tu ?
> Ne me trompes-tu pas ? Puis-je te croire encore ?
>
> (Ibid.)

Enfin, il embrasse Polynice ; et son fils s'écriant :

Quoi! vous m'aimez encore! Quoi! déjà votre haine...

OEdipe lui répond :

Crois-tu qu'à pardonner un père ait tant de peine?
(Ibid.)

Beau vers et presque sublime, mais d'un sublime tout moderne, si je puis ainsi parler ; car ce sublime n'est possible qu'en changeant non-seulement le caractère d'OEdipe tel que l'antiquité le concevait [1], mais surtout l'idée morale qu'exprime l'histoire d'OEdipe.

[1] Non-seulement l'OEdipe de Ducis est sensible pour plaire au XVIIIe siècle ; mais, de plus, il est philosophe à la manière aussi du XVIIIe siècle. Ainsi, quand OEdipe pardonne à Polynice, il ne manque pas de lui faire une leçon de morale, et d'une morale un peu guindée, un peu déclamatoire ; leçon dans laquelle surtout il n'oublie pas de se louer beaucoup, ce qui est, pour le dire en passant, le trait caractéristique de toutes les morales humaines :

> Mais, dis-moi, Polynice, en quel état es-tu?
> De quoi t'a-t-il servi de quitter la vertu ?
> Moi qui, sous l'ascendant de mon destin funeste,
> Ai joint le parricide aux horreurs de l'inceste,
> Qui, délaissé des miens, proscrit dès mon berceau,
> Ne sais pas même encor où chercher un tombeau,
> C'est moi dont la pitié console ta misère!
> Et toi, né pour régner sous un ciel moins contraire,
> Détrôné, furieux, errant, saisi d'effroi,
> Tu reviens à mes pieds, plus à plaindre que moi.
> Ah! vois mieux du bonheur quel est le vrai principe.
> L'univers, tu le sais, frémit au nom d'OEdipe ;
> Sur mon front, cependant, dis-moi, reconnais-tu
> L'inaltérable paix qui reste à la vertu?
> Je marche sans remords vers mon dernier asile :
> OEdipe est malheureux, mais OEdipe est tranquille.
> (Acte. III, sc. 5.)

Œdipe, selon la morale antique, ne peut pas remettre à ses fils son injure particulière, parce que cette injure touche à la majesté de tous les pères, parce qu'elle détruit la sainteté de la religion paternelle. Il faut ici, pour abolir le crime, il faut une expiation, et non un crime. Dans la croyance chrétienne le pardon suffit, parce que le mal qui n'a pas été réparé ici-bas doit l'être dans une autre vie, pleine de châtiments pour le crime, comme de récompenses pour la vertu. La justice divine n'est donc pas tenue de s'accomplir tout entière sur la terre ; et si un crime est oublié par la loi ou couvert par le pardon de la victime, cela ne détruit pas l'ordre, puisque l'immortalité de l'âme réserve à l'ordre des garanties mystérieuses au delà de cette terre. Dans le paganisme, au contraire, qui n'a cru à l'immortalité de l'âme que d'une manière confuse et tardive, tout doit s'accomplir ici-bas. De là l'irrésistible ascendant de la Némésis antique, qui règne d'autant plus impérieusement sur la terre qu'elle ne règne que là, et que son pouvoir de punir expire avec la vie même des coupables.

J'ai exposé le caractère d'Œdipe tel que Sophocle l'a conçu. Mais il y avait dans l'antiquité diverses traditions sur ce caractère, et toutes ne lui donnaient pas cette austère grandeur que lui a prêtée le génie grave et religieux de Sophocle. Dans la *Petite Thébaïde*, dont le scoliaste de Sophocle nous a conservé quelques vers qui nous feraient croire que ce poëme était un poëme héroï-comique, Œdipe n'est plus le ministre de la fatalité antique : c'est un vieillard fantasque et défiant, dont la colère et la tristesse n'ont ni grandeur ni gravité. S'il maudit ses enfants, ce n'est pas parce qu'ils l'ont chassé et proscrit, non : c'est parce qu'un jour de sacrifices, au lieu de lui envoyer l'épaule de la victime, comme ils le faisaient ordinairement, ils lui ont envoyé la cuisse, qui était un morceau moins honorable. Là-dessus, Œdipe s'est cru outragé, et il a prié « Jupiter souverain et les « autres immortels que, percés l'un par l'autre, ses « fils descendissent bientôt aux enfers [1]. » Cet Œdipe ombrageux et inquiet, que le malheur a aigri et rapetissé, nous conduit au roi Lear tel que Shakspeare l'a représenté.

Comme Œdipe, le roi Lear est chassé par des enfants ingrats, et, comme Œdipe, il les maudit; malédiction fatale qui s'accomplit par la mort de Régane et de Gonerille. Mais, à part cette ressemblance du sujet, il y a, entre Œdipe et le roi Lear, une grande différence de caractère. Soumis à l'ascendant d'un pouvoir mystérieux, les actions d'Œdipe ne semblent pas lui appartenir : soit qu'il frappe son père sans le connaître, soit qu'il maudisse ses fils ingrats, il est l'instrument des dieux, il est enfin le représentant de la fatalité antique. Le roi Lear, au contraire, semble le représentant de la liberté humaine dans ses faiblesses et dans ses caprices. S'il est chassé par ses deux filles, Gonerille et Régane, à qui il a partagé son royaume, c'est sa faute; car il a méprisé les avis de Kent, son plus ancien et son plus fidèle serviteur, qui lui conseillait de ne point abdi-

---

[1] *Cyclicorum poetarum fragmenta*, dans la collection des Classiques grecs de Didot, 1837, p 587.

quer son pouvoir et de ne pas se confier à la reconnaissance de ses deux filles. Non-seulement le roi Lear a méprisé et exilé le fidèle Kent, il a encore chassé la jeune Cordelia, sa fille chérie, la seule qui l'aime d'un amour sincère et désintéressé. Mais l'amour filial de Cordelia ne sait pas trouver, pour s'exprimer, les phrases déclamatoires de ses deux sœurs, Régane et Gonerille ; elle se tait quand son père lui demande, comme à ses sœurs, de lui dire combien elle l'aime, lui offrant un empire en retour des protestations de tendresse qu'il attend d'elle ; elle se tait, car les sentiments sincères et vrais parlent peu, et Lear ne comprend pas combien ce silence est plein d'affection. Il préfère à ce muet dévouement le langage emphatique et faux de Régane et de Gonerille.

Ne nous étonnons pas qu'avec cette impatience de passions que Shakspeare lui a donnée, le roi Lear perde la raison aussitôt que l'ingratitude de ses filles vient lui révéler ses fautes. Les natures passionnées et faibles, qui ne veulent pas prévoir le mal, quoique averties, ne savent pas plus tard le supporter. Tel est le roi Lear. Sa douleur et sa colère n'ont pas le calme et la gravité du vieil Œdipe. Œdipe est tranquille et ferme, parce qu'il n'a jamais fait qu'obéir à la mystérieuse volonté des dieux, et non à la sienne. Dans le roi Lear, la douleur touche au désespoir et la colère à la fureur ; parce que sa volonté ayant fait tout le mal, la pensée qu'il aurait pu éviter ses malheurs vient sans cesse les envenimer et les aigrir. De là sa folie. Je sais bien que la folie est un des lieux communs du théâtre anglais ; et comme ce lieu commun dramatique a été souvent employé de nos jours, nous examinerons, dans un autre chapitre, comment et à quelles conditions la folie a figuré sur le théâtre depuis les Grecs jusqu'à notre siècle. Mais aujourd'hui il me suffit de remarquer que la folie du roi Lear naît fort naturellement du caractère même que Shakspeare a voulu lui donner.

Je viens d'indiquer une différence entre Œdipe et le roi Lear, qui tient au fond même des deux caractères, et peut-être aussi au génie des deux théâtres. Je dois en indiquer une autre qui tient à la marche différente du drame dans Sophocle et dans Shakspeare.

Chez les Grecs l'action est toujours simple : le drame ne représente qu'un moment de la vie du héros; mais ce moment est celui qui exprime le mieux son caractère ou sa destinée. Ainsi, dans *Œdipe roi*, le moment du drame est le moment fatal où Œdipe apprend ses crimes et ses malheurs; dans *Œdipe à Colone*, c'est le moment où Œdipe meurt en refusant de pardonner à ses fils. Le théâtre moderne, et surtout Shakspeare, admet dans l'action plus de durée et plus de variété. Shakspeare représente au besoin toute la vie d'un homme, non pas qu'il ne choisisse aussi dans la vie de l'homme les moments les plus dramatiques, mais il en rassemble plusieurs, et il aime à les opposer les uns aux autres; c'est de là que naît l'intérêt. Ainsi, dans le roi Lear, pour ne point sortir de notre sujet, nous voyons d'abord le moment de l'imprudence et de l'aveuglement, quand Lear, sur la foi des belles paroles de ses deux filles, leur partage son royaume et déshérite sa fille Cordelia, la seule qui lui soit fidèle et dévouée; plus tard arrive le moment de la douleur et de la colère, quand, chassé par ses filles, Lear les maudit; et enfin le drame aura aussi son moment de tendresse et de pitié, quand Lear reconnaîtra Cordelia et pleurera sa mort.

La liberté que prend Shakspeare de mettre sur la scène toute l'histoire du roi Lear, fait que nous assistons aux diverses passions qui agitent l'âme du héros, et que nous surprenons leur première explosion. Lorsque Œdipe vient se réfugier à Colone, il y a déjà longtemps qu'il a été chassé par ses fils : nous n'assistons pas à cette scène d'ingratitude, nous ne la ressentons que par les sentiments de colère et de douleur qu'elle a laissés dans l'âme d'Œdipe : cette douleur et cette colère même n'ont plus la violence de leur premier éclat; elles sont paisibles et inflexibles. Prenez les imprécations du roi Lear contre Gonerille, et celles d'Œdipe contre Polynice, et voyez la différence :

« Entends-moi, ô nature! s'écrie le roi Lear; di-
« vinité chérie, entends-moi! Suspends tes desseins,
« si tu te proposais de rendre cette créature féconde;
« porte dans ses flancs la stérilité, dessèche en elle
« les organes de la reproduction, et que jamais son
« corps dégénéré ne s'honore d'avoir conçu! ou, s'il
« en est autrement, fais naître d'elle un enfant de
« malheur; qu'il vive pervers et dénaturé, pour être
« le tourment de sa mère; qu'il lui flétrisse le front
« de rides prématurées; que les larmes qu'il fera
« répandre creusent sur ses joues de profonds sil-
« lons; que toutes les douleurs, que tous les bien-

« faits de sa mère soient tournés par lui en dérision
« et en mépris, afin qu'elle puisse sentir combien la
« dent du serpent est moins déchirante que la dou-
« leur d'être mère d'un fils ingrat [1] ! »

Œdipe, certes, est aussi irrité que Lear, mais il est moins agité ; il maudit Polynice avec la voix et le langage d'un juge et d'un vengeur, plutôt que d'un père offensé et furieux. Œdipe songe à la majesté paternelle outragée en sa personne, et il renouvelle ses imprécations contre ses fils, « afin qu'ils apprennent à respecter les auteurs de leurs jours et à ne pas insulter aux malheurs d'un père. » Lear ne songe qu'à son injure, à sa vengeance, et il cherche la plus cruelle possible, la plus pareille à l'outrage ; non pas celle qu'Œdipe appelle sur la tête de ses fils, la perte du pouvoir et une mort violente par les coups l'un de l'autre, vengeance petite et faible aux yeux de Lear : il souhaite un fils à sa fille, un fils ingrat qui l'insulte et la désespère, et, pour me servir des beaux vers de Ducis, qui traduit admirablement Shakspeare quand il se contente de le traduire et ne veut pas le corriger,

> Qui tourne en ris moqueurs les soins de sa tendresse,
> Qui hâte sur son front les traits de la vieillesse,
> Qui la traîne au tombeau par de longues douleurs.
> (Acte II, scène 7.)

Je remarque une différence du même genre dans la manière dont Œdipe et le roi Lear expriment leurs souffrances. La souffrance d'Œdipe, fugitif et mendiant, est grave et majestueuse ; s'il parle de sa

[1] Act. I, sc. 1^r.

misère et de son exil, c'est surtout pour louer la pitié d'Antigone et d'Ismène, ses filles, qui l'accompagnent et qui le nourrissent. Il cherche un asile, puisqu'il n'a plus de patrie; mais surtout il cherche le lieu prédestiné où doivent reposer ses cendres, et ce lieu, il l'a trouvé à Colone, dans le bois consacré aux Furies. A ces traits d'une infortune qui n'a plus rien d'humain, j'oublie le mendiant, l'aveugle, le vagabond, et je ne vois plus dans Œdipe que l'hôte mystérieux des Furies, que la victime et le ministre de la justice des dieux; et je comprends alors pourquoi sa plainte est digne et réservée, pourquoi, dans sa souffrance, il n'y a rien qui s'adresse à la pitié vulgaire.

Tel n'est pas le roi Lear. Il y a pour ainsi dire, dans son malheur, la même agitation et le même excès que dans ses sentiments. Shakspeare ne lui épargne aucune des vulgaires souffrances de la misère : la nuit sans asile, l'orage sans abri, l'égarement dans la bruyère, le lit sur la paille; et quand son chagrin aboutit enfin à la folie, il en fait un vrai fou, comme il en avait fait un vrai mendiant : Lear a les propos extravagants, les chants insensés, les habits en haillons, la couronne de verveine et de pavots, tous les signes enfin de la démence. Shakspeare, il est vrai, sait tirer de cet abaissement même les plus touchantes émotions; l'orage amène ces plaintes sublimes de Lear :

« Soufflez, vents impétueux, redoublez vos trans« ports, sifflez, grondez! Vous, torrents destruc« teurs, et vous, fougueux orages, mêlez tous vos
« flots, jusqu'à ce que le faîte des plus hautes tours

« ait disparu sous vos ondes! Feux vengeurs, aussi
« rapides que la pensée, sillonnez mon front blan-
« chi! Et toi qui renverses tout sur ton passage,
« tonnerre, écrase le globe du monde, brise le sein
« de la nature, étouffes-y d'un seul coup tous
« les germes qui enfantent les ingrats!..... Brû-
« lants éclairs, déchirez les nuages! Pluie, tombe
« à grands flots! Hélas! la pluie, les vents, le ton-
« nerre, les feux sont moins impitoyables que mes
« filles. Je ne vous accuse pas de cruauté, vous, ter-
« ribles éléments : je ne vous ai point donné un
« royaume, vous n'êtes pas mes filles; vous ne me
« devez aucune reconnaissance. Épuisez donc sur
« moi vos fureurs au gré de votre affreux plaisir. Je
« suis là en butte à vos outrages, moi, pauvre in-
« firme, faible et déplorable vieillard! Mais je ne
« vois en vous que de serviles ministres qui ont uni
« leurs formidables coups à ceux de deux filles per-
« fides contre une tête si nue et si débile[1]! »

[1] Act. III, scène 2.

Ducis, en traduisant ces vers de Shakspeare, a voulu les corriger :

> Redoublez vos efforts, cieux, tonnerre, tempête!
> Versez tous vos torrents, tous vos feux sur ma tête!
> Je n'en murmure pas, je la livre à vos coups.
> Lear n'a point le droit de se plaindre de vous.
> Exercez donc sur moi toute votre furie,
> Frappez ce corps mourant, cette tête flétrie,
> Ce front mal défendu par quelques cheveux blancs,
> Qu'au gré de leurs combats se disputent les vents;
> N'y voyez plus la place où fut mon diadème.
> Sans pouvoir de mon sort accuser que moi-même,
> Me voici sous vos coups humblement incliné,
> Dans ces vastes forêts sans guide abandonné,

La folie du roi Lear amène aussi cette belle scène où Cordelia veille auprès de son père malade. J'ai peine, je l'avoue, à me faire à la folie de Lear, quand il jette çà et là des paroles insensées qui ne peuvent pas me faire rire (la folie est chose triste, malgré ses extravagances), et qui ne peuvent pas non plus me toucher, quoique mêlées de quelques éclairs de bon sens ; car les fantaisies de la démence interrompent trop vite les émotions de la douleur. Mais j'aime et j'admire Lear, quand, s'éveillant sous les baisers de Cordelia, sa fille chérie, il s'efforce de la reconnaître ; quand, tâchant en vain de rappeler sa raison, il croit voir sa fille, et craint pourtant de se tromper encore. Ce combat entre l'instinct paternel et la démence me touche profondément. Alors je ne me plains plus que Shakspeare ait poussé jusqu'à la folie la douleur de Lear ; alors je ne regrette plus la sévère majesté de la douleur d'Œdipe. Antigone, guidant son vieux père aveugle, est le personnage le plus touchant du théâtre antique ; Cordelia, soignant son père fou et l'aidant à retrouver sa raison égarée, surpasse Antigone en pitié, sinon en vertu.

> Privé du tendre ami qui suivait ma misère,
> Glacé par vos frimas, resté seul sur la terre,
> Pauvre et faible vieillard, chassé de sa maison,
> Dont les enfants ingrats ont troublé la raison.
>
> (Act. III, sc. 5.)

La correction me semble peu heureuse, et ce vers :

Lear n'a point le droit de se plaindre de vous,

me paraît bien froid auprès de ces mots pathétiques : « Vous n'êtes pas mes filles... Je ne vous ai pas donné un royaume. » — C'est la rhétorique substituée à l'éloquence.

J'ai indiqué les différences littéraires entre Œdipe et le roi Lear, entre Shakspeare et Sophocle, parce qu'elles aident à comprendre l'idée que les Grecs se faisaient du drame. Mais, ce que je veux particulièrement remarquer, parce que cela se rapporte au sujet de nos réflexions, c'est la ressemblance des intentions dans Sophocle et dans Shakspeare : ils ont tous les deux la même idée du droit sacré des pères; ils croient tous les deux que l'enfant qui attente à la majesté paternelle doit périr misérablement. De là la grandeur de leur Œdipe et de leur roi Lear : ils sont pères, et pères outragés par leurs enfants ingrats. Sous ce caractère sacré disparaissent les crimes d'Œdipe et les fautes de Lear : que l'un ait été, sans le vouloir, parricide et incestueux; que l'autre ait été orgueilleux et crédule dans la prospérité, qu'il ait chassé son vieux serviteur, Kent et sa fille Cordelia, c'est aux dieux à se souvenir de ces fautes et à les faire expier. Mais

Un fils ne s'arme point contre un coupable père ;
Il détourne les yeux, le plaint et le révère [1].

Voilà la loi sainte imposée aux enfants, et quiconque la viole périra avant le temps. Ils tomberont donc percés l'un par l'autre, ces deux fils d'Œdipe, qui l'ont fait mendiant et vagabond; elles tomberont donc frappées l'une par l'autre, ces deux filles de Lear, qui l'ont chassé du palais qu'il leur avait donné, et l'ont poussé à la folie par le malheur; ils périront les uns et les autres, maudits et détestés dans la

---

[1] Voltaire, *Brutus,* acte Ier, sc. 2.

mort même, afin de vérifier les divines paroles du Sinaï : « Tu honoreras ton père et ta mère, afin d'avoir une longue vie sur la terre que Dieu t'a donnée[1]. »

Nous avons vu quelle idée grande et majestueuse Sophocle et Shakspeare se font du caractère paternel. Voyons ce que ce caractère est devenu dans les drames ou dans les romans modernes, afin d'observer les changements qui se font de siècle en siècle dans la manière de concevoir et d'exprimer les sentiments les plus généraux du cœur humain. Chaque peuple, en effet, commence sa carrière, ayant en lui quelques grandes idées et quelques grands sentiments destinés à faire vivre la société, et qui sont, pour ainsi dire, son viatique, viatique qu'il dépense en route ; et j'ai vu des misanthropes qui pensaient que ce qu'on appelle le travail de la civilisation n'est autre chose que la consommation plus ou moins rapide de ce fonds de vieilles vertus qui soutient et qui défraie les sociétés.

Dans les romans modernes, le caractère paternel semble déjà s'abaisser par la condition même des personnages[2] ; mais l'abaissement moral est encore plus grand que l'abaissement social, et c'est cette décadence surtout que nous devons observer. Qu'importe, en effet, que le père, au lieu d'être un héros ou un roi comme Œdipe et comme Lear, ne soit plus qu'un ancien marchand qui a fait fortune dans le commerce et qui s'est retiré dans une pension bourgeoise du faubourg Saint-Marceau ? L'humble

---

[1] *Exode*, ch. xx.
[2] Les réflexions qui suivent s'appliquent particulièrement à un des plus curieux romans de M. de Balzac : *Le Père Goriot*.

marchand est père comme Œdipe et comme Lear, et, comme eux, père outragé. A ce titre donc il a droit au respect et à la pitié [1]. Cependant, pour nous émouvoir, il faut aussi que ce père outragé ressente l'injure faite au caractère paternel, il faut qu'il ait la conscience de l'autorité qu'il a sur ses enfants et du respect qu'ils lui doivent; il ne faut pas seulement qu'il aime ses filles, il faut aussi qu'il sache qu'il doit être aimé par elles, et qu'elles sont coupables si elles le méprisent ou l'oublient; il faut enfin qu'il ait quelque chose de la colère d'Œdipe ou de la douleur de Lear. Je n'ai pas besoin, pour m'intéresser à lui, qu'il soit prince ou roi ; mais il faut qu'il soit père et qu'il en ait la grandeur.

Cette conscience de l'autorité paternelle est ce qui manque le plus aux pères tels que les représente le roman moderne. Ils aiment leurs enfants, mais ils les aiment comme Triboulet aime sa fille : leur amour tient de l'instinct, et pour que nous ne puissions nous faire aucune illusion sur la nature de cette affection paternelle, on prend soin de la définir : « c'est, dit-on, un sentiment irréfléchi qui s'élève jusqu'au sublime de la nature canine [2] ! »

Ne cherchez donc pas ici cet amour paternel, intelligent et grave, qui est à la fois une vertu et un bonheur, cet amour uni au commandement, afin de rendre le commandement plus doux et l'obéissance plus facile. Le père aime irrésistiblement et par ins-

---

[1] Voyez comment Walter Scott, dans son *Antiquaire*, a su rendre majestueuse la douleur d'un pauvre pêcheur qui vient de perdre son fils. (*L'Antiquaire*, chap xxxi.)

[2] *Le Père Goriot*, page 155, édit. Charpentier.

tinct; aussi sa tendresse a tous les caractères de l'instinct : l'emportement, la ténacité, la frénésie dans la joie comme dans la douleur, l'oubli ou plutôt l'impossibilité de toute pensée étrangère à sa passion. Le romancier le représente stupide de tous les côtés, sauf d'un seul, le côté du cerveau qui répond à son instinct. De ce côté seulement il réfléchit, il calcule, il raisonne; ailleurs, il est insensible et inerte. Ce qui est curieux, et ce qui, du reste, exprime fort bien la pensée de l'auteur, c'est que tous les mots à l'aide desquels l'auteur peint cet amour paternel, sont empruntés à la passion matérielle. Ainsi, quand le père embrasse sa fille, « il la serre par une étreinte « sauvage et délirante [1]; » et, plus loin, « il se « couche aux pieds de sa fille pour les baiser; il « frotte sa tête contre sa robe; enfin il fait des folies « comme en aurait fait l'amant le plus jeune et le « plus tendre [2]. » Ailleurs, dans une scène de colère et d'injures entre les deux filles, l'une d'elles s'arrête tout à coup, épouvantée « de la sauvage et folle ex- « pression que la douleur imprimait sur le visage de « son père [3]. » Enfin, quand le vieillard mourant appelle en sanglotant ses filles, qui ne viennent pas; quand il confesse sa passion paternelle, voyez comment il l'exprime dans ce moment même où, désespéré, il s'avoue l'ingratitude de ses enfants : « Mes « filles, c'était mon vice à moi! elles étaient mes « maîtresses!.... J'avalais tous les affronts par les- « quels elles me vendaient une pauvre petite jouis-

---

[1] *Le Père Goriot*, page 291.
[2] Page 293.
[3] Page 323.

« sance honteuse [1]. » Ce langage est étrange et significatif. Voilà un romancier qui veut peindre l'amour paternel, le plus pur, le plus intelligent, le plus moral des amours humains; et, comme il veut en donner à son siècle une idée vive et forte, il le fait brutal et vicieux pour le faire fort.

Je ne puis avoir pour ce sentiment de paternité poussé « jusqu'à la déraison [2] » qu'un sentiment de pitié pénible : car la monomanie attriste ou fait rire, selon les goûts; mais elle n'attire pas. Puis-je être plus touché, quand, au lieu de ce langage emprunté au dictionnaire de la physiologie et de la médecine, l'auteur se sert, pour peindre l'amour paternel, de mots consacrés à peindre un autre amour ? Cette transposition de sentiments et de style me choque encore plus. Quand madame Guyon exprimait combien elle aimait Dieu, elle empruntait aussi ses expressions au langage de la passion humaine : son style faisait de Dieu un amant; et Bossuet, s'indignant de cette confusion profane de paroles, demandait à Dieu d'envoyer le plus brûlant de ses chérubins, pour purifier, avec un charbon ardent, les lèvres qui parlaient de l'amour de Dieu comme on parle de l'amour des hommes. Et, moi aussi, je demanderais volontiers le charbon ardent des chérubins, pour purifier les lèvres d'un père qui parle de l'amour paternel comme on parle de l'amour des amants.

La comparaison que j'ai essayé de faire entre Sophocle, Shakspeare et les romans modernes, serait incomplète, si je ne comparais pas la mort des per-

---

[1] *Le Père Goriot*, pages 364 et 365.
[2] Même édit., page 118.

sonnages qu'ils ont créés. La mort révèle tout l'homme : elle exprime vivement, et comme par un dernier et solennel témoignage, la manière dont il a vécu.

La mort d'Œdipe est, comme toute sa vie, pleine de terreur et de grandeur. Ce n'est pas un homme qui expire, c'est un mystère qui s'accomplit. Œdipe vient de maudire et de renvoyer Polynice; il a prononcé sur ses fils ingrats l'arrêt de la justice divine. Tout à coup le tonnerre retentit. Œdipe comprend la voix du dieu qui l'appelle : il demande Thésée, car Thésée seul doit savoir le mystère de sa mort et de son tombeau. Thésée arrive. Alors Œdipe, comme si ses yeux aveugles avaient pris une clairvoyance merveilleuse : « Suivez-moi, mes filles, dit-il, suivez-
« moi : c'est moi, guide inattendu, c'est moi qui vais
« vous conduire aujourd'hui, comme vous avez long-
« temps conduit votre père. Ne me touchez point,
« laissez-moi trouver moi-même le tombeau sacré où
« le destin veut que je m'ensevelisse dans le sein de
« cette terre. Venez par ici, venez : c'est là que Mer-
« cure et la déesse des enfers me conduisent [1]...... »
Il marche ainsi d'un pas ferme et sûr; et, pendant qu'il s'éloigne, le chœur prosterné aux pieds des autels des Furies chante cet hymne funéraire :

« O déesse invisible! et vous souverain de l'éter-
« nelle nuit, ô Pluton! Pluton! s'il m'est permis de
« vous adresser mes prières, faites, je vous supplie,
« que ce vieillard puisse, par une mort paisible et
« sans angoisses, se reposer doucement dans la de-

---

[1] Vers 1541.

« meure du Styx, dans cette région des morts où tout
« s'engloutit[1] ! »

Pendant ces chants funèbres s'accomplit, loin des yeux profanes, le dénoûment de la destinée d'Œdipe, dénoûment plein de je ne sais quelles ténèbres et qu'un récit seul révélera aux spectateurs ; encore ce récit ne dira-t-il pas tout, car la fin du mystère est cachée dans le sein des dieux. Ce que nous pouvons savoir, c'est que « Cet aveugle, qui marchait désor-
« mais sans guide, est arrivé aux bords du gouffre
« que des fondements d'airain attachent à la terre. Il
« s'arrête vers l'endroit où la voie se partage en plu-
« sieurs branches, près d'un profond cratère où re-
« posent les monuments de l'éternelle amitié que
« Thésée et Pirithoüs se jurèrent autrefois, en des-
« cendant aux enfers... Il dépouille les lambeaux
« qui le couvraient; et, appelant ses filles, il leur
« ordonne d'aller chercher une eau pure pour les
« bains et les libations. Toutes deux aussitôt courent
« à la colline de Cérès, qu'on aperçoit dans le voi-
« sinage, et exécutent les ordres de leur père. Elles
« le baignent et le couvrent de vêtements nouveaux,
« suivant les rites prescrits. A peine a-t-il goûté la
« douceur des services qu'elles lui rendaient, à peine
« tous ses ordres ont-ils été remplis, que Jupiter
« fait gronder son tonnerre souterrain. Ses deux
« filles frémissent en l'écoutant, et tombant aux ge-
« noux de leur père, les yeux en pleurs, se frappent
« la poitrine et poussent de longs gémissements.
« Œdipe, de son côté, n'a pas plutôt entendu ce

[1] Vers 1586.

« bruit épouvantable, qu'embrassant ses deux filles :
« O mes enfants ! dit-il, vous n'avez plus de père :
« tout est consommé... A ces mots, le père et les
« enfants sanglotent et pleurent en se tenant em-
« brassés. Enfin leurs pleurs calmés, et le silence
« succédant à leurs cris, une voix se fait soudain
« entendre : elle appelle Œdipe. La frayeur nous
« saisit et nos cheveux se dressent sur nos têtes ;
« car la voix du dieu retentissait encore : Œdipe !
« Œdipe ! qui t'arrête ? Marchons ; tu tardes trop....
« A peine Œdipe a-t-il reconnu la voix du dieu,
« que, touchant de ses mains tremblantes ses deux
« filles : « Mes enfants, dit-il, il faut vous éloigner
« de ce lieu, et ne pas demander de voir et d'en-
« tendre ce qui vous est interdit. Partez, retirez-
« vous ! Que Thésée reste seul : seul il doit être té-
« moin de ce qui va arriver..... » A cet ordre, nous
« nous retirons ; et ses filles nous suivent en gémis-
« sant et en versant des larmes. Mais, à quelques
« pas de là, nous tournons la tête en arrière : Œdipe
« avait disparu ; et Thésée, la main sur le front, se
« cachait les yeux, comme frappé de terreur à l'aspect
« de quelque spectacle horrible. Bientôt après nous
« l'avons vu se prosterner et adorer à la fois la Terre
« et l'Olympe où résident les dieux. Thésée, seul
« entre les mortels, peut dire désormais de quelle
« manière Œdipe a péri[1]. »

Voilà une scène terrible et majestueuse ; et pour que rien ne manque à la beauté de cette mort mystérieuse, remarquez que la piété filiale d'Antigone et

---

[1] Vers 1586.

d'Ismène accompagne Œdipe jusqu'au seuil de son tombeau, et que leurs pleurs le suivent au delà de la mort; car il n'y a, pour les pères, de belle mort que celle qui est pleurée par leurs enfants. « Mon « père, » s'écrie Antigone, qui regrette ce père qu'elle nourrissait et qu'elle guidait, « mon père, dans mon « infortune, je trouvais du plaisir à te donner mes « soins ; car les maux ont aussi leurs charmes[1]. »

La mort du roi Lear est plus triste et plus pénible que celle d'Œdipe : elle se sent de son genre de malheurs. C'est la faute de Lear, s'il a cru aux perfides flatteries de Régane et de Gonerille, et s'il a déshérité la pieuse Cordelia. Il a été déjà puni par l'ingratitude des filles qu'il a couronnées ; il va l'être plus cruellement encore par la mort de Cordelia : car le châtiment de ce père qui n'a pas su discerner la pieuse et muette tendresse de sa fille, c'est de n'en pouvoir pas jouir, quand il l'a enfin reconnue. Ce dernier coup du sort, ce dernier effet de ses fautes accable le vieillard désolé. Il avait à peine retrouvé sa raison, grâce aux soins touchants de sa fille chérie; en perdant sa fille, il retombe dans sa folie. Mais cette fois la folie épuise ses derniers restes de force, et sa vie s'échappe dans une agonie mêlée de douleur et de délire, essayant en vain de reconnaître les vivants qui l'entourent, le fidèle Kent, le pieux Edgard, le duc d'Albanie[2]; ne reconnaissant que les morts plus pressés encore autour de lui, Cordelia, qu'il tient morte entre ses bras, Cordelia « à la voix douce,

---

[1] Vers 1697.

[2] Au comte de Kent : « Qui êtes-vous ? mes yeux ne sont pas des meilleurs. » (Acte V, sc. 3.)

gracieuse, modeste¹, » cette voix qui avait chassé de l'oreille paternelle le bourdonnement importun de la folie ; ses filles, Régane et Gonerille, mortes par leurs propres coups, mortes dans le désespoir; et le vieillard répond qu'il croit à ce désespoir qui l'a vengé; son pauvre fou enfin, qui ne l'avait jamais quitté, mort aussi. « Le plus vil reptile de nos « foyers goûte la vie ; mais toi, s'écrie Lear, toi, tu « ne vivras plus, jamais! jamais! jamais! » Lamentable sanglot poussé sur sa fille, sur son fou, sur ce qu'il aimait, sur ce qui n'est plus qu'un cadavre ; et, entre ces cadavres, Lear, dans son délire et dans son agonie, ne sait plus distinguer Cordelia et le fou : « Voyez-le! voyez-le! » crie-t-il égaré, et il tombe mort lui-même ².

Voilà, certes, une mort affreusement triste. Voyons maintenant comment le roman moderne a su peindre, à son tour, l'agonie d'un père abandonné par ses enfants. Couché sur le grabat de sa pension bourgeoise, soigné par un élève en médecine, qui voit surtout en lui un fait scientifique à observer³, le vieillard, s'avouant enfin l'ingratitude de ses filles, tantôt les accuse avec colère et malédiction, tantôt, se repentant de sa colère, prie le ciel de ne pas les punir; car c'est lui qui a fait tout le mal, c'est lui qui les a perverties par son indulgence et sa facilité. Cette agonie est triste et touchante. Que lui manque-t-il donc pour

---

¹ Act. v, sc. 3.
² Act. v, sc. 5.
³ « Oh! il s'agit d'un fait scientifique, reprit l'élève en médecine avec toute l'ardeur d'un néophyte. » *(Le Père Goriot,* édit. Charpentier. p. 357.)

être vraiment pathétique, et d'où vient que les larmes qu'on se sent disposé à verser sur la mort de ce père abandonné sont réprimées par je ne sais quel sentiment de répugnance involontaire? Ce que l'auteur semble vouloir nous montrer dans cette agonie, ce n'est pas la dernière lutte de l'âme, mais le dernier effort d'un instinct prêt à s'éteindre. Dans cette idée, il ne manque pas de faire paraître de temps en temps, près du lit du malade, l'élève en médecine, grand partisan des doctrines phrénologiques, qui note curieusement la marche et le progrès du *sérum* dans le cerveau [1]. Si le mourant, d'abord accablé un instant par la maladie, reprend bientôt la parole et appelle ses filles près de son lit de mort; s'il trouve ces paroles pleines de colère et de douleur qui nous émeuvent, l'auteur a soin de nous expliquer que le lobe du cerveau qui répond à l'instinct paternel a, par une sorte d'énergie native, résisté à l'invasion du sérum : c'est là que la vie s'est réfugiée; dernier triomphe de cet instinct paternel que l'auteur a voulu peindre. Voilà ce qui retient la pitié, ou plutôt ce qui la contrarie. En voyant ce père abandonné par ses filles et qui les bénit malgré leur abandon, j'allais songer à l'inépuisable indulgence du cœur paternel, qui est en cela l'image du cœur de Dieu [2]; mais l'idée de l'instinct m'arrête, et, malgré moi alors, je pense au chien qui meurt en léchant la main du maître même qui l'a tué.

---

[1] *Le Père Goriot*, pages 329, 330.

[2] Quomodo miseretur pater filiorum, misertus est Dominus timentibus se; quoniam ipse cognovit figmentum nostrum.

(Ps. CII, v. 13.)

Lear est encore à moitié fou quand il meurt; mais voyez comme, à ce dernier moment, la raison domine la folie, comme le cœur de l'homme se retrouve et comme la démence s'efface aux approches de la mort; car Shakspeare veut que nous assistions à la mort d'un homme, et non à celle d'un fou, à l'agonie d'un père qui a reconnu sa fille et l'a perdue presque en même temps, et non à celle d'un pauvre aliéné qui passe de l'hôpital au cimetière. Shakspeare sait bien que c'est à cette condition seulement que la mort de Lear nous touchera. Œdipe meurt avec une dignité presque divine; Lear, quoique fou, meurt avec toute la dignité humaine. Cette dignité humaine manque à la mort telle que le roman moderne la représente. Sophocle et Shakspeare ont l'un et l'autre écarté de la mort de leur héros toutes les circonstances qui tiennent à la mort matérielle; ils l'ont spiritualisée tant qu'ils ont pu : Sophocle l'a divinisée, Shakspeare a eu soin de la purifier du mélange de la folie; persuadés tous les deux que, dans la mort de l'homme, il n'y a de touchant que ce qui est vraiment de l'homme, c'est-à-dire le départ et l'adieu de l'âme. Le romancier moderne, au contraire, a pris soin de matérialiser la mort autant qu'il l'a pu, non pas seulement à l'aide des tristes détails qui marquent la dissolution du corps, mais, ce qui est plus matérialiste encore, en montrant les dernières convulsions de l'instinct qui meurt. Il a, pour ainsi dire, ôté l'âme à l'homme; mais du même coup et comme par punition, il a ôté l'intérêt à son roman.

XI.

DE LA CLÉMENCE PATERNELLE. — *L'Héautontimorumenos* DE TÉRENCE. — LA PARABOLE DE L'ENFANT PRODIGUE. — *L'Enfant prodigue* DE VOLTAIRE

Il y a un trait du caractère paternel que je me reprocherais de ne point indiquer, surtout après avoir montré la débonnaireté maladive que, de nos jours, le roman a substituée à la bonté paternelle : je veux parler de ce sentiment de clémence qu'un père trouve toujours dans son cœur pour les fautes de ses enfants. Quoique ce sentiment soit naturel à l'homme, il n'a été représenté que tard sur la scène. Les héros de l'ancien théâtre grec ne pardonnent pas, même à leurs fils; Oreste, à son tour, n'épargne pas sa mère; OEdipe est inexorable aux prières de Polynice. Une justice inflexible, semblable à la vengeance, règne sur le théâtre grec, comme elle règne aussi dans la vieille mythologie grecque. La défaite, la captivité, la souffrance même n'ôtent point aux malheureux cette ardeur de justice ou de vengeance. Dans Eschyle, Prométhée, enchaîné sur le Caucase, refuse de pardonner à Jupiter l'injure qu'il a reçue : « Il faut outrager qui nous outrage, dit-il[1];» et il aime mieux être captif et torturé que de renoncer au pouvoir et au droit qu'il a de se venger[2].

Dans l'antiquité, l'Achille d'Homère est le seul héros qui se laisse fléchir aux larmes de son ennemi. Il ne rend à Priam, il est vrai, que le corps de son fils; cependant cette scène de pitié est, dans la littérature antique, une scène à part; et là, comme ailleurs, Homère n'a pas seulement précédé la littérature et la civilisation grecques, il en a aussi pressenti et dirigé les progrès dans ce qu'ils ont de plus pur et de plus doux. Il semble avoir voulu, dans son Achille, qui est le type du héros tel qu'il le concevait, montrer le germe de ce sentiment de clémence, qui est un des plus beaux attributs du cœur humain. Je sais bien que, lorsque Achille rend à Priam le corps de son fils, il cède surtout au respect que les anciens avaient pour le droit de sépulture. Cependant il pleure aussi sur les malheurs de Priam, son ennemi; et, dans les héros de l'antiquité grecque, ce sentiment est tout nouveau. N'oubliez pas d'ailleurs que c'est à Homère que nous devons cette belle allégorie des Prières boiteuses et timides, quoique filles de Jupiter, « qui suivent à pas lents « la Vengeance qui court devant elles, adoucissant

---

[1] Ὅστις ὑβρίζειν τοὺς ὑβρίζοντας χρεών. (*Prométhée*, vers 970.)

[2] Il ne veut pas révéler à Jupiter quel est, selon l'oracle, le dieu qui doit anéantir sa puissance.

Dans le *Philoctète* de Sophocle, Hercule, lorsqu'il apparaît au dénoûment, pour décider Philoctète à retourner dans le camp des Grecs, lui dit que telle est la volonté des dieux; mais il ne lui conseille pas de pardonner aux Atrides l'injure qu'ils lui ont faite.

« les maux qu'a faits leur cruelle devancière. Heu-
« reux l'homme qui les respecte, quand elles s'ap-
« prochent de lui ! car elles l'écoutent à son tour
« et lui attirent la faveur de leur père. Mais qui-
« conque les repousse et les méprise, malheur à lui!
« elles demandent à Jupiter d'envoyer la vengeance
« sur les pas de ce méchant [1]. »

A Rome, si nous consultons l'histoire, les pères ne pardonnent guère plus à leurs fils que les héros de la tragédie grecque. Dans la société romaine, la paternité est une magistrature plutôt qu'une affection. Peu à peu, cependant, les mœurs et les sentiments s'adoucissent, les idées s'épurent ; la philosophie en Grèce, et plus tard à Rome, cherche à corriger les dieux du paganisme; elle modère l'inflexible pouvoir de l'antique Némésis; la bonté devient un des attributs de la divinité, et, pour l'homme, un des degrés qui le rapprochent le plus de Dieu [2].
« Voulez-vous donc, » dit Sénèque, le dernier interprète de la philosophie païenne, « voulez-vous donc
« avoir encore des dieux inexorables aux fautes et
« aux erreurs des mortels, des dieux qui poursui-
« vent le coupable jusqu'à sa ruine [3] ? »

Ainsi l'ancienne sévérité s'était peu à peu adoucie dans les dieux. Dans les hommes même adoucissement. Il y a, sous ce rapport, une différence curieuse à noter entre l'ancien et le nouveau théâtre

---

[1] *Iliade,* liv. IX, vers 502.

[2] Nihil est tam populare quam bonitas... Homines enim ad deos nulla re propius accedunt quam salutem hominibus dando. (Cicéron, *pro Ligario,* chap. XII.)

[3] *De Clementia,* liv 1, chap. VII.

grec. Déjà, dans Euripide, qui introduit sur le théâtre les idées de la philosophie, les héros prêchent la clémence et le pardon : « Insensés, s'écrie Thésée « dans *les Suppliantes*[1], connaissez les malheurs « de la destinée humaine. La vie est une lutte : l'un « l'emporte aujourd'hui, l'autre demain ; celui-ci « avait vaincu hier. Seul, le destin triomphe tou- « jours, imploré par le malheureux qui demande le « bonheur, adoré par le riche qui craint une se- « cousse qui le renverse. Voilà ce qu'il faut savoir « pour pardonner à quiconque nous a fait quelque « injustice, et pour ne point chercher une ven- « geance qui serait fatale à la patrie. » Certes, en pensant ainsi, Thésée est plutôt le disciple de Socrate que le compagnon d'Hercule ; et ces sentiments de mutuelle indulgence ne sont point des temps héroïques.

Dans la nouvelle comédie de Ménandre et de ses imitateurs, que nous connaissons par les imitations de Plaute et de Térence, l'adoucissement des mœurs devient chaque jour plus sensible, et le caractère paternel surtout se ressent de cette indulgence. On trouve, dans les fragments de Ménandre et des comiques de son école, beaucoup de sentences qui, loin de se rapporter à l'antique sévérité de la poésie gnomique, expriment déjà la tendresse, et j'allais presque dire la faiblesse, que le père doit avoir pour son fils. « Un bon père, dit Ménandre[2], ne doit point « s'irriter contre son fils. » — Mais quoi ! si le fils

---

[1] Vers 540 et suiv.
[2] *Sentences des anciens comiques grecs*, édit. Guillaume Morel. Paris, 1553, p. 19.

est prodigue et dépensier, comment le père pourrat-il ne pas s'emporter contre lui ? — « Non, dit en-
« core Ménandre[1]. Donnez de bonne grâce à votre
« fils ce qu'il demande, si vous voulez qu'il soigne
« votre vieillesse, au lieu d'en souhaiter la fin. »
Ainsi, dans Ménandre, les pères grondent leurs fils
et s'apaisent au dénoûment, vaincus par la tendresse
qu'ils trouvent dans leur cœur ; leurs colères, comme
il le dit lui-même[2], ne durent pas plus que les colères des amants.

Quand Plaute et Térence introduisirent à Rome
la comédie grecque, ils y introduisirent en même
temps ces pères faciles et complaisants qui ne semblaient guère pouvoir convenir à la sévérité des
mœurs romaines. Mais, à cette époque, Rome était
préparée à la douceur des maximes nouvelles que
les deux poëtes prêchaient sur le théâtre. C'était
l'époque de Scipion et le moment où la vieille barbarie latine se tempérait par l'imitation de la civilisation grecque. Tout, à Rome, semblait se polir,
s'embellir et s'affaiblir à la fois. Des antiques vertus
romaines, le courage seul survivait ; mais déjà les
chefs commençaient à se servir du courage des soldats, les plus vertueux, comme Scipion, pour leur
gloire ; les plus hardis, comme bientôt Marius et
Sylla, pour leur ambition.

Une pièce de Térence exprime la révolution qui
s'accomplissait à ce moment dans les mœurs romaines : c'est la comédie ou plutôt le drame de l'*Héautontimorumenos*, ou du bourreau de soi-même. Le

---

[1] *Sentences des anciens comiques grecs*, page 23.
[2] Même édit., p. 19.

héros de ce drame, Ménédème, a voulu, comme les pères de l'ancienne société, être sévère avec son fils; il l'a désespéré par ses rigueurs, et celui-ci l'a quitté pour aller prendre du service en Asie. Dès ce moment, plus de bonheur, plus de joie pour Ménédème. Il s'est retiré à la campagne, livré à son chagrin et à ses remords. C'est là qu'il vit, travaillant, comme un mercenaire, du matin jusqu'au soir, pour se punir de sa cruauté envers son fils. « Est-ce donc l'usage « de l'homme d'être à soi-même son propre bour- « reau? » lui dit Chrémès [1], son voisin, qui voit son chagrin et les tortures qu'il s'inflige. — « Oui, je « dois être moi-même mon bourreau, répond triste- « ment Ménédème. — Pourquoi? qu'avez-vous? con- « fiez-moi votre peine. — Hélas! répond Ménédème [2], « j'ai un fils tout jeune encore. Que dis-je? j'ai un « fils! je l'ai eu; je ne sais pas maintenant si je l'ai « encore. » Et alors il raconte à Chrémès le jour de la fuite de son fils, quand, après avoir appris cette nouvelle, il rentra dans sa maison, triste, solitaire et l'esprit bouleversé par la douleur : « Je m'assis « désespéré. Mes esclaves, accourant autour de moi, « s'empressèrent de me déchausser; ceux-ci prépa- « raient le lit, ceux-là apprêtaient le souper; chacun « faisait de son mieux pour me plaire et pour dissi- « per ma douleur. Et moi, voyant tout cet empresse- « ment, je me disais : Hélas! tant de gens à me « servir! tant d'esclaves pour satisfaire mes désirs! « tant de servantes pour filer mes vêtements! tant « de dépenses pour moi seul! et mon fils unique,

---

[1] Acte I, vers 29 à 34.
[2] Ibid., vers 41.

« qui devrait jouir de ces biens comme moi et plus
« que moi, puisqu'il est dans l'âge qui sait et qui
« peut en jouir, je l'ai chassé, je l'ai rendu malheu-
« reux par mon injustice [1] ! »

Combien devait plaire à la jeunesse romaine le récit de la douleur et des remords de ce père qui s'accusait de trop de sévérité envers son fils ! et quelle atteinte portée au pouvoir paternel, que le spectacle d'un père se repentant lui-même de l'usage qu'il avait fait de son autorité !

A côté de ce père qui se repent de sa rigueur, Térence, comme pour achever d'ébranler le respect qui s'attachait autrefois au pouvoir paternel, a mis un père maladroit dans sa sévérité, qui se croit respecté, et que son fils et ses esclaves dupent à qui mieux mieux. Chrémès prêche les grandes maximes de l'autorité romaine ; mais son fils Clitiphon les conteste hardiment : « Les pères, dit-il [2], sont vrai-
« ment injustes envers leurs enfants : il faudrait,
« selon eux, que nous fussions vieux en naissant et
« que nous n'aimassions pas les plaisirs que com-
« porte la jeunesse; ils veulent nous régler sur leurs
« passions d'aujourd'hui et non sur celles qu'ils ont
« eues. Quant à moi, si j'ai un fils, je serai pour lui
« un père indulgent ; car je veux qu'il n'hésite pas
« plus à m'avouer ses fautes que je n'hésiterai à les
« lui pardonner. » C'est ainsi que, dans cette comédie, l'autorité paternelle est attaquée à la fois par les remords de Ménédème et par les raisonnements de Clitiphon.

[1] Acte I, vers 69.
[2] Ibid., vers 161.

Cependant ce fils de Ménédème, tant plaint et tant attendu, revient bientôt à Athènes. En vain Chrémès, avec sa fermeté hors de propos, veut que Ménédème n'aille pas aussitôt se jeter au cou de son fils, et qu'il garde la dignité paternelle. Ménédème repousse ces ménagements : « Mon fils, s'écrie-t-il, mon fils est
« revenu? — Oui, dit Chrémès. — Ah! conduisez-
« moi ; que je le voie! que je l'embrasse! Je vous en
« supplie, conduisez-moi.— Attendez, dit Chrémès :
« vous perdrez tout, si vous lui montrez du premier
« coup votre douceur et votre faiblesse.—Non, non :
« j'ai trop longtemps été sévère; je veux le voir et
« l'embrasser. — Mais, prenez garde : il a avec lui
« une courtisane avide, dépensière; il vous ruinera.
« — Qu'il fasse ce qu'il voudra ; qu'il prenne tout,
« qu'il dépense tout, qu'il me ruine; j'y consens,
« pourvu que je l'aie avec moi. — Mais, continue
« Chrémès, votre fils, dans ce moment même,
« trame, avec mon esclave Syrus, une ruse pour
« vous tromper et vous attraper de l'argent [1]. —
« Quoi donc? ils veulent m'attraper? dit Ménédème.
« — Oui. — Eh bien! je vous en prie, dites-leur
« qu'ils le fassent bien vite. Je lui donnerai tout ce
« qu'il voudra. Que je le voie seulement[2] ! »

J'aime cet empressement de Ménédème à voir et à embrasser son fils. Mais je dois faire remarquer combien nous sommes loin de la dureté des vieilles mœurs romaines. L'affection paternelle semble même, dans l'*Héautontimorumenos,* pencher déjà vers ce

---

[1] Cette ruse est tournée contre Chrémès lui-même, qui croit qu'on en veut à Ménédème.

[2] Acte III, vers 22 à 88.

ton de tendresse sentimentale que nous retrouverons plus tard dans les comédies et dans les drames du théâtre français au dix-huitième siècle. L'amour paternel de Ménédème a quelques-uns des caractères de l'amour paternel moderne : il touche à ce que nous appelons la sensibilité et ce que j'appelle l'instinct; il est impétueux, irrésistible, impatient enfin de se satisfaire à tout prix. Il est même curieux de voir comment, dans la comédie de Ménandre et de ses imitateurs latins, le caractère paternel a passé brusquement de l'austérité antique à je ne sais quelle mollesse larmoyante, sans s'arrêter au juste degré de tendresse et de fermeté qui doit le constituer. On dirait, à suivre ainsi l'histoire de l'amour paternel chez les Grecs et chez les Romains, que la décadence en a précédé la perfection [1].

[1] Les pères dans Plaute n'ont pas la mollesse larmoyante de Ménédème, mais ils ont la même indulgence, et cette indulgence est déjà aussi érigée en théorie. Voyez dans le *Trinummus* ou *le Trésor,* le caractère de Philton et ses maximes : « Un père qui ne veut que suivre sa tête « et qui contrarie ses enfants ne réussit à rien. Il se rend malheureux, et « les choses ne s'en font pas moins. Il prépare d'affreuses tempêtes à ses « vieux jours. »

. . . . . . Qui nihil aliud, nisi quod sibi soli placet,
Consulit adversus filium, nugas agit
Miser ex animo fit; factius nihilo facit.
Suæ senectuti is acriorem hiemem parat ...
(Vers 374, etc.)

Il est vrai que Philton est fort à son aise pour être indulgent, puisque son fils Lysitèle se conduit fort bien; mais il y a dans la même comédie un autre père, Charmide, dont le fils Lesbonique se conduit fort mal et qui ruine sa famille. Charmide n'est pas moins indulgent que Philton.

Je ne puis pas parler du *Trésor* sans remarquer combien les doctrines

Pendant que l'amour paternel tombait à Rome dans je ne sais quelle faiblesse langoureuse, un type plus élevé et plus doux de cet amour allait paraître dans l'Évangile. La parabole de l'Enfant prodigue est la plus belle et la plus touchante leçon de clémence paternelle que l'homme ait jamais reçue. Mais, même pour le peuple de Dieu, cette leçon était toute nouvelle. Les pères, dans l'Ancien Testament, n'ont pas la tendresse du père de l'Enfant prodigue; et, de ce côté, l'antiquité juive ressemble à l'antiquité grecque et romaine. Abraham[1] va chercher dans le désert le lieu marqué de Dieu, où il doit immoler son fils; il marche pendant trois jours, ayant près de lui son fils, qui demande innocemment où est la victime; et, pendant ces trois jours, il ne se trouble et ne s'attendrit pas[2]. Jephté[3] sacrifie sa fille au vœu qu'il a fait au Seigneur. Dans ces sacrifices accomplis sans murmurer par les chefs du peuple

---

morales de la pièce sont, en bien comme en mal, plus raffinées et plus délicates que celles de l'ancienne société grecque et romaine : ainsi, à côté de l'indulgence substituée à l'autorité dans les pères, je trouve le scrupule substitué à la loi pour le devoir.

Is probus est quem pænitet, quam probus sit et frugi bonæ.

(Acte II, scène 2, vers 299.)

[1] *Genèse*, chap. XXII.

[2] Il est curieux de mettre à côté de la fermeté du récit biblique une scène du sacrifice d'Abraham de Théodore de Bèze. Cette scène est belle et touchante; mais de Bèze a substitué dans le père et dans le fils les sentiments de la société chrétienne aux sentiments de la société antique. Abraham est attendri, ému, désespéré : Isaac est résigné, et il finit par se dévouer comme un martyr chrétien. Voyez cette scène dans les notes de la fin du volume.

[3] *Juges*, chap. XI.

de Dieu, comme dans ceux d'Agamemnon et d'Idoménée, la foi domine la tendresse paternelle, et le père disparaît dans le croyant; de même qu'avec les Brutus et les Manlius de l'ancienne Rome, il disparaît dans le citoyen. On dirait qu'au commencement des sociétés, les institutions, soit religieuses, soit politiques, maîtrisent l'homme jusqu'à étouffer ses affections naturelles; mais, à mesure que les institutions s'adoucissent ou se relâchent, les affections naturelles deviennent plus puissantes. Le beau et le vrai moment de la civilisation est celui où la loi, étant à la fois compatissante et sage, impose au cœur de l'homme une règle qui s'accorde avec ses affections et les dirige sans les contraindre. Telle est la règle que la parabole de l'Enfant prodigue semble imposer à l'amour paternel : là, en effet, l'amour paternel est infini dans sa miséricorde; mais le repentir du fils, pressenti et deviné par le père, ôte à cet amour ce qu'il aurait de faible et de blâmable. Le père est à la fois juste et clément; juste, puisque son fils pleure sur ses fautes; clément, puisque, pour pardonner, il n'a pas besoin de l'aveu du péché.

Je crains qu'il n'y ait quelque chose de profane à oser comparer le père de l'Enfant prodigue, dans l'Évangile, avec le Ménédème de Térence, dans l'*Héautontimorumenos*. Mais, cherchant le type le plus parfait de l'amour paternel, il est naturel que je le prenne dans le livre divin qui a donné à tous les sentiments de l'homme leur règle et leur modèle; et si l'amour paternel, dans la parabole de l'Enfant prodigue, est plus juste et plus élevé que dans le Ménédème de Térence, sans être moins touchant et moins tendre; si la beauté littéraire s'allie ici à la beauté morale, je n'en suis point étonné : en littérature, le beau et le bon s'accordent plus souvent qu'on ne l'a cru de nos jours. Citons donc quelques traits de cette parabole de l'Enfant prodigue, tant de fois répétée dans les chaires et qui fait toujours son effet.

« Comme l'Enfant prodigue était encore loin, son « père le vit et fut touché de compassion; et, cou-« rant à lui, il se jeta à son cou et le baisa. Et son « fils lui dit : Mon père, j'ai péché contre le ciel et « contre toi, et je ne suis plus digne d'être appelé « ton fils. — Mais le père dit à ses serviteurs : Appor-« tez la plus belle robe et l'en revêtez, et mettez-lui « un anneau au doigt et des souliers aux pieds; et « amenez un veau gras et le tuez. Mangeons et ré-« jouissons-nous, parce que mon fils, que voici, était « mort, et il est revenu à la vie; il était perdu, mais « il est retrouvé. — Et ils commencèrent à se ré-« jouir [1]. »

Dans ce récit, où rien ne sent le mouvement tant soit peu factice de passions que le théâtre est disposé à substituer aux émotions véritables du cœur humain, tout est dit, ou plutôt tout se devine, et combien le père a souffert de l'absence de son fils, et quels vœux il a faits pour son retour : car il n'a pas moins gémi que Ménédème, et il n'est pas moins empressé que lui à accueillir son fils. Mais, et c'est ici qu'éclate la supériorité morale de la clémence paternelle qu'enseigne l'Évangile, le pardon n'est

---

[1] *Saint Luc,* chap. xv.

accordé à l'Enfant prodigue que parce qu'il est de retour à la vertu : *Il était mort et il est revenu à la vie.* Ménédème reprendra son fils avec ses vices, s'il est revenu avec ses vices; il le prendra avec une courtisane qui les ruinera tous deux. Il veut seulement le voir et l'embrasser. Son instinct paternel le pousse, et il aime son fils, quel qu'il soit, bon ou mauvais. Dans l'Évangile, au contraire, l'amour du père de famille a pressenti la régénération morale de son enfant; quoiqu'il n'ait pas entendu la résolution touchante que le fils a prise, dans la misère et dans la solitude « d'aller trouver son père et de « s'humilier devant lui, » cependant, dès qu'il le voit de loin, il sait son repentir, il court à lui et l'embrasse. Et ce qu'il y a de beau dans ce pardon si soudain à la fois et si juste, c'est que la clémence paternelle est, dans l'Évangile, le symbole de la clémence divine. Pour faire comprendre la miséricorde infinie de Dieu à notre égard, l'Évangile n'a pas cru pouvoir la comparer mieux qu'à la clémence d'un père; et, en même temps, il explique, par cette belle histoire, comment il entend le cœur d'un père, à qui le repentir suffit sans l'aveu, et qui, comme Dieu même, entend le pénitent avant qu'il ait parlé[1]. Aussi, point de dialogue entre le père et le fils, point

---

[1] « Occurrit tibi, qui audit te intra mentis secreta tractantem (dit saint Ambroise appliquant à Dieu envers le pécheur la clémence du père de famille envers l'Enfant prodigue); et, cum adhuc longe sis, videt et accurrit : videt in pectore tuo; accurrit ne quis impediat, complectitur quoque. In occursu præscientia est, in complexu clementia, et quasi quidam patrii amoris affectus. » (SAINT AMBROISE, édit. Parent-Desbarres, 1838, t. V. *Exposition de l'Évangile de saint Luc*, liv. VII.)

d'explication : tout s'accomplit dans un muet et profond embrassement.

Dans la parabole de l'Enfant prodigue, les deux sentiments du cœur humain qui ont entre eux une secrète et divine sympathie, la clémence et le repentir, sont élevés au plus haut degré de perfection qu'ils pussent atteindre, et ils s'y élèvent en s'aidant l'un l'autre : admirable exemple d'une clémence infinie qui ne coûte rien à la justice, et d'un repentir infini aussi qui n'ôte rien au bonheur de la réconciliation.

Ce récit de l'Enfant prodigue, qui, dans l'Évangile, n'est qu'une parabole, a de tout temps charmé l'imagination populaire. Dans le moyen âge, les vieux vitraux des églises, et, de nos jours, les images grossières qui se vendent dans les campagnes, ont représenté à l'envi les aventures de l'Enfant prodigue. Les sermons des prédicateurs et les complaintes populaires ont traité ce sujet avec une sorte de prédilection. Voltaire en a fait une comédie, ou plutôt un drame ; car toutes les comédies de Voltaire tournent au drame, quand elles ne tournent pas à l'ennui[1]. C'est ce drame que je veux examiner rapidement.

Voltaire a donné à son *Enfant prodigue* le costume et les mœurs du dix-huitième siècle. Nous ne retrouvons pas ici l'Enfant prodigue tel que nous le connaissons dans l'Évangile, gardant les pourceaux et leur enviant, dans sa misère, leur misérable pâture. Euphémon fils (c'est le nom de l'Enfant prodigue dans Voltaire) est un libertin du dix-huitième siècle.

---

[1] Voir à la fin du volume (note de la xɪᵉ leçon) le jugement de Ducis sur le comique dans Voltaire.

Il a joué, il a eu des maîtresses, il a des dettes, il a même volé son père pour enrichir une courtisane[1]; et, en cela, Voltaire a été trop loin : car, si Euphémon fils doit exciter notre intérêt, il ne faut lui donner que des vices que le monde pardonne; mais le vol met les gens hors de la bonne compagnie, et par conséquent hors de l'intérêt dramatique. Bientôt ruiné, Euphémon fils arrive à Cognac, où son père s'est établi depuis quelque temps. Jasmin, autrefois son valet, aujourd'hui son égal, grâce à leur commune misère, Jasmin l'accompagne :

> Oui, mon ami, tu fus jadis mon maître;
> Je t'ai servi deux ans sans te connaître;
> Ainsi que moi, réduit à l'hôpital,
> Ta pauvreté m'a rendu ton égal.
> Non, tu n'es plus ce monsieur d'Entremonde,
> Ce chevalier si pimpant dans le monde,
> Fêté, couru, de femmes entouré,
> Nonchalamment de plaisirs enivré.
> Tout est au diable. Éteins dans ta mémoire
> Ces vains regrets des beaux jours de ta gloire;
> Sur du fumier l'orgueil est un abus.
> (Acte III, scène 1.)

Voilà bien une misère de notre temps, c'est-à-dire une misère que manifestent surtout les souffrances de la vanité! Euphémon fils a beau être philosophe, comme il convient à un galant homme du dix-hui-

---

[1] Te souvient-il..........
 Qu'il te vola (ce tour est bagatelle)
 Chevaux, habits, linge, meubles, vaisselle,
 Pour équiper la petite Jourdain,
 Qui le quitta le lendemain matin?
 (Acte I, scène 1.)

tième siècle; il a beau reconnaître que Jasmin est son égal, *puisqu'enfin il est homme*[1], c'est cette égalité cependant qui, pour lui comme pour nous, est le trait caractéristique de sa misère. L'Enfant prodigue de Voltaire souffre non-seulement dans sa vanité, il souffre aussi dans son amour; autre peine morale, autre chagrin des gens qui ne sont pas tout à fait sous le joug de la misère, laquelle ne laisse guère le loisir d'aimer. Il a aimé Lise, fille de Rondon, riche bourgeois de Cognac, et il était aimé d'elle; mais bientôt il l'a quittée pour suivre ses faciles amours, et aujourd'hui la jeune Lise va épouser Fiérenfat, frère d'Euphémon. Cette idée désespère l'Enfant prodigue, qui, en héros de théâtre bien appris, est plus sensible aux peines de l'amour qu'aux souffrances de la pauvreté :

> Vois tous mes maux, connais leur profondeur :
>   (*dit-il à Jasmin*)
> S'être attiré, par un tissu de crimes,
> D'un père aimé les fureurs légitimes,
> Être maudit, être déshérité,
> Sentir l'horreur de la mendicité,
> A mon cadet voir passer ma fortune,
> Être exposé dans ma honte importune,
> A le servir quand il m'a tout ôté :
> Voilà mon sort; je l'ai bien mérité.
> Mais croirais-tu qu'au sein de la souffrance,
> Mort aux plaisirs et mort à l'espérance,
> Haï du monde, et méprisé de tous,
> N'attendant rien, j'ose être encor jaloux?
>   (Acte III, scène 5.)

[1] Né mon égal, puisqu'enfin il est homme.
                (Acte III, scène 1.)

Ce sont de beaux vers ; mais nous sommes loin de l'Enfant prodigue de l'Évangile. Ce n'est plus entre le père et le fils que va se concentrer l'intérêt du drame, c'est entre Lise et son ancien amant. Il ne s'agit plus de la clémence paternelle, il s'agit de l'indulgence passionnée de l'amour. Dans le père, c'est l'autorité qui pardonne ; dans l'amante, c'est la passion. Nous assistons à une scène de réconciliation entre deux amants ; scène touchante et où les prières d'Euphémon ont un accent de repentir fait pour toucher le cœur de Lise. Mais que le repentir est facile envers l'objet aimé ! comme le cœur jouit encore en s'humiliant ! comme l'espérance d'un pardon qu'il est déjà doux de solliciter domine le remords de la faute, en corrige l'amertume et en diminue le poids ! Lise a aimé Euphémon, elle l'aime encore, et voilà pourquoi elle pardonne, voilà pourquoi elle intercède auprès du vieil Euphémon. Il y a plus : il semble, selon Voltaire, que ce soit le premier pardon que Lise a accordé qui amène le second, et que le père ne soit indulgent qu'à l'exemple de l'amante :

> Suivez, suivez, pour cet infortuné,
> L'exemple heureux que l'amour a donné.
>
> (Acte v, scène 6.)

C'est rabaisser, ou plutôt c'est méconnaître l'amour paternel que de le mettre à la suite d'un autre sentiment, plus passionné peut-être, mais moins fort et moins durable à coup sûr. C'est ôter au père de l'Enfant prodigue la grandeur qu'il a dans l'Évangile, que de faire d'Euphémon un de ces pères tendres et larmoyants, qui, en pardonnant, cèdent moins au repentir de leur fils qu'à cette faiblesse de cœur qui fait que l'on pardonne aisément à ce qu'on aime, comme Lise au jeune Euphémon; c'est enfin revenir au Ménédème de Térence, dont l'Euphémon de Voltaire n'a pas d'ailleurs la tendresse vraie et pathétique, et quitter le plus beau et le plus doux modèle de l'amour paternel, pour en prendre un moins élevé, sans même réussir à l'atteindre.

XII.

DU CARACTÈRE PATERNEL DANS LA COMÉDIE. — *Le Père de famille* DE DIDEROT. — *Les Fils ingrats* DE PIRON. — *Les Deux Gendres* DE M. ÉTIENNE.

Nous avons vu comment le père exprimait sa colère contre l'ingratitude des enfants, nous avons vu aussi comment il pardonnait leurs fautes. Mais, quand les événements sont graves et tragiques, le caractère paternel garde aisément, soit dans sa colère, soit dans sa clémence, toute la majesté qui lui appartient. Dans la comédie, au contraire, où les événements doivent être légers et plaisants, la dignité du caractère paternel est mal à l'aise.

Il ne faut demander à chaque art que ce qu'il peut faire. L'art de la comédie est d'amuser et de faire rire aux dépens du vice, et non d'inspirer le respect et l'amour de la vertu. Les pères, qui ont place dans la comédie, ne peuvent donc guère garder toute leur dignité; il faut qu'ils se proportionnent au cadre du tableau où ils figurent. La comédie enfin, pour dire toute ma pensée, n'est pas respectueuse de sa nature; elle flétrit volontiers l'ingratitude des fils ou des gendres, mais elle est embarrassée du respect qu'elle doit professer pour les pères. Ce qu'on peut seulement lui demander, c'est, lorsqu'elle prend parti contre un père ridicule, de ne pas condamner du même coup tous les pères, et de ne pas discréditer le caractère paternel lui-même en faisant rire de Géronte et d'Harpagon.

L'étude que nous ferons plus tard des rôles de père dans Molière éclaircira, je l'espère, cette question qui touche de fort près à la morale.

Habituée, comme elle l'est, à attaquer les pères, la comédie fait plus de tort encore au caractère paternel, quand elle se mêle de le défendre. C'est même un mauvais signe pour la puissance paternelle que de voir la comédie prendre sa cause en main : cela indique ordinairement que cette autorité perd de sa force. Quand le sophisme commence à ébranler dans le monde l'autorité des pères et des maris, la comédie alors leur donne le beau rôle : le théâtre ne montre plus que des pères vertueux et indulgents qui dispensent complaisamment leurs fils du soin de les duper, car ils consentent à tout ; ou des maris irréprochables, dont le poëte cherche à nous faire plaindre le malheur, au lieu de nous en faire rire. Il est curieux de voir comment la comédie, qui ne craignait pas d'attaquer l'autorité paternelle, quand cette autorité était un droit incontesté, le ménage et l'épargne, quand elle ne s'appuie plus, pour ainsi dire, que sur les bienséances du monde. Souvent même, dans ces jours où l'idée du devoir s'est altérée, on entend la comédie regretter hardiment la sévérité des anciennes mœurs : elle se fait austère pour rester frondeuse.

Au dix-huitième siècle, en France, le théâtre vit,

pendant plusieurs années, se succéder une procession attendrissante de pères vertueux et tendres : tels sont le *Père de famille* dans Diderot et le père d'*Eugénie* dans le drame de Beaumarchais; excellentes gens, que j'aimerais mieux, s'ils me disaient moins souvent qu'ils sont bons, et dont je plaindrais plus volontiers les chagrins, si leur douleur ne se guindait pas toujours sur deux points d'exclamation, comme sur des échasses. « O lien sacré des époux ! » (dit le Père de famille dans Diderot, M. d'Orbesson) « si je pense à vous, mon cœur s'échauffe et s'élève. « O noms tendres de fils et de fille ! je ne vous pro- « nonçai jamais sans tressaillir, sans être touché [1] ! » Eh ! soyez touché, je le veux bien, mais dites-le moins : c'est nous qui devons être touchés et émus; mais ce n'est pas vous qui devez observer curieusement vos tressaillements paternels. Soyez père comme Venceslas embrassant son fils qu'il vient de condamner à mort [2]; soyez père comme le vieil Horace ou comme don Diègue; soyez-le dans la joie ou dans la douleur, mais ne le soyez pas devant le miroir, n'étudiez pas le sentiment que vous ressentez. Malheureusement Diderot était un philosophe et un critique plutôt qu'un poëte. Il fit son

---

[1] Acte II, scène 6.
[2] Avecque le dernier de mes embrassements,
Recevez de mon cœur les derniers sentiments.
. . . .
Adieu ! sur l'échafaud portez le cœur d'un prince,
Et faites-y douter à toute la province
Si, né pour commander et destiné si haut,
Vous mourez sur un trône ou sur un échafaud.
(Rotrou, *Venceslas*, acte V, scène 4.)

drame pour justifier ses théories dramatiques. Ses personnages ne vivent pas ; ce sont des préceptes mis en action ; ils ont le secret de toutes les émotions qu'ils ressentent, et, de plus, ils ont grand soin de nous le dire, afin que nous ne perdions rien de leurs intentions. Le Père de famille analyse et commente sa tendresse pour ses enfants ; Saint-Albin, son amour pour Sophie ; Cécile, son amour pour Germeuil. Il n'y a que le commandeur qui se mette naturellement en colère et sans se commenter. Chacun, dans cette pièce, parle pour le public et non pour son interlocuteur. Aussi les raisons des personnages sont des raisons générales tirées de l'état de la société, plutôt que des raisons particulières tirées de la passion de chacun ; et pourtant les raisons passionnées sont les seules bonnes, les seules qui décident l'homme. Que fait, par exemple, à Cécile, qui veut se faire religieuse par dépit d'amour, que son père lui dise gravement : « Et qui donc repeuplera la « société de citoyens vertueux, si les femmes les « plus dignes d'être des mères de famille s'y refu- « sent [1] ? » Cet argument de philosophe qui n'aime pas les couvents, cet argument qui, dans son expression même, a de quoi faire rougir une jeune fille, la touchera certes beaucoup moins qu'un seul mot de l'amour secret qu'elle a pour Germeuil. Que font aussi, je le demande, les perpétuels éloges de la vertu et de la morale dont Diderot et Beaumarchais ont semé leurs drames ? Était-ce pour instruire ? mais il n'y a de leçons efficaces que celles

---

[1] Acte II, scène 6.

qui viennent à propos. Or, quand lord Clarendon, dans l'*Eugénie* de Beaumarchais, marié secrètement avec Eugénie, et l'ayant indignement trompée, se repent au dénoûment et revient à sa femme, est-ce bien le moment pour le père de songer à faire l'éloge de la vertu, et de dire gravement à Eugénie, à Clarendon, et au parterre surtout : « N'oubliez jamais qu'il n'y a de vrais biens sur la terre que dans l'exercice de la vertu [1] ! » Soit ; mais voilà cinq grands actes pendant lesquels vous m'avez occupé de toute autre chose que de l'exercice de la vertu. Disons-le donc franchement : le drame est fait pour émouvoir, et non pour instruire ; pour peindre la vie de l'homme telle qu'elle est, et non pour enseigner la vertu. Or, c'est cette peinture de la vie et du cœur de l'homme, c'est la vérité qui manque dans les drames du dix-huitième siècle. Il n'y a, dans tous ces drames qui ont voulu mettre sur la scène le caractère paternel, et l'y mettre avec honneur, il n'y a que Sedaine qui ait su, dans *le Philosophe sans le savoir*, montrer le cœur d'un père tel qu'il est dans ses plus cruels moments d'anxiété.

Le drame du dix-huitième siècle n'a pas su exprimer le caractère paternel : il a voulu lui laisser sa dignité, mais cette dignité est tombée dans la roideur et dans la déclamation. Chose singulière ! quand le caractère paternel sort de la tragédie, quand il essaie d'entrer dans le drame, sans descendre encore à la comédie, il perd de sa grandeur et de sa dignité ; il n'a plus même ce qu'il a dans le monde,

---

[1] Scène dernière.

au sein de chaque famille, je veux dire une gravité douce et touchante. Il ne sait être grand, au théâtre, que dans la tragédie, sous le masque des rois et des princes. Ailleurs, soit dans le roman, soit dans le drame, nous ne le retrouvons plus tel que nous le concevons ; et comme il n'est pas assez idéalisé, il ne nous semble pas ressemblant. Ce besoin d'idéaliser nos sentiments, afin de les reconnaître, est une des causes morales de l'habitude prise par la tragédie de représenter les malheurs des princes et des rois plutôt que les malheurs des particuliers. La dignité de leur rang rehausse à nos yeux leurs douleurs, leurs colères, leurs amours. Mais loin que, de cette manière, leurs sentiments s'élèvent au-dessus des nôtres et s'en séparent, ils ne font que les atteindre et satisfaire aux désirs de notre imagination : nous ne nous reconnaissons que dans ceux qui sont plus grands et plus beaux que nous.

J'ajoute, en passant, que l'usage des héros tragiques de parler en vers tient à la même cause, la poésie étant un moyen de retrouver, par la grandeur de l'expression, cette grandeur des sentiments humains qui reste toujours au-dessus des efforts du poëte dramatique.

Ne mêlez donc jamais le caractère paternel à des événements trop petits, qui risquent de l'abaisser au-dessous du rang que nous lui faisons. Tel est le danger du drame bourgeois : sans le vouloir, il diminue le caractère paternel, et, quoiqu'il le respecte sincèrement et ne veuille pas faire rire ou bâiller à ses dépens, cependant il le dégrade par la mesquinerie ou par l'ennui. La comédie est encore plus embarrassée : elle vit du rire qu'inspire le ridicule. Que fera-t-elle donc du caractère paternel, si elle ne veut pas railler franchement les défauts des pères, comme le faisait l'ancienne comédie? Que fera-t-elle surtout, si elle prend un sujet où le père a le beau rôle, si elle veut peindre l'ingratitude des enfants et leur punition? C'est un grand écueil pour elle qu'un personnage respectable. Or, de tous les écueils de ce genre, le plus périlleux est un père outragé par ses enfants ; car, là, le rire serait odieux. Que faire donc? éviter ce sujet, ne pas risquer de faire rire du malheur d'un père, ce qui serait immoral, ou d'en faire pleurer, ce qui serait contraire au but de la comédie. Au dix-septième siècle, sous Molière, la comédie avait toujours, excepté dans *Tartufe*, évité les sujets odieux. Au dix-huitième siècle, la comédie, plus téméraire, ou à bout d'inventions nouvelles, essaya de châtier par le ridicule l'ingratitude des enfants. Piron fit sa pièce des *Fils ingrats*. De nos jours, avec plus d'habileté, M. Étienne a fait sa pièce des *Deux Gendres*. Voyons de quelle manière ces deux auteurs ont traité ce sujet difficile pour la comédie.

Un vieux fabliau a fourni à Piron et à M. Étienne le sujet de leurs pièces. Un père, aveuglé par sa tendresse pour ses enfants, leur a donné tous ses biens: ils se sont engagés à le loger et à le nourrir chacun à leur tour. Bien traité d'abord, il se voit bientôt négligé et outragé. Il va conter son chagrin à un de ses amis. « Vos fils, lui dit celui-ci, qui était un riche banquier, vos fils n'ont plus d'égards pour vous, parce qu'ils savent que vous êtes pauvre et que vous n'avez plus rien à leur laisser. Je vais faire transporter chez vous ces vingt sacs d'écus d'or ; vous aurez soin de les compter dans votre chambre avec beaucoup de bruit et de les laisser voir, tout en paraissant les cacher. Dès qu'ils vous croiront riche, vos fils changeront de conduite à votre égard. » Le pauvre père consentit à la ruse ; et, rentré dans sa chambre, il se mit à compter son or. Le bruit de l'or se fait entendre de loin : les fils accoururent et virent, par le trou de la serrure, leur père occupé à faire des rouleaux d'or. Le soir, ils lui dirent : « Qu'est-ce donc que cet or que vous comptiez ce matin, mon père ? — C'est une somme que j'avais mise dans le commerce et qui a profité, grâce aux bons soins de mon banquier. — Et qu'en ferez-vous, mon père ? — Je veux la garder dans ma cassette. C'est un trésor que je destine à celui de vous dont j'aurai été le plus content pendant le reste de ma vie. » Dès ce jour, le vieillard fut soigné, respecté, caressé à l'envi. Il mourut, et ses fils, courant à la cassette, l'ouvrirent bien vite : elle était vide. Il y avait seulement un marteau de fer avec un papier contenant ces mots : « Je lègue ce marteau pour casser la tête du père insensé qui donnera tous ses biens à ses enfants et comptera sur leur reconnaissance. »

Le conte est à la fois grave et piquant. Voyons ce que Piron en a fait.

Le nom de Piron n'éveille guère dans l'esprit l'idée d'un poëte fait pour venger, même dans la comédie, la majesté du caractère paternel. Piron, cependant, avait quelques-unes des qualités qu'il faut pour traiter un pareil sujet; et, quand on lit son histoire, on se prend à le plaindre comme quelqu'un qui n'a su donner ni à ses contemporains, ni à la postérité, une juste idée de son esprit, qui valait mieux que ses œuvres, sauf dans *la Métromanie*, et de son caractère, qui valait mieux aussi que sa manière de vivre. Il n'a pas su montrer ce qu'il était; et comme, d'un autre côté, il sentait, et au delà, ce qu'il valait, cette bonne opinion qu'il avait de lui-même et qu'il ne savait pas justifier aux yeux des autres, a prêté à son amour-propre une allure ridicule, surtout à nos yeux.

Dirai-je, par exemple, que, pendant toute sa vie, Piron s'est cru le rival et le supérieur de Voltaire? Voltaire, à ses yeux, était le bel esprit[1]; Piron était l'homme de génie. Cette prétention nous semble inexplicable aujourd'hui. Mais Piron avait vu les débuts de Voltaire, qui, malgré le génie tragique qui éclatait dans son *OEdipe*, avait, surtout en commençant, la réputation de bel esprit. L'esprit, en effet, était ce qu'il y avait, dans Voltaire, de plus saillant et de plus caractéristique, mais, à ce degré, l'esprit est du génie, et voilà ce que les premiers contemporains de Voltaire ne voyaient pas. Pour vaincre les préjugés de ce genre et pour finir par dominer son siècle comme il l'a fait, il a fallu à Voltaire la durée

---

[1] En deux mots, voulez-vous distinguer et connaître
Le rimeur dijonais et le parisien?
Le premier ne fut rien, ni ne voulut rien être;
L'autre voulut tout être et ne fut presque rien.

(*OEuvres complètes de Piron*, 1776, in-8, t. VI, p. 529.)

de sa longue vie. A son début, l'éclat de son esprit cachait, pour ainsi dire, la force et la grandeur de son intelligence.

Quelques circonstances particulières expliquent aussi l'opinion de Piron. Piron et Voltaire se rencontrèrent, encore jeunes, chez la marquise de Mimeure, qui aimait et protégeait les lettres. Voltaire, chez madame de Mimeure, n'avait pas seulement la contenance d'un auteur, il avait déjà ce ton d'égalité que la littérature doit le remercier d'avoir su prendre le premier avec les grands seigneurs. Mais, comme beaucoup de partisans de l'égalité, il l'aimait contre ses supérieurs; il la pratiquait moins à l'égard de ses confrères. Il fut impertinent et dédaigneux avec Piron. Piron, qui avait le don de la repartie [1], en fit usage pour se défendre; il sut même mettre les rieurs de son côté, à ce point que Voltaire évita dorénavant de le rencontrer. Mais il resta à Piron, du souvenir de ses petites victoires contre Voltaire, une idée de supériorité qu'il appliquait mal à propos. C'est ainsi qu'après le mauvais succès de son *Fernand Cortez*, les comédiens le pressant vivement d'y faire

---

[1] Citons, entre mille, une des reparties de Piron. Au sortir de la répétition de *la Métromanie,* Piron, suivant son usage, entra au café Procope. Il avait un très bel habit, richement galonné. On n'était point accoutumé à le voir si superbement vêtu. Tout le monde l'entoura et lui fit compliment. L'abbé Desfontaines était présent, il voulut plaisanter Piron, et, soulevant, avec une curiosité affectée et une feinte admiration, la basque de l'habit pour en faire remarquer la richesse : « Quel habit, s'écria-t-il, pour un tel homme ! » Piron, soulevant à son tour le rabat de l'abbé, repartit sur-le-champ : « Eh ! quel homme pour un tel habit ! »

(Même édit., t. 1, p. 98.)

des corrections, et lui citant, pour le décider, l'exemple de Voltaire qui corrigeait et changeait même quelquefois jusqu'à des actes entiers : « Parbleu, messieurs, je le crois bien, dit Piron, il travaille en marqueterie, et moi je jette en bronze. »

A cette rivalité contre Voltaire, ajoutez la différence des partis. Voltaire est le chef du parti encyclopédiste; Piron déteste les encyclopédistes[1]. Piron est de cette école du dix-huitième siècle que j'ai essayé de peindre en parlant de Collé : il est railleur et point novateur; la littérature, à ses yeux, est encore destinée à amuser la société plutôt qu'à l'instruire et à la gouverner. Il est seulement homme de lettres, et, de plus, il tient aux vieilles mœurs bourgeoises. Notons, en passant, ces deux traits du caractère de Piron.

Son père était renommé pour les noëls charmants qu'il faisait en patois bourguignon. Le jeune Piron, élevé dans le goût des lettres, fit des vers de bonne heure, et il eut de bonne heure aussi les espérances des poëtes. Il raconte lui-même fort gaiement, dans la préface de *la Métromanie*, qu'un de ses camarades de classe, « jeune homme vif et bien fait, l'imagina-
« tion échauffée à sa façon de la lecture de l'*Iliade*,
« de l'*Énéide* et de nos merveilleux romanciers,
« s'enrôla, dès l'âge de quinze ans, dans les dra-
« gons. Je n'en avais que douze ou treize alors, con-

---

[1] Soleil, descends : ton char est fait pour moi.
Place au démon de l'Encyclopédie !
De ce grand nom l'éclat te congédie,
Et le destin me nomme à ton emploi.

(Même édit., t. VII, p. 8.)

« tinue Piron, et j'en étais encore à mon premier
« enthousiasme, quand ce jeune étourdi partait tout
« rempli du sien. — Adieu, mon ami, me dit-il, d'un
« ton d'Artaban. J'y perdrai la vie ou je ferai voir
« jusqu'où peut monter un brave soldat. — Il croyait
« déjà tenir, à coup sûr, et son épée et le bâton du
« maréchal Fabert dans le même fourreau. — Cou-
« rage, ami, lui répondis-je à peu près du même air;
« et moi, de mon côté, j'y perdrai mon latin, ou
« j'aurai moissonné d'aussi beaux lauriers que les
« tiens. Reviens un Achille, et sois sûr de retrouver
« en moi, à ton retour, un Homère qui te chantera
« comme tu l'auras mérité. — Tels furent nos adieux
« héroïques. Nous nous séparâmes, et depuis nous
« avons tous les deux atteint notre but à peu près
« l'un comme l'autre : le pauvre garçon, avec qua-
« rante-cinq ans de plus et un bras de moins, est
« mort soldat aux Invalides[1]. »

Et Piron? Piron faisait *la Métromanie*, où il peignait en beaux vers le charme de ces illusions littéraires qu'il savait fausses et qu'il aimait toujours. Jamais sujet ne convint mieux que la métromanie à Piron : car, en prenant le métromane pour héros, il se chantait lui-même, il racontait son histoire, et il la racontait avec le plus heureux mélange d'enthousiasme et d'expérience : l'enthousiasme qu'il ressentait autrefois pour la littérature, et dont le souvenir lui servait encore d'inspiration, et l'expérience que lui donnaient ses quarante ans de vie littéraire.

Le second trait du caractère de Piron, que je veux

---

[1] Même édit., t. II, p. 226.

indiquer, c'est ce goût des vieilles mœurs et des vieilles vertus bourgeoises qu'il garda toujours, sans malheureusement jamais les pratiquer, et que j'aime d'autant plus en lui qu'il lui venait de la pieuse affection qu'il avait pour son père et sa mère. Il parle d'eux et de leurs vertus avec une touchante émotion [1]. Piron, de ce côté, était donc digne de prendre en main la cause des pères outragés par leurs enfants, et le sujet des *Fils ingrats* convenait à son cœur. Malheureusement il ne sut pas féconder son sujet par la méditation. Il avait surtout le génie de l'impromptu, et il fut plutôt un improvisateur qu'un poëte : car le travail n'ajoutait rien à ses pensées, et son premier mouvement était toujours le meilleur. Aussi sa comédie est faible et commune : le père intéresse peu, les fils déplaisent; ils ne vont pas jusqu'à être odieux, ce qui les ferait sortir du cercle de la comédie; mais ils ne sont ridicules que par leur sottise, tandis qu'ils devraient l'être par leur ingratitude. Justifions ce jugement par une courte analyse de la pièce de Piron.

Les trois fils de Géronte, gâtés par lui quand ils étaient enfants, et investis de tous ses biens une fois qu'ils sont arrivés à l'âge d'homme, négligent et méprisent leur père et leur bienfaiteur. Piron explique fort bien pourquoi Géronte a perdu le respect de ses fils : il a, dit Chrysalde en vers moins

---

[1] « C'étaient de ces bons Gaulois qui, s'il en existe encore, sont le jouet du siècle poli ; on m'entend, jè crois : de ces bonnes âmes, devenues aussi rares que ridicules, cent fois plus occupées de leur salut et de celui des leurs que de tout ce qui s'appelle ici-bas gloire et fortune. »

(Même édit., t. II, p. 229.)

bons que la pensée qu'ils expriment, il a changé,

> . . . . par un faible à faire pitié,
> Le paternel amour en puérile amitié.
> (Acte I, scène 4.)

Grande erreur qui, pendant longtemps, a eu cours dans le monde. Que de fois j'ai entendu dire qu'un père devait être l'ami de son fils! Cette maxime, qui passait pour sage et pour sentimentale, était, à ce double titre, chère à la philosophie du dix-huitième siècle[1]. Selon moi, l'amour paternel et l'amour filial

---

[1] M. de la Ville, dans sa comédie du *Roman*, a peint fort spirituellement ce travers de nos mœurs modernes. Il a mis sur la scène un fils que son père traite en camarade et qui trouve cette conduite fort bonne :

> Du respect! *(dit Charles)* oui, voilà toujours ce qu'on m'ob-
> [jecte!]
> Mon père veut qu'on l'aime, et non qu'on le respecte.
> Les enfants respectaient du temps de nos aïeux,
> Et devant leurs parents n'osaient lever les yeux.
> Nous avons réformé ce préjugé maussade :
> De son fils maintenant un père est camarade ;
> Tous deux libres, amis, et quelquefois rivaux ;
> Leurs devoirs sont légers, et leurs droits sont égaux.
> Les enfants, après tout, ne sont pas des esclaves ;
> La raison de nos jours a brisé leurs entraves :
> Pour nous, plus de rigueur, de contrainte, d'ennui ;
> La coupe du plaisir nous enivre aujourd'hui ;
> Les liens, les devoirs n'ont plus rien de sévère,
> Et, comme on le craint moins, on aime mieux son père.
> (Acte I, scène 3.)

Le père, plus blâmable encore que le fils, parle comme lui :

> Mon fils est mon ami . j'ai toujours évité
> Le ton grave d'un père et sa sévérité ;
> Affranchi des devoirs à l'amitié contraires,
> Il marche à mes côtés, et nous vivons en frères ;

sont des sentiments qui ne gagnent rien à changer de nom et de nature : l'amitié ne peut se substituer à l'affection qui lie ensemble le père et les enfants, car il est de la nature de cette affection d'exclure l'égalité, qui est le principe et le fondement de l'amitié. Le père qui s'efforce de devenir le camarade de son fils abaisse la dignité de son caractère, et l'abaisse sans profit : car il a beau grimacer la jeunesse, il est vieux ; il a beau grimacer la familiarité, il est père, c'est-à-dire qu'il a autorité ; son âge et son autorité percent sans cesse à travers sa fausse camaraderie ; et le fils s'ennuie bien vite d'un compagnon qui n'a ni les goûts ni les conseils faciles de la jeunesse : il eût supporté la gravité paternelle ; mais le masque qu'elle a pris pour réussir l'a discréditée. Que les pères visent donc à être aimés comme pères et non comme camarades ; qu'ils s'en rapportent à la nature et n'essaient pas de la corriger selon les lumières de je ne sais quelle fausse philosophie ; qu'ils n'essaient pas de se faire jeunes à contre-cœur, ou de faire leur fils vieux avant le temps ; car ce genre de grimace est encore pire : le père qui se fait jeune pour plaire à son fils n'est que ridicule ; mais le fils qui se fait vieux devient hypocrite. Le régime de vie des vieillards va mal aux jeunes gens : il gâte leur cœur ou leur esprit. Quant à moi, j'ai vu souvent ces pères et ces fils qui vivaient, disaient-ils, en amis, se séparer brouillés pour toujours. L'idylle finissait par un procès.

Je veille à son bonheur, je préviens ses désirs ;
Presque du même pas nous suivons les plaisirs.

(Acte II, scène 3.)

Les fils de Géronte ne font pas de procès à leur père, car ils lui ont tout pris ; ils vivent dans l'abondance, et il fait maigre chère, ce qui déplaît surtout à son valet Pasquin. Aussi Pasquin imagine-t-il avec Grégoire, son père, métayer de Géronte, un de ces paysans rusés et sournois qui ne gardent de simplicité que ce qu'il en faut pour mieux duper les citadins (et Piron a le mérite d'avoir, un des premiers, mis sur le théâtre ce genre de personnage), Pasquin imagine une ruse pour tromper les trois ingrats et faire en sorte qu'ils rendent au père les biens qu'il leur a donnés. Cette ruse est la même que celle du fabliau : avec un sac d'argent qu'il apporte à Géronte, Grégoire fait croire aux trois fils que leur père a encore cent mille écus à leur partager ; mais il faut qu'ils lui prouvent leur affection, et il les amène ainsi peu à peu à rendre à leur père les biens qu'ils tenaient de lui.

La sottise des trois fils de Géronte, qui sont des marionnettes plutôt que des caractères, est le défaut principal de la pièce de Piron. L'action roule autour d'eux, mais ils ne la créent pas ; et l'on s'étonne en lisant cette comédie intitulée *les Fils ingrats*, de voir qu'il ne s'agit jamais que du valet Pasquin, du métayer Grégoire et de la soubrette Nérine. Ce sont ces personnages secondaires et convenus qui remplissent la scène : l'accessoire couvre le principal, et nous avons, en quelque sorte, une comédie de convention au lieu d'une comédie de caractère [1]. La

---

[1] Le sujet n'est vraiment traité que dans quelques vers du rôle de Chrysalde et de Géronte. Chrysalde est l'Ariste de la pièce ; c'est celui

faiblesse des pères, plutôt que l'ingratitude des enfants, est le véritable sujet de la pièce de Piron ; et Piron donnait à son ouvrage un titre plus exact, quand, dans une deuxième édition, il l'appelait *l'École des Pères*. En effet, les fils ingrats n'y sont flétris qu'à l'occasion des pères complaisants. Un père ne doit jamais donner tous ses biens à ses enfants, parce que ceux-ci le méprisent, dès qu'ils n'espèrent plus rien de lui : voilà la moralité de la pièce, et c'est là aussi la leçon du vieux fabliau. Elle s'adresse plus aux pères qu'aux fils, plutôt à la

qui, avec Pasquin, est chargé d'en tirer la moralité, et qui remontre à Géronte les torts de sa faiblesse :

. . . . Des ingrats *(dit-il)*
L'indigne avidité ne le rebute pas ;
Et malheur à qui veut lui dessiller la vue !
Le moindre mot contre eux l'assassine et le tue.
Doux, traitable d'ailleurs, et d'un esprit fort bon,
Sur cet article seul il n'entend pas raison.

ANGÉLIQUE.

C'est un père !

(Acte I, scène 4.)

Mot touchant et simple.

Plus loin, Géronte, qui s'est présenté chez Éraste, un de ses fils, revient triste et confus : car Éraste a fait dire qu'il n'y était pas. Cependant il excuse encore ses fils :

Jetterai-je sur eux *(dit-il)* la faute de leurs gens ?

CHRYSALDE.

L'étrange entêtement ! N'excusez point ces traîtres :
L'impudence des gens vient de celle des maîtres.
. . . .
Vos fils, par vous comblés des biens de la fortune,
En trouvent l'origine et la source importune,
Et, n'espérant plus rien de vous, quand vous venez,

prudence des parents qu'à l'ingratitude des enfants.

La moralité du vieux fabliau se fait aussi sentir dans *les Deux Gendres* de M. Étienne; mais l'auteur a cherché à la corriger. Dupré, comme Géronte, s'est dépouillé de ses biens en faveur de ses deux gendres; mais il se repent de cette faiblesse, et il s'en excuse auprès de son vieil ami Frémont. Il n'a pas cette débonnaireté de Géronte qui s'obstine à croire aux vertus de ses enfants. Il est vrai qu'il est plus facile, avouons-le, d'avoir de la colère contre

> Vous font impudemment fermer la porte au nez.
> . . . .
> J'enrage quand je vois que l'on s'aveugle ainsi,
> Et je perds patience.
>
> GÉRONTE.
>
> Oh! je la perds aussi!
> . . . .
> De tout ce que j'avais j'ai fait part à mes fils,
> Oui, mon frère, et je fis fort bien quand je le fis.
> Fallait-il imiter ces pères sans tendresse,
> Avares ennemis de la vive jeunesse,
> Qui, la faisant languir, sans être plus heureux,
> La privent des plaisirs qui sont perdus pour eux?
> Qu'arrive-t-il de là? plus d'abus qu'on ne pense:
> Nos fils impatients se ruinent d'avance,
> Et des juifs obligeants leur font, à notre insu,
> Dévorer l'héritage avant qu'il soit échu.
> J'ai garanti les miens de ce désordre extrême.
> Ces pères sont haïs; je veux, moi, qu'un fils m'aime
> Et ne soit point réduit, pour voir changer son sort,
> Au déplorable point de souhaiter ma mort.
>
> (Acte II, scène 3.)

Voilà des vers dignes de l'auteur de *la Métromanie*. Mais il est singulier que ce soit dans *les Fils ingrats* que se trouve cette belle apologie de la tendresse et presque de la faiblesse paternelle.

des gendres que contre des fils. La majesté du caractère paternel, que Piron avait abaissée dans ses *Fils ingrats,* se relève dans *les Deux Gendres,* et se relève sans vaine enflure. Dupré a le beau rôle : car il n'est ni faible, ni dupe, et même, au dénoûment, le spectateur rit de bon cœur de la déconvenue des deux gendres, lorsque, ayant rendu à leur beau-père ses donations avec un secret espoir qu'il ne les accepterait point, celui-ci leur dit :

....je veux à mon tour me montrer généreux.
Ce ne sont pas mes biens qui me rendront heureux ;
D'un œil indifférent, hélas! je les regarde ;
Mais vous me les rendez, mes enfants : je les garde,
Et désormais je veux seul en régler l'emploi.
Je demeurais chez vous, vous logerez chez moi.

(Acte v, scène 11.)

Un autre mérite de M. Étienne, c'est d'avoir fait naître l'intérêt de sa pièce du caractère des deux gendres, plutôt que du mouvement des personnages secondaires comme dans *les Fils ingrats* de Piron.

Les deux gendres de Dupré, Dervière et Dalainville, visent au même but par des moyens différents : ils veulent obtenir de la considération et du crédit, afin d'avoir des honneurs et des emplois. L'un s'est fait philanthrope et l'autre homme d'État, ou plutôt grand administrateur : car, sous l'Empire, il n'y avait guère place pour l'ambition des hommes d'État ; mais on visait au titre de grand administrateur, et, pour avoir ce titre, on courtisait l'opinion du monde. En France, en effet, avant le règne de l'opinion publique, il y avait le règne de l'opinion du monde :

avant les élections, il y avait les salons. De là, pour les ambitieux ou les vaniteux de toutes les époques, la nécessité, en France plus que partout ailleurs, de faire croire à leurs vertus ou à leurs talents. L'art en cela est partout d'éviter le scandale et le ridicule. C'est à quoi les deux gendres de Dupré se sont particulièrement appliqués, et ils croient avoir réussi. Mais il leur est arrivé ce qui arrive souvent aux hommes politiques : ils ont songé à tout ce qui était loin, ils ont oublié ce qui était près; ils ont, avec une attention extrême, ménagé le public, mais ils ont négligé et maltraité leur père; ils se sont mis en garde contre le scandale et contre le ridicule de tous les côtés, excepté du côté de leur famille, parce que là ils croyaient n'avoir rien à craindre; et c'est par là qu'ils vont être frappés, c'est par là qu'ils vont être ridicules et odieux; le tout à la grande joie des spectateurs, qui riront de les voir punis par où justement ils ont péché. C'est là tout l'art de la comédie.

Dalainville est tout près d'être nommé ministre. On le dit beaucoup; il le croit, comme c'est l'ordinaire, plus encore qu'on ne le dit. Son beau-frère, Dervière, qui le déteste, vient même le complimenter à ce sujet. Madame Dalainville ne jouit pas moins que son mari de sa prochaine promotion : dans le ministère, elle voit les beaux équipages, les valets de pied, les cochers, les coureurs, le chasseur, etc.; et elle jouit dans sa vanité, comme le mari dans son ambition. A ce moment arrive une lettre de M. Dupré, qui annonce à ses deux gendres que leurs procédés l'ont forcé à s'éloigner pour jamais; qu'il s'était heureusement ménagé des ressources qui lui rendent son indépendance, et que leur conduite va paraître au grand jour. Cette lettre, et ce dernier mot surtout, jettent l'effroi dans l'âme des deux gendres, et un effroi digne de la comédie, un effroi qui amuse et qui fait rire. Les reproches mutuels qu'ils s'adressent font ressortir de la manière la plus piquante la peur qu'ils ont de voir publier leurs torts. Prenez garde, dit le philanthrope au futur ministre,

> Tous les yeux aujourd'hui semblent fixés sur vous.
> Votre élévation a fait bien des jaloux.
> Vous sentez que pour eux l'occasion est belle :
> De tout Paris demain ce sera la nouvelle.
> Aux mots de fils ingrat, de père abandonné,
> Je crois voir contre vous le public déchaîné :
> Pour l'homme qui s'élève il est impitoyable,
> C'est un besoin pour lui de le trouver coupable.
> La foule des méchants va, vous le pensez bien,
> Dire qu'un mauvais fils est mauvais citoyen.
>
> DALAINVILLE.
>
> Hé! quoi?
>
> DERVIÈRE.
> Ne doutez pas qu'on ne vous sacrifie.
> Vous êtes sans reproche et l'on vous calomnie;
> Mais, aux yeux du public, il vaudrait presque autant
> Être un peu plus coupable et paraître innocent.
>
> (Acte III, scène 4.)

Comme Dervière trouve une sorte de plaisir à prédire à Dalainville tous les malicieux propos que le public va tenir sur son compte, Dalainville, à son tour, ne manque pas de prendre sa revanche contre le philanthrope :

Si je dois du public redouter l'injustice,
Il peut aussi sur vous exercer sa malice.
« Le voilà, dira-t-on, ce mortel bienfaisant,
« Appui du malheureux, soutien de l'indigent;
« De ses nombreux bienfaits il a rempli la terre,
« Il fut humain pour tous, excepté pour son père.
DERVIÈRE.
Oserait-on ainsi trahir la vérité?
DALAINVILLE.
Oui, vous avez raison, c'est une indignité;
Mais, vous le disiez bien, il serait préférable
Que la chose fût vraie et non pas vraisemblable.
(Ibid.)

Enfin, comme dans cette pièce chaque personnage doit être puni de sa faute par son complice, et c'est là vraiment la justice de la comédie, madame Dalainville, cette femme frivole, qui oubliait son père pour le monde, s'entend aussi reprocher ses torts par son mari :

. . . . N'accusez point les autres :
Car les torts les plus grands, madame, sont les vôtres.
N'étiez-vous pas d'un père et l'espoir et l'appui?
Qui donc, si ce n'est vous, eût dû veiller sur lui?
Accablé de travail, était-ce à moi, madame,
A lui donner un temps que le public réclame?
Ah! devaient-ils, des soins si tendres et si doux,
Être jamais remplis par d'autres que par vous?
Mais l'éclat des grandeurs vous a tourné la tête,
Et vous ne rêvez plus que spectacle, que fête;
Oubliant vos amis et vos pauvres parents,
Vous semblez ne pouvoir vivre qu'avec les grands,
Et vous croiriez sans doute imiter le vulgaire
Si vous vous rappeliez que vous avez un père.
(Acte III, scène 8.)

La dure justice de ces reproches accable madame Dalainville, qui est prête à s'évanouir; et ici nouvelle punition de l'ambitieux, et punition comique : il a grand monde chez lui, et sa femme, qui doit faire les honneurs à ce monde frivole et méchant, sa femme se met à pleurer! Que va-t-on penser? que va-t-on dire?

> . . . . Essuyez donc vos larmes;
> C'est fort essentiel, je vous en avertis :
> Ceux qui dînent chez moi ne sont pas mes amis.
> (Ibid.)

Cette intrigue et ce dialogue sont excellents : ils naissent du contre-coup des passions diverses qui animent les personnages, et de la faute qu'ils ont commise. Je sais bien qu'on peut dire que ces passions sont des passions autres que l'ingratitude : c'est l'ambition, le charlatanisme, la vanité. Ce n'est pas l'ingratitude, mais elles se rattachent toutes à l'ingratitude. Le véritable ingrat, c'est-à-dire l'homme qui éprouve du plaisir à rendre le mal pour le bien, est rare et monstrueux, et, de plus, il serait à peine supportable, au théâtre, dans la tragédie. Mais cette ingratitude qui tient à l'égoïsme, et qui n'est que la préférence que l'homme se donne à lui-même sur son bienfaiteur; cette ingratitude, qui a son petit coin dans tous les cœurs, est de mise dans la comédie, parce qu'elle n'est pas nécessairement odieuse. Telle est l'ingratitude des deux gendres : ils sont encore plus égoïstes qu'ingrats [1].

[1] Avant *les Fils ingrats* de Piron et *les Deux Gendres* de M. Étienne, une pièce fut faite sur le même sujet et jouée dans le collège des Jésui-

J'ai remarqué le genre de moralité qu'exprimait le fabliau. Ce fabliau est du parti des pères; mais il en est, parce que le père, après un premier moment de faiblesse, a eu l'esprit de tromper ses trompeurs ; et le fabliau semble surtout priser cette habileté. Ce serait une erreur pourtant de croire que tel est le caractère général de la littérature du moyen âge, et que, dans les fabliaux ou dans les romans de chevalerie, les pères n'ont pas la grandeur et l'autorité qu'ils doivent avoir. Au contraire, il y a, dans ces vieux récits, un grand respect pour les sentiments et les devoirs naturels de l'homme : le caractère paternel y est partout honoré, la piété filiale y est partout louée et récompensée. Jamais, dans les romans de chevalerie, les pères ne sont ridicules, jamais les fils ne sont insolents et railleurs. Les événements sont souvent étranges et fabuleux, mais les sentiments sont toujours vrais et d'une vérité noble et

---

tes de Rennes, en 1710, sous le titre de *Conaxa, ou les Gendres dupés*. Le destin de cette pièce fut singulier. Oubliée pendant cent ans et plus, et fort digne de l'être, elle reparut tout à coup à la lumière après *les Deux Gendres* de M. Étienne, qui, disait-on, étaient copiés sur la pièce des jésuites. De là grand bruit et grand scandale littéraire. Les débats littéraires remplaçaient alors les débats politiques, étouffés sous le joug de Napoléon. M. Étienne, il est vrai, avait connu la pièce de *Conaxa*, et il en avait tiré ses *Deux Gendres*; il en avait même pris cinq ou six vers, de ces vers que tout le monde peut faire, et qu'on ne se donne pas la peine de changer quand on les trouve faits. Mais il avait changé les mœurs et le caractère des personnages, il avait surtout changé leur langage. Les deux gendres de Conaxa sont des personnages grossiers et communs, qui n'ont point de physionomie particulière; ils disent tous deux des injures à leur beau-père ; ils donnent tous deux des coups de bâton au valet de Conaxa. Voilà leur caractère. Rien qui peigne les mœurs du temps, rien qui soit de la comédie; à peine y a-t-il, dans le rôle de

22.

élevée. Dans ces récits, qui sont un tableau fidèle des mœurs de la société féodale, les rois sont parfois traités fort mal, et le grand Charlemagne n'y est pas toujours peint en beau : il est impatient et querelleur, il est disposé à la colère et à la défiance, il est même parfois vaincu et insulté par ses vassaux. Mais il y a, au-dessus de la majesté royale, une autre majesté plus inviolable et plus sacrée : c'est celle du pouvoir paternel, qu'aucun fils n'oserait outrager impunément, fût-il même devenu plus grand terrien que son père. Et j'ajoute, comme dernier trait, que,

Conaxa, quelques vers nobles et fermes qui vengent la dignité paternelle outragée par les deux gendres, dans un style grossier et trivial,

  Beau-père, n'allez pas vous échauffer la bile :
  Songez que la nature, à votre âge, est débile.
      CONAXA.
  Je sais que je suis vieux, sans le répéter tant ;
  Mais si je l'étois plus, vous seriez plus content.
  Ne vous suffit-il pas. . . . .
  D'avoir, par des semblants de fausse piété,
  Séduit malignement ma crédule bonté ?
  Pour couronner encor un si honteux ouvrage,
  A la mauvaise foi vous ajoutez l'outrage.
  En vous donnant mon bien, peut-être je devois
  M'engager au surplus à mourir dans deux mois.
. . . .
  Si ma mort tarde trop à vous débarrasser,
  A force de chagrins on cherche à l'avancer :
  Je ne reçois chez vous qu'affronts et rebuffades.
. . . .
  Vous-même, devant vous, vous souffrez qu'on m'affronte !
  Cent fois pour vous, ingrat, j'en ai rougi de honte,
  Moins touché de mes maux, moins sensible à ces coups
  Qu'à l'horreur que je vois en rejaillir sur vous.

dans ces romans, le pouvoir paternel sent sa dignité, et que jamais il ne l'oublie et ne l'abaisse un moment, même par amour. « Seigneur, dit au vieux « chevalier Guérin de Montglave sa femme Mabil- « lette, voici que nos quatre fils reviennent nous « voir aujourd'hui. Vous leur avez dit d'aller cher- « cher fortune dans le monde : ils vous ont obéi, et « ils sont maintenant ducs, comtes et hauts-barons, « ayant sous leurs bannières beaucoup de gens « d'armes et dans leurs donjons beaucoup d'or et « d'argent. Allons à leur rencontre jusqu'à la porte « de notre ville de Bordeaux, afin de les voir et de « les embrasser plus tôt. » — « Dame, répond « Guérin de Montglave, nos enfants font leur de- « voir en venant nous trouver, et j'ai hâte de les « embrasser; mais je ne veux pas leur ôter l'hon- « neur de nous rendre tout entier l'hommage qu'ils « recevront aussi un jour de leurs enfants. Atten- « dons-les donc. Seulement, venez avec moi à cette « fenêtre, afin de les voir arriver de plus loin [1]. »

Voilà de quelle manière touchante et vraie sont exprimés, dans la littérature du moyen âge, les sentiments de l'amour paternel et de l'amour maternel : la mère qui ne songe qu'à embrasser plus tôt ses enfants; le père qui, sans les aimer moins, songe au respect qu'ils lui doivent, et qui, pour concilier sa dignité et sa tendresse, va se placer à la fenêtre pour les voir arriver de plus loin [2].

---

[1] *Biblioth. des Romans*, t. XXVII.

[2] Je renvoie aux notes de la fin du volume deux autres récits emprun- tés à la littérature du moyen âge et qui témoignent aussi du respect que les contes et les fabliaux ont pour le caractère paternel.

XIII.

DES PÈRES DANS LA COMÉDIE ET SURTOUT DANS LES COMÉDIES DE MOLIÈRE.

La comédie est embarrassée, quand elle veut défendre les pères ; elle est moins gênée, quand elle les attaque ; mais elle rencontre de ce côté un écueil périlleux : elle risque d'être immorale, et c'est là le reproche que J.-J. Rousseau fait à la comédie et surtout à Molière :

« C'est un grand vice assurément, dit-il dans sa
« lettre sur les spectacles, d'être avare et de prêter
« à usure ; mais n'en est-ce pas un plus grand encore
« à un fils de voler son père, de lui manquer de res-
« pect, de lui faire les plus insultants reproches ; et,
« quand ce père irrité lui donne sa malédiction, de
« répondre, d'un air goguenard, qu'il n'a que faire
« de ses dons? Si la plaisanterie est excellente, en
« est-elle moins punissable? et la pièce où l'on fait
« aimer le fils insolent qui l'a faite, en est-elle moins
« une école de mauvaises mœurs[1] ? »

Au dix-huitième siècle, J.-J. Rousseau attaquait

[1] Œuvres complètes de J.-J. Rousseau, édit. Furne, t. III, p. 129.

donc la comédie et lui reprochait d'enseigner aux enfants l'oubli du respect qu'ils doivent à leurs parents, comme Aristophane autrefois, dans *les Nuées*[1], accusait la philosophie de pervertir l'esprit des jeunes gens et d'ébranler dans leur cœur la majesté du pouvoir paternel. Et c'est ainsi que la comédie et la philosophie, les deux arts les plus hardis du monde, l'un par la raillerie et l'autre par le doute, ont tour à tour, dans leurs querelles, reconnu et proclamé, l'une contre l'autre, la sainteté de ce pouvoir paternel, qui est le vrai fondement des sociétés.

Avant Rousseau, Bossuet et Nicole avaient parlé du théâtre de la même manière; et, avant Bossuet et Nicole, tous les Pères de l'Église l'avaient condamné. Essaierai-je de réclamer contre cet anathème? Essaierai-je de soutenir, comme les philosophes du dix-huitième siècle, que le théâtre est une école de morale? Non. Reconnaissons le mal où il est; mais seulement mesurons-le, afin de ne pas le faire plus grand qu'il n'est. Ne préconisons pas le théâtre, mais ne le condamnons que pour les fautes qui lui appartiennent. Ne lui demandons pas la pureté de la morale chrétienne : quiconque veut trouver cette morale, doit aller la chercher à l'église. Ne lui demandons pas non plus la morale sévère et guindée du Portique : tant d'austérité l'épouvante. N'attendons pas même de lui cette haine vertueuse que

---

[1] Voyez, dans *les Nuées*, la scène ou Phidippide bat Strepsiade, son père, et lui démontre, à l'aide des principes de Socrate, qu'il a raison de le battre.

donne aux gens de bien la vue du mal : il est plutôt du parti de Philinte, qui

> ...prend tout doucement les hommes comme ils sont[1],

que du parti d'Alceste. Ne croyons pas cependant que le théâtre soit, de tous les genres de littérature, le plus dépourvu de morale. Image de la vie humaine, le théâtre est moral comme l'expérience, et, ajoutons-le, hélas! pour ne rien déguiser de son inefficacité, moral comme l'expérience d'autrui, qui touche et qui corrige peu.

J'examinerai plus tard quels sont, quant à la morale, les dangers du théâtre. Je veux seulement aujourd'hui rechercher s'il est vrai que Molière ait voulu, comme l'en accuse J.-J. Rousseau, ébranler l'autorité paternelle. Remarquons d'abord que les pères, les maris, les vieillards que Molière raille gaiement, ne sont pas ridicules par leur caractère de père, de mari et de vieillard, mais par les vices et les passions qui déshonorent en eux ce caractère même. Dans *l'École des Maris*, Sganarelle est ridicule, non parce qu'il est vieux, mais parce qu'étant vieux, il est amoureux, et surtout un amoureux sévère et dur, ce qui est contraire au caractère de l'amour; et il est si vrai que Sganarelle n'est point ridicule à cause de son âge, mais à cause de ses défauts, que Molière a placé à côté de lui Ariste, son frère, vieux aussi et amoureux, mais aimable et indulgent, qui est le héros de la pièce, et que la jeune Léonore épouse de fort bon cœur. Ce n'est donc point

---

[1] *Misanthrope*, acte I, scène 1.

la vieillesse que Molière ridiculise, ce sont les défauts qui la discréditent. J'en dirai autant d'Arnolfe dans *l'Ecole des Femmes* : il n'est pas ridicule parce qu'il est vieux, mais parce qu'il est grondeur et jaloux. George Dandin non plus n'est pas ridicule parce qu'il est marié, mais parce qu'il a fait un mariage de vanité : il paye la faute de son orgueil. Harpagon enfin nous amuse, non comme père, mais comme avare ; et, si son fils lui manque de respect, c'est que, dans ce moment, l'avare, l'usurier et le vieillard amoureux, les trois vices ou les trois ridicules d'Harpagon, cachent et dérobent le père.

La comédie, en faisant punir les vices les uns par les autres, représente la justice du monde telle qu'elle est, justice qui s'exerce et qui s'accomplit à l'aide des passions humaines qui se combattent et se renversent tour à tour. C'est cette justice qu'expriment aussi les proverbes, qui ne sont que la comédie résumée en maximes, quand ils disent : *A père avare, fils prodigue.* Lorsque les passions sont grandes et fortes, cette justice est terrible, et elle enfante l'émotion de la tragédie ; quand les passions sont plus petites et plus mesquines, cette justice est plaisante et gaie : elle enfante alors le ridicule de la comédie.

Une étude attentive des rôles du père et du fils, d'Harpagon et de Cléanthe, dans *l'Avare,* justifiera ces réflexions.

Si je voulais, dans un sermon, dépeindre l'avarice et la rendre odieuse ; si je disais que cette passion fait tout oublier, l'honneur, l'amitié, la famille ; que l'avare préfère son or à ses enfants ; que ceux-ci, réduits par l'avarice de leur père aux plus grandes nécessités, s'habituent bientôt à ne plus le respecter, et que cette révolte des enfants est le châtiment de l'avarice du père; si je disais tout cela dans un sermon, qui s'en étonnerait? qui s'aviserait de prétendre qu'en parlant ainsi j'encourage les enfants à oublier le respect qu'ils doivent à leurs parents? Molière, dans la scène de *l'Avare* qu'accuse Jean-Jacques Rousseau, n'a pas fait autre chose que mettre en action le sermon que j'imagine. Quand le père oublie l'honneur, le fils oublie le respect qu'il doit à son père. Ne nous y trompons pas, en effet : c'est un beau titre que celui de père de famille, c'est presque un sacerdoce; mais c'est un titre qui oblige, et, s'il donne des droits, il impose aussi des devoirs. Je sais bien qu'un fils ne doit jamais accuser son père, même s'il est coupable; mais c'est là le précepte, ce n'est point, hélas! la pratique, sinon des fils vertueux. Or, Molière, dans *l'Avare*, n'a pas entendu le moins du monde nous donner Cléanthe pour un fils vertueux que nous devons approuver aux dépens de son père; il a voulu seulement opposer l'avarice à la prodigalité, parce que ce sont les deux vices qui, contrastant le plus l'un avec l'autre, peuvent, par cela même, se choquer et se punir le plus efficacement.

Une autre partie de l'art de la comédie, c'est, en heurtant les passions les unes contre les autres, d'empêcher que le choc n'ait trop de violence, ce qui tournerait à la tragédie. Dans *l'Avare,* Molière a admirablement évité cet écueil; et cela est d'autant plus remarquable qu'il s'en est toujours tenu près.

Voyez la scène où Cléanthe, attendant un usurier, reconnaît son père : quel choc imprévu et qu'il eût été aisé de tomber dans les grands sentiments ! Supposez un fils sentencieux ou sentimental, ou plutôt supposez un fils qui n'ait pas aussi ses torts et qui ne soit pas, comme le père, pris en flagrant délit : quelle belle occasion de faire faire la leçon au supérieur par l'inférieur, ce qui plaît tant de nos jours ! Dans Molière, rien de pareil : la situation est vive, mais elle reste comique; tout se dit, mais dans le ton de la comédie.

HARPAGON.

« Comment, pendard ! c'est toi qui t'abandonnes
« à ces coupables extrémités?

CLÉANTHE.

« Comment, mon père, c'est vous qui vous portez
« à ces honteuses actions?

HARPAGON.

« C'est toi qui te veux ruiner par des emprunts si
« condamnables?

CLÉANTHE.

« C'est vous qui cherchez à vous enrichir par des
« usures si criminelles !

HARPAGON.

« Oses-tu bien, après cela, paraître devant moi?

CLÉANTHE.

« Osez-vous bien, après cela, vous présenter aux
« yeux du monde?

HARPAGON.

« N'as-tu point de honte, dis-moi, d'en venir à
« ces débauches-là, de te précipiter dans des dé-
« penses effroyables, et de faire une honteuse dissi-

« pation du bien que tes parents t'ont amassé avec
« tant de sueur ?

CLÉANTHE.

« Ne rougissez-vous point de déshonorer votre
« condition par les commerces que vous faites; de
« sacrifier gloire et réputation au désir insatiable
« d'entasser écu sur écu, et de renchérir, en fait d'in-
« térêt, sur les plus infâmes subtilités qu'aient ja-
« mais inventées les plus célèbres usuriers? » (Act. II,
sc. 2 et 3.)

Dans cette scène, ce qui fait la comédie, c'est qu'ils
ont tous deux raison l'un contre l'autre, Harpagon
contre Cléanthe, et Cléanthe contre Harpagon. Car,
ne nous y trompons pas, le peu de goût que nous
avons pour Cléanthe sauve l'autorité paternelle de
l'atteinte qu'elle eût pu recevoir. Si Cléanthe, au
lieu d'être un prodigue et un libertin, était un fils
vertueux et sage; si, comme dans les mélodrames
de nos jours, Molière, opposant la vertu au vice,
eût fait du fils d'Harpagon un moraliste en cheveux
blonds; si enfin nous eussions pu prendre au sérieux les reproches qu'il fait à son père, au lieu de
rire tour à tour de cette passion qui en gronde une
autre, la scène eût été plus dangereuse pour l'autorité paternelle : le sérieux eût tout perdu, le rire
sauve tout.

L'examen d'une autre scène de *l'Avare*, et c'est
celle que J.-J. Rousseau a le plus vivement attaquée,
démontrera encore mieux ce que je viens de dire. Je
veux parler de la scène dans laquelle Harpagon
annonce à son fils qu'il veut lui donner Marianne
pour femme, et lui fait avouer qu'il l'aime depuis

longtemps; puis, après avoir obtenu cet aveu, lui signifie qu'il faut renoncer à son amour : car Marianne sera sa belle-mère et jamais sa femme.

On sait que Mithridate, voulant arracher à Monime l'aveu de l'amour qu'elle a pour Xipharès, emploie la même ruse qu'Harpagon : il lui fait croire aussi qu'il veut lui donner Xipharès pour époux, et, lorsqu'elle a avoué au roi qu'elle aime Xipharès depuis longtemps, il lui ordonne de l'oublier. Il est curieux de voir Harpagon et Mithridate, la comédie et la tragédie, employer la même ruse et amener la même révolte. Écoutons d'abord Harpagon :

HARPAGON.

« Si bien donc que tu n'aurais pas d'inclination
« pour Marianne?

CLÉANTHE.

« Moi? point du tout.

HARPAGON.

« J'en suis fâché, car cela rompt une pensée qui
« m'était venue dans l'esprit. J'ai fait, en la voyant
« ici, réflexion sur mon âge, et j'ai songé qu'on
« pourra trouver à redire de me voir marier à une si
« jeune personne. Cette considération m'en faisait
« quitter le dessein; et, comme je l'ai fait demander
« et que je suis pour elle engagé de parole, je te l'au-
« rais donnée, sans l'aversion que tu témoignes.

CLÉANTHE.

« A moi?

HARPAGON.

« A toi.

CLÉANTHE.

« En mariage?

HARPAGON.

« En mariage.

CLÉANTHE.

« Écoutez : il est vrai qu'elle n'est pas fort à mon
« goût; mais, pour vous faire plaisir, mon père, je
« me résoudrai à l'épouser, si vous voulez.

HARPAGON.

« Moi, je suis plus raisonnable que tu ne penses :
« je ne veux point forcer ton inclination. . . .
. . . .

CLÉANTHE.

« Hé bien! mon père, puisque les choses sont
« ainsi, il faut vous découvrir mon cœur, il faut vous
« révéler notre secret. La vérité est que je l'aime
« depuis un jour que je la vis dans une promenade;
« que mon dessein était tantôt de vous la demander
« pour femme, et que rien ne m'a retenu que la
« déclaration de vos sentiments, et la crainte de
« vous déplaire. » (Act. IV, sc. 3.)

Entendons maintenant Mithridate :

Enfin, j'ouvre les yeux et je me fais justice ;
C'est faire à vos beautés un triste sacrifice
Que de vous présenter, Madame, avec ma foi,
Tout l'âge et le malheur que je traine avec moi.
Jusqu'ici la fortune et la victoire mêmes
Cachaient mes cheveux blancs sous trente diadèmes.
Mais ce temps-là n'est plus : je régnais, et je fuis ;
Mes ans se sont accrus, mes honneurs sont détruits,
Et mon front, dépouillé d'un si noble avantage,
Du temps qui l'a flétri laisse voir tout l'outrage.
D'ailleurs mille desseins partagent mes esprits :
D'un camp prêt à partir vous entendez les cris;

> Sortant de mes vaisseaux il faut que j'y remonte.
> Quel temps pour un hymen qu'une fuite si prompte,
> Madame! et de quel front vous unir à mon sort,
> Quand je ne cherche plus que la guerre et la mort?
> Cessez, pourtant, cessez de prétendre à Pharnace,
> Quand je me fais justice, il faut qu'on se la fasse.
> Je ne souffrirai point que ce fils odieux,
> Que je viens pour jamais de bannir de mes yeux,
> Possédant une amour qui me fut déniée,
> Vous fasse des Romains devenir l'alliée.
> Mon trône vous est dû; loin de m'en repentir,
> Je vous y place même avant que de partir,
> Pourvu que vous vouliez qu'une main qui m'est chère,
> Un fils, le digne objet de l'amour de son père,
> Xipharès, en un mot, devenant votre époux,
> Me venge de Pharnace et m'acquitte envers vous.
>
> MONIME.
>
> Xipharès! lui, seigneur?
>
> MITHRIDATE.
>
> Oui, lui-même, Madame.
>
> (Acte III, scène 5.)

Cependant Monime hésite encore : elle soupçonne la ruse de Mithridate, elle craint qu'il ne veuille l'éprouver; mais il insiste, il presse, et Monime enfin, ne croyant pas qu'un grand roi puisse s'abaisser à de pareils mensonges, avoue son amour pour Xipharès :

> En quelle extrémité, Seigneur, suis-je réduite!
> Mais enfin je vous crois, et je ne puis penser
> Qu'à feindre si longtemps vous puissiez vous forcer.
> Les dieux me sont témoins qu'à vous plaire bornée,
> Mon âme à tout son sort s'était abandonnée.
> Mais, si quelque faiblesse avait pu m'alarmer,

> Si de tous ses efforts mon cœur a dû s'armer,
> Ne croyez point, Seigneur, qu'auteur de mes alarmes,
> Pharnace m'ait jamais coûté les moindres larmes.
> Ce fils victorieux que vous favorisez,
> Cette vivante image en qui vous vous plaisez,
> Cet ennemi de Rome et cet autre vous-même,
> Enfin, ce Xipharès que vous voulez que j'aime...
>
> MITHRIDATE.
>
> Vous l'aimez?
>
> MONIME.
>
> Si le sort ne m'eût donnée à vous,
> Mon bonheur dépendait de l'avoir pour époux.
> Avant que votre amour m'eût envoyé ce gage,
> Nous nous aimions. — Seigneur, vous changez de visage!
>
> (Ibid.)

A ce beau et terrible vers :

> Nous nous aimions.—Seigneur, vous changez de visage?

la tragédie recommence, les fureurs jalouses de Mithridate s'entrevoient; mais ces fureurs n'ébranleront pas Monime. Cette femme timide et faible résiste à Mithridate, et elle prend sa force dans l'aveu même que Mithridate lui a arraché par son lâche stratagème :

> Vous seul, Seigneur, vous seul vous m'avez arrachée
> A cette obéissance où j'étais attachée;
> Et ce fatal amour dont j'avais triomphé,
> Ce feu que dans l'oubli je croyais étouffé,
> Dont la cause à jamais s'éloignait de ma vue,
> Vos détours l'ont surpris et m'en ont convaincue.
> Je vous l'ai confessé, je le dois soutenir.
> En vain vous en pourriez perdre le souvenir;
> Et cet aveu honteux où vous m'avez forcée
> Demeurera toujours présent à ma pensée;

Toujours je vous croirais incertain de ma foi ;
Et le tombeau, Seigneur, est moins triste pour moi
Que le lit d'un époux qui m'a fait cet outrage,
Qui s'est acquis sur moi ce cruel avantage,
Et qui, me préparant un éternel ennui,
M'a fait rougir d'un feu qui n'était pas pour lui.

MITHRIDATE.

C'est donc votre réponse, et, sans plus me complaire,
Vous refusez l'honneur que je voulais vous faire?
Pensez-y bien. J'attends pour me déterminer.

MONIME.

Non, Seigneur ; vainement vous croyez m'étonner.
Je vous connais : je sais tout ce que je m'apprête,
Et je vois quels malheurs j'assemble sur ma tête ;
Mais le dessein est pris : rien ne peut m'ébranler.
Jugez-en, puisqu'ainsi je vous ose parler,
Et m'emporte au-delà de cette modestie
Dont jusqu'en ce moment je n'étais point sortie.

(Acte IV, scène 4.)

Cléanthe aussi, quand Harpagon lui dit qu'il faut se défaire de son amour pour Marianne, Cléanthe résiste vivement à son père ; mais la vivacité de la scène ne sort pas du ton de la comédie.

CLÉANTHE.

« Oui, mon père, c'est ainsi que vous me jouez!
« Eh bien! puisque les choses en sont venues là, je
« vous déclare, moi, que je ne quitterai point la
« passion que j'ai pour Marianne; qu'il n'y a point
« d'extrémité où je ne m'abandonne pour vous dis-
« puter sa conquête; et que, si vous avez pour vous
« le consentement d'une mère, j'aurai d'autres se-
« cours peut-être qui combattront pour moi [1].

[1] La situation touche de si près à la tragédie, que Cléanthe, déclarant

HARPAGON.

« Comment, pendard! tu as l'audace d'aller sur
« mes brisées!

CLÉANTHE.

« C'est vous qui allez sur les miennes, et je suis le
« premier en date.

HARPAGON.

« Ne suis-je pas ton père, et ne me dois-tu pas
« respect?

CLÉANTHE.

« Ce ne sont point ici des choses où les enfants
« soient obligés de déférer aux pères, et l'amour ne
« connaît personne.

HARPAGON.

« Je te ferai bien me connaître avec de bons coups
« de bâton.

CLÉANTHE.

« Toutes vos menaces ne me feront rien. . . .
. . . .
. . . .

HARPAGON.

« Laisse-moi faire, traître!

CLÉANTHE.

« Faites tout ce qu'il vous plaira.

HARPAGON.

« Je te défends de me jamais voir.

à son père que, malgré lui, il épousera Marianne, me rappelle Nemours,
dans *Adélaïde du Guesclin* de Voltaire, s'écriant devant Vendôme, son
frère et son rival, qu'il épouse Adélaïde :

> A la face des cieux je lui donne ma foi ;
> Je te fais de nos vœux le témoin malgré toi.
>
> (Acte III, scène 3.)

CLÉANTHE.

« A la bonne heure.

HARPAGON.

« Je t'abandonne.

CLÉANTHE.

« Abandonnez.

HARPAGON.

« Je te renonce pour mon fils.

CLÉANTHE.

« Soit.

HARPAGON.

« Je te déshérite.

CLÉANTHE.

« Tout ce que vous voudrez.

HARPAGON.

« Et je te donne ma malédiction.

CLÉANTHE.

« Je n'ai que faire de vos dons. »

(Act. IV, sc. 3 et 5.)

Quelle ressemblance, dans le fond, entre Harpagon et Mithridate, entre Monime et Cléanthe ! Quelle différence dans la forme ! Même amour longtemps dissimulé, avoué enfin à l'aide d'une ruse, et se révoltant contre la ruse qui l'a trompé. Mithridate a-t-il encore le droit d'ordonner à Monime de l'épouser, après l'avoir abusée par ses mensonges ? Harpagon a-t-il le droit de maudire son fils, après l'avoir joué comme il a fait ? Grave question que la comédie se garde bien de résoudre ou même de proposer ; et voilà pourquoi elle se tient dans le rire, qui est moins dangereux que le sérieux. Elle reste fidèle aux règles de son art, en évitant le ton de la tragédie, quoiqu'elle en soit tout près ; et, en même temps, elle est plus morale. C'est sur ce point que j'insiste, et, pour cela, qu'il me soit permis de faire une supposition.

Je suppose que, de nos jours, un auteur ait à traiter la situation que Molière a inventée dans *l'Avare*. Un père veut épouser une jeune femme qui est aimée de son fils ; il soupçonne l'amour de ce fils, et par une ruse il lui en arrache l'aveu ; cet aveu fait, il lui ordonne de renoncer à son amour. La situation est vive et dramatique ; elle peut devenir terrible. L'auteur moderne ne manquerait pas, dans un pareil sujet, de viser au sérieux et à l'émotion ; il ne manquerait pas de déclamer à grands cris contre la tyrannie paternelle : « L'autorité paternelle ! s'écrierait le Cléanthe du drame moderne ; mais croyez-vous donc qu'elle doive étouffer les droits de l'amour et de la nature ? Ah ! mon père, je vous en supplie, ne me forcez pas de vous désobéir : je le ferais ! » — A quoi j'imagine que le père répondrait par une tirade romanesque et sentimentale, ne voulant peut-être pas se trop targuer de l'autorité paternelle, ce qui est de mauvais ton dans nos idées : « Eh ! pourquoi, dirait-il, n'aimerais-je pas cette jeune fille ? Le cœur vieillit-il ? Mon âme rajeunit quand mes yeux la voient, etc.

CLÉANTHE, *se promenant à grands pas sur la scène.*

« Mon père !... mon père !... prenez garde ! je répète encore ces syllabes sacrées, mais je commence à n'en plus comprendre le sens.

LE PÈRE.

« Et moi, que signifie pour moi ce nom de fils ?...

Fils! fils! qu'est-ce que cela veut dire? Ah! rival plutôt! voilà le mot que je comprends et que je hais.

LE FILS.

« Eh bien donc, rival! je le suis et je veux l'être! Je prends cette jeune fille pour ma femme, vous présent, mon père, entendez-vous? Oh! il ne sera pas dit que mon père n'aura point assisté à mon mariage!

LE PÈRE.

« Malheureux! je te maudis!

LE FILS, *gravement*.

« Vous n'en avez plus le droit. Maudire, cela est d'un père : vous êtes mon rival. Maudire, cela est du prêtre; mais où sont en vous les signes du prêtre, les passions vaincues et la colère domptée? Vous n'êtes ni père ni prêtre. (*Avec solennité et intention :*) Je n'accepte pas votre malédiction! »

Voilà, dans le style du drame moderne, la traduction du mot : « Je n'ai que faire de vos dons. » Quel est, de ces deux mots, le plus corrupteur? quel est celui qui met le plus en discussion le mystère de l'autorité paternelle? Le sérieux du drame est d'autant plus dangereux, qu'il corrompt la raison par le sophisme et le cœur par l'émotion. La comédie plaisante, le drame argumente; la comédie touche, en passant, l'idée délicate des bornes du pouvoir paternel et des droits toujours spécieux de l'amour; le drame s'y arrête avec intention : il aime à développer cette thèse qui touche à toutes les passions, car toutes aiment la révolte. Ne dites donc plus, avec J.-J. Rousseau, que la comédie de Molière est une école de dépravation. C'est la mauvaise comédie et le drame qui dépravent le cœur, parce qu'ils ont la prétention de prêcher et d'instruire, parce qu'ils énervent les âmes par la sentimentalité et corrompent les esprits par le sophisme. La bonne comédie amuse aux dépens des vices qu'elle oppose les uns aux autres; mais elle n'en recommande et n'en préconise aucun.

XIV.

DE L'AMOUR MATERNEL. — ANDROMAQUE DANS HOMÈRE, DANS EURIPIDE ET DANS RACINE.

Nous avons examiné les diverses expressions de l'amour paternel, et nous avons vu comment ce sentiment est peu à peu devenu moins pur et moins élevé, sous prétexte de devenir plus tendre et plus passionné. Nous avons vu comment la tendresse paternelle, dans les drames du dix-huitième siècle, a pris le ton de la sensibilité et a commencé à se matérialiser jusqu'à ce que, de nos jours, elle ait dégénéré en une sorte d'instinct et de monomanie dans les drames et dans les romans.

Je veux faire la même étude sur l'amour maternel : je veux montrer ce sentiment représenté d'abord avec toute la pureté et toute l'énergie qui lui appartiennent, puis s'altérant peu à peu par l'exagération, de manière à n'être plus qu'une affection aveugle et violente qui semble avoir perdu cette délicatesse d'émotions qui est le propre de la tendresse maternelle.

Je prendrai, pour premier sujet de l'étude que je veux faire, le personnage d'Andromaque, parce que le caractère d'Andromaque, peint par trois grands maîtres de l'art, Homère, Euripide et Racine, fait voir comment l'amour maternel change d'expression selon les temps, sans jamais changer de fond.

Un des charmes de la littérature antique, c'est ce que j'appellerais volontiers la stabilité des caractères. Les caractères sont consacrés par la tradition, et il n'est pas permis de les altérer. Phèdre, Clytemnestre, Hécube, Médée, Pénélope, Andromaque, sont des types invariables que les poëtes reproduisent fidèlement; tout au plus peuvent-ils faire ressortir un des traits de ces figures traditionnelles plutôt qu'un autre. C'est là toute la différence. Je dirais presque, si je ne craignais de faire un rapprochement trop profane, qu'il en est, à cet égard, des personnages héroïques de la poésie antique comme des personnes divines et des saints dans la peinture moderne. Les figures du Sauveur, de la Vierge, de saint Jean-Baptiste et des principaux Apôtres sont des figures consacrées par la tradition et que les peintres se gardent bien de changer ; chacun seulement leur donne une expression et une contenance particulières; et c'est en cela que consiste l'originalité du peintre. Je suis persuadé, pour ma part, que le respect des types consacrés, loin de gêner les poëtes antiques et les peintres des temps modernes, a servi leur génie, car leur imagination, contenue par cette loi fondamentale de l'art, s'appliquait tout entière à l'expression des caractères et des figures. Ils visaient au beau plutôt qu'au nouveau.

Dans Homère, Andromaque est le type de l'amour conjugal et de l'amour maternel; c'est l'épouse et la mère telle que l'antiquité la concevait : modeste, cachée, fidèle au toit domestique et aux travaux de son sexe, aimant son mari avec un admirable mélange d'ardeur et de respect, et son fils avec une tendresse profonde et douce, mêlée, dans Andromaque, de je ne sais quels tristes pressentiments trop tôt justifiés [1]. Voyez cette belle scène des adieux, lorsque Hector va combattre les Grecs. Ce n'est pas encore son dernier et fatal combat contre Achille; mais quelle douleur déjà et quelle tendresse dans les adieux d'Andromaque!

« Hector allait sortir par la porte de Scée, lorsque
« Andromaque s'avança à sa rencontre. Derrière elle,
« marchait une esclave qui portait dans ses bras son
« fils Astyanax. Hector sourit doucement en voyant
« son fils; mais il se taisait. Andromaque alors prit
« sa main, et, en pleurant : « Hector, dit-elle, ton
« courage te perdra; et tu ne prends pas pitié de
« ton fils au berceau et de moi malheureuse, qui
« bientôt serai veuve de toi : car les Grecs te tue-
« ront en s'unissant tous contre toi. Hélas! quand
« je t'aurai perdu, mieux vaudrait que je mourusse
« aussitôt. Je n'ai pas d'autre joie et d'autre conso-
« lation que toi, et, si tu rencontres enfin ta des-

---

[1] Ovide, dans son *Art d'aimer* (liv. 3), témoigne lui-même de cette gravité douce et pure du personnage d'Andromaque, tout en raillant, en poète érotique, la sévérité de ce caractère :

Odimus et moestas : Tecmessam diligat Ajax ;
　Nos, hilarem populum, femina læta capit.
Numquam ego te, Andromache, nec te, Tecmessa, rogarem
　Ut mea de vobis altera amica foret.

« tinée, je n'ai plus que douleur à attendre après
« toi. Je n'ai, tu le sais, ni mon père ni ma mère ;
« Achille a tué mon père et détruit ma patrie ; j'avais
« sept frères qui faisaient l'orgueil de la maison de
« mon père et qui ont tous péri le même jour, et
« toujours sous les coups d'Achille ; ma mère, à son
« tour, est tombée sous les flèches de Diane. Hector,
« c'est toi qui es mon père, ma mère, mes frères ;
« tu es mon mari, le compagnon de ma couche. Je
« t'en prie, aie pitié de moi ; ne fais pas ton fils
« orphelin et ta femme veuve ! Rassemble l'armée
« auprès de ce figuier sauvage : c'est là que la ville
« est accessible et que le mur peut être franchi ;
« c'est là que tu dois rester pour défendre Troie [1] :
« car trois fois déjà les plus braves des Grecs ont
« fait effort de ce côté, les deux Ajax, le brave Ido-
« ménée, les deux Atrides et le vaillant fils de Tydée ;
« soit qu'un dieu les ait dirigés vers cet endroit, ou
« que leur courage et leur science des combats les
« y aient poussés. » — Hector lui répondit : « Oui,
« j'aurai soin de défendre la ville de ce côté ; mais
« n'essaye pas de me retenir. Que diraient les
« Troyens, et même les Troyennes aux robes à longs
« plis, s'ils me voyaient m'écarter lâchement du
« combat ? Mon cœur n'a pas le désir de la fuite,
« car j'ai toujours bravé le péril et combattu parmi
« les premiers des Troyens, pour défendre la gloire
« de mon père et la mienne. Je sais bien qu'il vien-
« dra un jour où périra la sainte ville d'Ilion, et

---

[1] Stratagème touchant pour retenir Hector dans l'enceinte des remparts.

« Priam, et le peuple de Priam. Mais, crois-moi, si
« je plains le sort des Troyens, d'Hécube, de Priam,
« de mes frères si nombreux et si braves, et qui
« tomberont tous dans la poussière sous les coups
« de l'ennemi, c'est de toi surtout que j'ai pitié,
« Andromaque, quand je pense que quelque guer-
« rier d'Argos te prendra éplorée et tremblante,
« t'emmènera captive dans sa patrie, et que là il te
« faudra filer la toile sous les ordres d'une maî-
« tresse, ou aller chercher de l'eau aux fontaines
« publiques, souffrante et indignée, mais forcée de
« plier sous la dure nécessité; et alors, te voyant
« passer tout en larmes : « Voilà, dira-t-on, la femme
« d'Hector qui savait si bien combattre parmi les
« Troyens dompteurs de chevaux, quand les Grecs
« assiégeaient Ilion. » C'est ainsi qu'on parlera sur
« ton passage, et ce sera pour toi un nouveau cha-
« grin, pensant au mari que tu auras perdu et qui
« aurait repoussé loin de toi le joug de la servitude.
« Ah! puissé-je être mort, et la terre, amoncelée
« sur moi, me couvrir tout entier, avant que j'en-
« tende tes gémissements et que je voie ton escla-
« vage [1] ! »

Alors vient cette scène charmante d'Hector qui veut prendre son fils dans ses bras, et de l'enfant qui, effrayé par le casque de son père, se rejette sur le sein de sa nourrice. Hector pose son casque à terre, prend l'enfant, et prie Jupiter qu'Astyanax règne un jour sur Troie et surpasse la gloire de son père ; touchante consolation adressée à Andromaque, et qui

---

[1] *Iliade*, liv. VI, 392.

distrait les inquiétudes de l'épouse à l'aide des espérances de la mère. Puis il met Astyanax dans les bras d'Andromaque, qui le reçoit en souriant et en pleurant à la fois. Ces larmes et ce sourire touchent Hector : il regarde Andromaque avec une pitié pleine d'amour, et, la prenant par la main, il lui adresse ces belles et graves paroles qui respirent le génie de l'Orient et de l'antiquité, je veux dire ce respect religieux de la destinée, qui ressemble presque à la résignation chrétienne : « Andromaque, ne m'accuse
« point dans ton cœur et ne te plains pas avant le
« temps : aucun guerrier, tu le sais, ne me fera des-
« cendre au tombeau avant le jour marqué par le
« sort; et personne, brave ou lâche, personne, dès
« qu'il est né, ne peut éviter sa destinée. Rentre donc
« dans ta maison ; distribue à tes esclaves leur travail
« de chaque jour, le fuseau, la quenouille; surveille
« leur ouvrage; et nous tous, guerriers nés dans
« Ilion, et moi surtout, nous veillerons aux travaux
« de la guerre [1]. »

Ainsi, la résignation et le travail du toit domestique, voilà les dernières consolations qu'Hector adresse à Andromaque et qui pourront choquer la sensibilité de notre siècle, mais qui sont, hélas ! les seules consolations efficaces, les seules qui apaisent l'âme. Depuis Homère, l'homme n'en a point inventé d'autres.

Dans cette scène des adieux, l'amour maternel d'Andromaque se montre déjà d'une manière touchante, quoique l'amour conjugal domine encore

---

[1] *Iliade*, vers 486.

comme il le doit. Mais, quand son époux est mort, quand son cadavre, racheté par Priam, rentre dans Troie, écoutez les lamentations d'Andromaque et voyez comme les malheurs qu'elle pressent pour son fils lui rendent plus affreuse encore la perte de son Hector; comme enfin l'amour maternel se mêle naturellement à ses douleurs de veuve et les domine à son tour. Son fils orphelin, son fils sans défenseur, son fils exposé à la colère des Grecs irrités, voilà l'idée et le sentiment qui reviennent sans cesse dans ces pleurs : « O mon Hector, que tu es mort jeune! Et
« tu me laisses veuve dans ce palais, et ton fils
« orphelin, pauvre enfant que nous avons mis au
« monde, toi et moi, malheureux que nous sommes!
« et qui n'atteindra pas l'âge d'homme : car, avant
« ce temps, cette ville sera renversée, puisque tu as
« péri, toi qui la défendais, toi qui sauvais les femmes
« et les enfants renfermés dans ces murs! Maintenant
« ces femmes vont être emmenées captives sur les
« vaisseaux des Grecs, et moi-même avec elles. Et
« toi, mon fils, me suivras-tu, condamné à travailler,
« comme esclave, sous la loi d'un maître impérieux?
« Peut-être, hélas! un Grec t'arrachera-t-il de mes bras
« pour te précipiter du haut des tours, un Grec irrité
« contre notre Hector qui aura tué son frère, ou son
« père, ou son fils : il y a tant de Grecs qui ont mordu
« la poussière sous les coups d'Hector! car ton père
« était redoutable dans les combats. Aussi le peuple
« aujourd'hui pleure avec sanglots sur son cadavre.
« O Hector! quelle douleur imposée à ton vieux père,
« à ta mère et à moi surtout! quelle longue infortune!
« et encore, en mourant, tu n'as pas pu me tendre la

« main et m'adresser une dernière et sage parole,
« pour m'en souvenir nuit et jour au milieu de mes
« larmes[1]. »

J'ai voulu étudier avec soin le personnage d'Andromaque dans Homère, parce que tous les autres poëtes l'ont pris des mains d'Homère tel qu'il l'avait créé. Mais, dans ces poëtes, le personnage d'Andro-

---

[1] *Iliade*, liv. XXIV, vers 725.

Déjà, dans le vingt-deuxième chant (vers 482), quand Andromaque, du haut des remparts de Troie, voit le cadavre de son Hector attaché au char d'Achille, sa pensée se porte aussitôt sur son fils désormais orphelin : « Hélas ! dit-elle, Hector, tu vas descendre dans les ténèbres sou-
« terraines ; et tu me laisses veuve dans ton palais désert, et ton fils
« n'est encore qu'un faible enfant ! Hélas ! quand même il échapperait
« au courroux de la guerre, il n'a plus à attendre que peines et mal-
« heurs. Il se verra ravir ses champs, dont il ne pourra pas défendre
« la borne consacrée. L'enfant orphelin n'a point de protecteurs et d'a-
« mis ; il a le front baissé vers la terre et la joue humide de larmes. En
« vain va-t-il, dans son besoin, trouver les compagnons d'armes de son
« père, prenant l'un par le manteau et l'autre par la tunique ; à peine
« par pitié lui donnent-ils une coupe à moitié pleine, qui mouille ses
« lèvres et ne désaltère pas sa gorge desséchée. Qui sait même si quel-
« que enfant, heureux et fier d'avoir son père et sa mère vivants encore
« et puissants, ne le chassera pas du festin, le frappant de la main et
« l'insultant de la parole? Va-t'en, misérable, dira-t-il, ton père n'est
« point assis à notre table. Et l'enfant revient alors en pleurant trouver
« sa mère qui est veuve. Malheureux Astyanax ! qui, autrefois, assis sur
« les genoux de son père, ne mangeait que la moelle la plus pure des
« viandes ; et, quand le sommeil venait le prendre à la fin de ses jeux,
« alors il s'allait reposer dans son lit, la tête penchée sur le sein de sa
« nourrice, le corps étendu sur une couche délicate, et s'endormait plein
« de joie et de bonheur. Qu'il va souffrir, maintenant, privé de l'appui
« de son père ! »

La tendresse maternelle d'Andromaque n'exagère pas les malheurs à venir de son fils orphelin : voyez, dans l'*Odyssée*, le sort de Télémaque pendant l'absence de son père.

maque est devenu le type de l'amour maternel seulement : car, après Hector, qui Andromaque peut-elle aimer encore que son fils Astyanax? qu'est-ce qui peut, mieux que l'amour maternel, remplacer l'amour conjugal dans le cœur de cette femme modeste et réservée? Et cela est si vrai qu'Euripide, le plus hardi des poëtes grecs et le plus novateur, prenant Andromaque pour sujet d'une de ses tragédies et lui donnant un autre époux qu'Hector et un autre fils qu'Astyanax, l'a pourtant représentée sauvant du trépas son fils Molossus : tant, chez les anciens, le personnage d'Andromaque était naturellement destiné à exprimer l'amour maternel et ses angoisses! Les poëtes pouvaient changer ses aventures, mais ils ne pouvaient changer ses sentiments.

Andromaque figure dans deux tragédies d'Euripide, *les Troyennes* et *Andromaque* : dans l'une, pleurant son fils Astyanax qu'on arrache de ses bras pour le précipiter du haut des remparts de Troie; dans l'autre, tremblant pour les jours de Molossus, le fils qu'elle a eu de Néoptolème, et poursuivie par la haine d'Hermione. Voyons de quelle manière Euripide a, dans ces deux pièces, exprimé l'amour maternel.

Les Troyennes sont un tableau tragique plutôt qu'un drame; la ruine de Troie en est le sujet, et Hécube, qui personnifie, pour ainsi dire, le malheur de sa ville et de sa famille, Hécube en fait le personnage principal et le centre. Mais, autour d'elle, il y a trois personnages destinés à exciter l'intérêt du spectateur et qui font l'action du tableau, Cassandre, Andromaque et Hélène ; Cassandre, toujours pleine de sa fureur prophétique, et qui, devenue l'esclave d'Agamemnon, chante cet hyménée de servitude et prédit les malheurs qui vont bientôt accabler les Atrides ; Hélène, que Ménélas veut punir de ses perfidies, et qui plaide sa cause devant lui contre Hécube qui l'accuse; Andromaque enfin, à qui Talthybius vient annoncer l'arrêt prononcé par les Grecs contre son fils. Ces trois scènes fort diverses font toute la tragédie : une scène de plaidoirie entre Hécube et Hélène, devant Ménélas qui, selon Euripide, ordonne de transporter Hélène sur un vaisseau autre que le sien, afin de n'être point tenté de lui pardonner en chemin ; une scène de prophétie de Cassandre annonçant quelles expiations vont, pour la Grèce, suivre la chute de Troie ; une scène enfin des douleurs maternelles d'Andromaque, qui voit son fils Astyanax arraché de ses bras. C'est cette scène que nous devons rapidement exposer.

Andromaque envie le sort de Polyxène qu'elle a vu immoler sur le tombeau d'Achille : « C'est sur
« moi qu'il faut pleurer, dit-elle à Hécube, moi qui
« vais être emmenée captive en Grèce, destinée au
« lit d'un maître impérieux. Il y a moins de douleurs
« dans la mort de ta fille que dans mon esclavage,
« car je n'ai plus même l'espérance, ce dernier bien
« des malheureux, et je ne peux plus imaginer que
« j'aie aucune joie à attendre sur la terre[1]. » Hécube alors, avec cette science du malheur et de la résignation que donne une longue vie : « O ma fille, ré-
« pond-elle, cesse de rappeler le malheur d'Hector :

---

[1] *Troyennes,* vers 672.

« les larmes ne peuvent plus le sauver. Apprends à
« honorer le maître que le sort t'a donné ; plais-lui
« par ta douceur, afin que, par toi, les Troyens
« puissent encore trouver quelque appui ; afin que
« surtout tu puisses élever ton fils, cet enfant de
« mon Hector, ce dernier gage des destinées de
« Troie, et qu'un jour les descendants de ton fils
« revenant habiter nos rivages, il y ait encore un
« Ilion[1] ! » Belles et tristes consolations, pleines de
l'expérience de la vieillesse qui sait bien qu'il n'y a
pas un jour, dans la vie de l'homme, où il puisse se
dire arrivé au terme du malheur, et qu'il ne faut jamais tenter ni défier l'infortune !

Andromaque l'éprouve cruellement. Elle oubliait,
en se croyant aussi malheureuse qu'elle pourrait jamais l'être, elle oubliait son fils que les Grecs peuvent faire périr. Talthybius arrive :

« Épouse du plus brave des Troyens, ne me mau-

---

[1] *Troyennes,* vers 692.

> Mes enfants, oublions cette fierté des rois
> Qu'au palais de Priam nous eûmes autrefois.
> . . . .
> Sans nous ressouvenir d'une gloire importune,
> Il faut s'abandonner au cours de la fortune,
> Et, n'étant plus au temps de ses prospérités,
> Il faut aller au gré de ses adversités.
> Nous ne commandons plus aux peuples de l'Asie ;
> Notre grandeur sous Troie est toute ensevelie ;
> Nous sommes des captifs que les Grecs ont soumis ;
> Nos enfants sont aux fers parmi nos ennemis :
> Il faut prendre un esprit conforme à leurs misères,
> Et nous ressouvenir que nous sommes leurs mères.
>
> (PRADON, *Troade.*)

« dis pas : c'est malgré moi que je viens t'apporter
« les ordres des Grecs et des Atrides.

ANDROMAQUE.

« Qu'est-ce? hélas! quel nouveau malheur m'annonce ce langage?

TALTHYBIUS.

« Ils veulent que ton fils... Comment parler?

ANDROMAQUE.

« Quoi! veulent-ils qu'il ait un autre maître que
« moi? veulent-ils me l'ôter?

TALTHYBIUS.

« Aucun des Grecs ne sera jamais le maître de ton
« fils.

ANDROMAQUE.

« Demeurera-t-il donc ici comme un reste des
« Troyens?

TALTHYBIUS.

« Je ne sais comment t'annoncer ton malheur.

ANDROMAQUE.

« Ah! j'approuve ton embarras, puisque tu n'as
« rien d'heureux à me dire.

TALTHYBIUS.

« Hélas! apprends tout : ils veulent tuer ton fils.

ANDROMAQUE.

« O dieux! il y a donc pour moi une plus grande
« douleur que d'épouser Pyrrhus!

TALTHYBIUS.

« L'avis d'Ulysse l'a emporté dans l'assemblée des
« Grecs.

ANDROMAQUE.

« Hélas! hélas! il n'y a plus de mesure dans nos
« maux.

TALTHYBIUS.

« Ulysse ne veut point qu'on laisse vivre le fils
« d'un si vaillant père. »

ANDROMAQUE.

« Puisse ce vœu retomber un jour sur ses en-
« fants[1] ! »

Talthybius, qui n'est pas seulement un messager, mais qui prend part à la douleur qu'apporte son message, conseille à Andromaque de se soumettre à sa destinée :

« Que peux-tu contre la volonté des Grecs? Consi-
« dère ton sort : ta ville et ton époux ont péri, tu es
« esclave. Pourquoi essayer de lutter contre la force ?
« Évite le blâme qu'attire la violence même de la
« douleur[2].... Ne jette pas aux Grecs tes impréca-
« tions : car si tu irrites l'armée, ton enfant n'ob-
« tiendra ni la sépulture ni la pitié; mais si tu gardes
« le silence malgré ta douleur, son cadavre ne restera
« pas sur le rivage sans être enseveli, et les Grecs
« loueront ta réserve[3]. »

Ces conseils de la sagesse antique, de cette sagesse résignée au destin, persuadent Andromaque, car le prix que, comme tous les anciens, elle attache aux honneurs de la sépulture, lui fait sentir qu'au delà

---

[1] EURIPIDE, *Troyennes,* vers 704.

[2] Je ne traduis pas mot à mot, parce que j'ai peur que notre temps ne se récrie sur ces conseils de modération donnés à une mère qui va voir périr son fils :

« ...Ne cherche pas la querelle et le combat, dit Talthybius; ne fais rien d'indécent et de blâmable. »

Dans les mœurs, et surtout dans l'art grec, aucune passion ne doit être poussée à l'excès : car l'excès ôte la dignité.

[3] *Troyennes,* vers 724.

de la douleur de voir mourir son fils, il y a encore la douleur de le voir privé de tombeau. Cet espoir d'obtenir à son fils une sépulture honorée des larmes de sa mère, la touche et la contient. Aussi point d'emportements, point de colère ni de désespoir; mais quelle profonde et touchante douleur!

« O mon fils! le plus cher de tous les biens que
« j'avais! tu vas mourir sous les coups des ennemis
« de ta patrie; tu vas abandonner ta mère. Hélas!
« c'est la gloire de ton père, cette gloire qui, dans
« des familles plus heureuses, fait la prospérité des
« enfants, c'est elle qui te fait périr. Ton malheur
« est d'avoir eu un père vaillant et brave. O misères
« de mon lit nuptial! Noces qui m'amenâtes dans le
« palais d'Hector, était-ce pour enfanter une victime
« à la Grèce ou pour donner un maître à l'Asie? —
« Tu pleures, mon enfant : comprends-tu donc tes
« maux? Pourquoi me serres-tu de tes faibles mains
« et t'attaches-tu à ma robe, comme un pauvre oi-
« seau qui se réfugie sous les ailes de sa mère? Il
« n'y a plus la lance d'Hector pour te défendre; il
« n'y a plus de compagnons de ton père, plus de
« Troie. Quoi! précipité du haut des murs et la tête
« brisée sur le sol, tu vas périr, ô toi que j'embrasse
« avec tant d'amour, ô toi dont je respire la douce
« haleine! C'est donc en vain que mes mamelles
« t'ont nourri, c'est donc en vain que j'ai souffert les
« peines de la maternité et de l'allaitement! Em-
« brasse, embrasse encore ta mère, pauvre enfant!
« tu ne le pourras plus bientôt; serre-toi contre mon
« sein, presse-moi de tes bras, unis ta bouche à la

« mienne. O Grecs, pourquoi tuer cet enfant inno-
« cent[1] ? »

Ces gémissements maternels me touchent plus que toutes les colères du monde. Voilà la vraie douleur qui s'abandonne à tous les sentiments que le malheur excite dans l'âme humaine, mais qui ne va point au delà et qui ne tombe pas dans l'emportement de l'instinct; voilà vraiment l'Andromaque d'Homère ; et, quoique Euripide en ait quelque peu altéré le caractère, dans d'autres scènes, par les maximes sentencieuses[2] qu'il met dans sa bouche, cependant il sait le retrouver tout entier, quand il exprime la douleur maternelle.

Nous devons maintenant étudier l'Andromaque de Racine.

« Quoique ma tragédie, dit Racine dans la préface

---

[1] *Troyennes,* vers 735.

[2] Dans Homère, Hector dit à Andromaque de retourner dans le palais et d'y reprendre son travail avec ses servantes. C'est un trait des mœurs antiques, car, selon ces mœurs, la femme devait peu paraître en public. Euripide a arrangé ces simples paroles d'Hector, en sentences prétentieuses : « Tout ce qui est à la gloire d'une femme chaste et vertueuse, « dit Andromaque, je le faisais dans le palais d'Hector, mon époux. La « femme qui ne sait pas rester à la maison rencontre bien vite la médi- « sance ou le blâme, qu'elle soit coupable ou innocente. Quant à moi, je « renonçai au désir de me montrer, et je vivais renfermée ; je ne me « faisais pas même un mérite de cette conduite, comme le font les fem- « mes dans leur vanité; et, prenant la raison pour maîtresse, je me con- « tentais de faire le bien dans ma maison, m'efforçant de plaire à mon « mari par la réserve de mes paroles et la paix de mes regards. . . . . »
(*Troyennes,* vers 640.)

Voilà, certes, un fort bon manuel des devoirs de la femme dans son ménage; mais ces sentences ne conviennent guère au personnage d'Andromaque, et les femmes qui ont ces belles vertus que vante Euripide commencent par n'en pas parler.

« de son *Andromaque*, porte le même titre que la
« pièce d'Euripide, le sujet en est pourtant très dif-
« férent. Andromaque, dans Euripide, craint pour
« la vie de Molossus, qui est un fils qu'elle a eu de
« Pyrrhus et qu'Hermione veut faire mourir avec sa
« mère. Mais ici il ne s'agit point de Molossus ; An-
« dromaque ne connaît point d'autre mari qu'Hector
« ni d'autre fils qu'Astyanax. La plupart de ceux qui
« ont entendu parler d'Andromaque ne la connais-
« sent que pour la veuve d'Hector et la mère d'As-
« tyanax. On ne croit point qu'elle doive aimer ni un
« autre mari ni un autre fils ; et je doute que les
« larmes d'Andromaque eussent fait sur l'esprit de
« mes spectateurs l'impression qu'elles y ont faite,
« si elles avaient coulé pour un autre fils que celui
« qu'elle avait eu d'Hector. »

Racine a raison de dire que le sujet de son *Andromaque* est fort différent du sujet de l'*Andromaque* d'Euripide. Il n'y a entre les deux pièces qu'un seul rapport : Andromaque, dans Racine comme dans Euripide, exprime l'amour maternel.

La différence entre l'Andromaque antique et l'Andromaque moderne tient à la différence même des mœurs et de la société. L'Andromaque d'Euripide représente fidèlement la destinée des captives dans l'antiquité. Hier reine, aujourd'hui esclave, sa grandeur passée ne la protége pas contre les humiliations et les travaux de la servitude : elle file la toile sous les ordres d'une maîtresse, elle va chercher de l'eau aux fontaines publiques[1], elle a soin de la maison[2],

---

[1] HOMÈRE, *Iliade*, VI, 457.
[2] EURIPIDE, *Andromaque*, 34.

elle est esclave enfin. Comme esclave, elle est entrée
dans le lit du vainqueur :

> Stirpis achilleæ fastus juvenemque superbum,
> Servitio enixæ, tulimus. . . . . [1],

dit Andromaque elle-même dans Virgile; et, quand
Pyrrhus l'a laissée pour épouser Hermione, alors il
l'a mariée à un de ses esclaves, à Hélénus, un des
captifs de Troie et le frère même d'Hector :

> Me famulo famulamque Heleno transmisit habendam [2].

Voilà, dans l'antiquité, la condition de la femme
esclave; et, au siècle même de Virgile, aux plus
beaux jours de la civilisation romaine, personne n'était étonné ni choqué d'entendre Andromaque raconter elle-même cette humiliation.

L'Andromaque de Racine ne ressemble guère à ce
modèle : elle est prisonnière, mais elle est honorée
et respectée; elle a une confidente, tandis que l'Andromaque antique n'a qu'une compagne d'esclavage [3]; elle est reine à la cour de Pyrrhus, comme
Jacques II était roi à Saint-Germain, parce que, dans
les idées modernes, les rois même détrônés gardent
leur rang; Pyrrhus, enfin, malgré la violence de son
amour, est un maître discret et respectueux, qui
adore sa captive, mais qui croirait s'avilir, s'il usait
contre elle des droits de l'esclavage antique. Andromaque, de son côté, trouve ce respect tout naturel.

---

[1] *Énéide*, liv. III, v. 326.
[2] *Ibid.*, v. 329.
[3] EURIPIDE, *Andromaque*, v. 64.

L'esclave antique avoue, en baissant les yeux, qu'elle a subi l'amour de son maître; l'Andromaque moderne s'offense à l'idée de ne pas rester fidèle à la mémoire d'Hector, et elle refuse la main de Pyrrhus : scrupules délicats, qui témoignent de la pureté de son âme, mais qui témoignent aussi de la liberté qu'elle tient des mœurs de la société moderne, et du respect que le christianisme et la chevalerie ont pour la femme. Je crois, avec M. de Châteaubriand, que le christianisme a donné à l'Andromaque de Racine sa pureté délicieuse de sentiments; mais je crois surtout qu'il lui a donné l'idée de son indépendance.

Ainsi, entre l'Andromaque moderne et l'Andromaque antique, il n'y a aucune ressemblance de fortune : l'une est presque reine, l'autre est esclave. Mais toutes deux sont mères, toutes deux ont à défendre la vie de leur fils. Ici encore, pourtant, que de différences!

L'Andromaque de Racine est à la fois épouse et mère; elle est fidèle à son Hector au delà du tombeau; le fils qu'elle aime et qu'elle défend est Astyanax, c'est-à-dire un gage de l'amour d'Hector et qui le représente à ses yeux :

> C'est Hector, disait-elle en l'embrassant toujours ;
> Voilà ses yeux, sa bouche, et déjà son audace;
> C'est lui-même. C'est toi, cher époux, que j'embrasse.
> (Acte II, scène 5.)

Ainsi l'amour qu'elle a pour son fils se confond avec la fidélité qu'elle garde à son époux. Troie, Hector, Astyanax, Priam sont les noms qui reviennent sans cesse dans sa bouche; et Pyrrhus lui-même n'ose pas lui interdire ces noms qui entretiennent sa fidélité et sa douleur.

Dans Euripide, le fils qu'Andromaque cherche à défendre de la mort n'est plus Astyanax : c'est Molossus, un enfant qu'elle a eu de Pyrrhus; elle n'est plus épouse comme dans Homère et dans Racine; elle n'est que mère; et Euripide, avec cet esprit philosophique qu'il mettait dans le choix et dans la disposition de ses sujets, non moins que dans les discours de ses personnages, Euripide semble avoir voulu ôter à Andromaque tout ce qui était étranger au sentiment de l'amour maternel, afin qu'elle ne représentât plus que ce sentiment et qu'elle en fût le plus pur et le plus parfait modèle. Elle aime son fils Molossus, non parce qu'elle attache à sa vie, comme à celle d'Astyanax, des souvenirs de bonheur et de gloire; elle l'aime, quoiqu'il soit le fruit de la servitude; elle l'aime, parce qu'il est son fils.

Le péril de Molossus est plus prochain et plus terrible que le péril d'Astyanax. J'entends bien, dans Racine, Oreste qui vient, au nom de la Grèce, demander la mort d'Astyanax; mais Pyrrhus est généreux, et, de plus, il aime Andromaque. Aussi, même lorsqu'il menace Andromaque de faire périr son fils, le spectateur, comme Andromaque elle-même, ne peut pas croire

> . . . . que dans son cœur, il ait juré sa mort :
> L'amour peut-il si loin pousser la barbarie?
>
> (Acte III, scène 8.)

Elle espère donc toujours, et elle a raison. Le danger

de Molossus ne comporte point de pareilles espérances. L'absence de Pyrrhus livre Andromaque et Molossus au pouvoir d'Hermione et de Ménélas; et c'est là un nouveau témoignage du désordre de la société héroïque, où non-seulement la mort, mais l'absence même du père, abandonnaient l'enfant à la tyrannie du premier venu. Andromaque, pour échapper à la colère jalouse d'Hermione, s'est réfugiée en suppliante aux pieds de l'autel de Thétis, et elle a caché son fils. Mais Ménélas, qui joue dans la pièce le rôle d'un perfide et d'un lâche, et qui représente les Lacédémoniens avec lesquels Athènes était en guerre quand Euripide fit jouer sa pièce, Ménélas a découvert la retraite de Molossus, et il menace Andromaque de tuer son fils sous ses yeux, si elle n'abandonne pas l'asile qu'elle a cherché aux pieds de l'autel : « Choisis, dit-il à Andromaque, « de mourir toi-même, ou de voir la mort de ton « fils expier tes offenses envers moi et envers ma « fille. » Ainsi, pour sauver son fils, il ne s'agit pas ici, comme dans Racine, d'oublier l'amour qu'elle a pour la cendre d'Hector; il s'agit d'autre chose que d'un combat de sentiments : il s'agit de mourir elle-même ou de voir mourir son fils. Andromaque n'hésite pas :

« Non, dit-elle, je ne sauverai pas mes jours au
« prix de ceux de mon enfant. Qu'il vive!... j'espère
« pour lui un sort plus heureux. Qu'il vive!... ce
« serait une honte pour moi de ne point savoir
« mourir pour mon fils. Vois, Ménélas, j'abandonne
« l'autel qui me protégeait : tu peux maintenant im-
« moler ta victime. O mon fils! ta mère va mourir

« afin que tu vives. Si tu échappes à la mort, sou-
« viens-toi de ta mère et comment elle a péri pour
« toi ; et, quand tu reverras ton père, quand tu
« l'embrasseras, dis-lui, en pleurant et en baisant
« ses mains, dis-lui ce que j'ai fait pour te sauver.
« Nos enfants sont notre vie et notre âme. Qui-
« conque n'en a pas et blâme l'amour que nous
« avons pour eux, je le plains : il a moins de peines,
« mais il est malheureux dans son bonheur[1]. »

Je touche ici à la différence fondamentale entre les deux pièces. Le sujet de la pièce de Racine est bien moins le péril d'Astyanax que l'amour de Pyrrhus pour Andromaque et son incertitude entre Andromaque et Hermione. Qui l'emportera d'Andromaque ou d'Hermione? voilà où est l'intérêt principal de la pièce. Il est vrai que nous entendons souvent parler d'Astyanax et d'Hector ; mais l'amour de Pyrrhus, cet amour tantôt suppliant et tantôt impérieux, plein de colères qu'un coup d'œil apaise, et de résolutions qu'un mot change, cet amour fait le fond de la pièce, et il en fait toutes les péripéties. Dans la pièce d'Euripide, au contraire, il n'est pas question d'amour, il n'est question que du péril de Molossus. Oreste, dans Euripide, laisse à peine entendre qu'il aime Hermione ; il ne vient pas en Épire *chercher une inhumaine*[2], non : « En passant par le
« pays de Phthie pour aller consulter l'oracle de
« Dodone, il a jugé à propos de s'informer d'une
« parente, Hermione de Sparte : il veut savoir si

---

[1] EURIPIDE, *Andromaque*, vers 403.

[2] RACINE, *Andromaque*, acte I, scène 1.

« elle est vivante et heureuse[1]. » Comparez enfin, pour mieux sentir la différence des deux pièces, comparez, dans Racine et dans Euripide, la scène entre Andromaque et Hermione. C'est, dans les deux poëtes, la jalousie d'Hermione qui en fait le sujet; mais, dans Racine, cette jalousie est celle d'une femme qui, jouissant avec délices de l'humiliation de sa rivale, sait pourtant se contenir et ne laisse éclater sa passion que par quelques paroles d'ironie :

> S'il faut fléchir Pyrrhus, qui le peut mieux que vous?
> Vos yeux assez longtemps ont régné sur son âme.
> Faites-le prononcer : j'y souscrirai, madame.
>   (Acte III, scène 4.)

L'Hermione grecque, au contraire, est l'épouse légitime qui, dans sa jalousie et dans sa colère, veut tuer l'esclave qui lui a disputé le lit de son époux : c'est Sarah faisant chasser Agar; c'est une scène du ménage des patriarches et des héros, ou une scène de sérail. Aussi quelle violence, quelles injures!
« C'est toi, dit-elle à Andromaque, c'est toi, esclave
« et captive, qui voulais me chasser de ce palais
« pour y être maîtresse. Tu me rends, par tes malé-
« fices, odieuse à mon époux, et tu as frappé mon
« sein de stérilité. L'esprit des femmes de l'Asie est
« habile dans ces arts funestes; mais je réprimerai ton
« audace. Ni la demeure de la Néréide, ni ce temple,
« ni cet autel ne te protégeront... Malheureuse, tu
« en viens à ce point d'égarement d'oser entrer dans
« le lit de celui dont le père a tué ton époux...[2] »

[1] EURIPIDE, *Andromaque*, vers 885.
[2] EURIPIDE, *Andromaque*, v. 155.

L'Andromaque d'Euripide n'est pas non plus cette mère douce et plaintive qui vient supplier Hermione de sauver Astyanax, qui ne lui parle de leur rivalité auprès de Pyrrhus que pour la désavouer :

> Je ne viens point ici par de jalouses larmes
> Vous envier un cœur qui se rend à vos charmes.
> (Acte III, scène 4.)

Elle n'a pas ces touchantes prières en faveur de son fils :

> Mais il me reste un fils : vous saurez quelque jour,
> Madame, pour un fils jusqu'où va notre amour.
> . . . .
> Laissez-moi le cacher dans quelque île déserte.
> Sur les soins de sa mère on peut s'en assurer,
> Et mon fils avec moi n'apprendra qu'à pleurer.
> (Ibid.)

L'Andromaque d'Euripide oppose l'insulte à l'insulte : elle reproche hardiment à la fille d'Hélène de manquer des vertus qui font l'honneur des épouses; et, à ce sujet, elle fait une apologie curieuse des mœurs domestique de l'Orient, opposées aux mœurs de l'Occident :

« Ce ne sont pas mes maléfices qui te font haïr de
« ton époux; mais tu ne sais pas lui rendre ton com-
« merce agréable. Le véritable philtre n'est pas la
« beauté : ce sont les vertus qui plaisent aux maris.
« Tu parles sans cesse avec emphase de la grandeur
« de Lacédémone, et de Scyros avec dédain; tu étales
« ta richesse parmi des pauvres; Ménélas est à tes
« yeux plus grand qu'Achille. Voilà ce qui te rend

« odieuse à ton époux. Une femme, fût-elle unie à
« un méchant époux, doit chercher à lui plaire et
« ne pas lutter avec lui d'arrogance. Si tu avais eu
« pour époux quelque roi de la Thrace, où le même
« homme fait tour à tour partager sa couche à plu-
« sieurs femmes, tu les aurais donc tuées toutes?...
« O mon Hector, si Vénus t'inspirait quelques désirs,
« j'aimais, à cause de toi, les femmes que tu aimais ;
« souvent même je présentais mon sein aux enfants
« qu'une autre femme t'avait donnés, afin d'éloigner
« de ta demeure l'amertume des querelles. C'est ainsi
« que je gagnais, par ma douceur, le cœur de mon
« époux [1]. »

Telles sont les différences entre l'Andromaque antique et l'Andromaque moderne; différences qu'il est bon de noter, parce que l'Andromaque moderne est un des plus curieux exemples de la manière dont Racine composait ses personnages, mêlant avec un art infini, dans ses conceptions, les souvenirs de l'antiquité et l'inspiration des idées modernes. Écoutez tous ces noms poétiques de Troie, de Priam et d'Hector, ces tristes invocations aux rivages chéris de l'Asie :

> Non, vous n'espérez plus de nous revoir encor,
> Sacrés murs, que n'a pu conserver mon Hector !
> (Acte I, scène 4.)

Écoutez le récit de
> cette nuit cruelle
> Qui fut pour tout un peuple une nuit éternelle.
> (Acte III, scène 8.)

---

[1] *Andromaque*, vers 204.

N'est-ce pas l'Andromaque d'Homère et de Virgile que nous entendons? n'est-ce pas l'antiquité transportée par enchantement sur la scène française? Mais si, écartant un instant ces grands noms, vous étudiez le personnage d'Andromaque, cette dignité et cette pureté qu'elle a gardées au sein de l'esclavage, cette fidélité à la mémoire d'Hector, ce péril d'Astyanax qui suffit pour exciter les craintes d'une mère, mais qu'elle pourra faire cesser quand elle voudra user du pouvoir de sa beauté; l'amour respectueux de Pyrrhus, la lutte secrète entre Hermione et Andromaque, ces mouvements de passions, ces détours du cœur, ces colères, ces jalousies que Racine a transportées du monde sur le théâtre, — vous reconnaissez aussitôt cette sensibilité délicate et vive qui est un des caractères de la société et de la littérature modernes; vous reconnaissez ces passions à la fois profondes et fines qui se sont développées sous l'influence, diverse en apparence, des scrupules religieux de la morale chrétienne et des conversations de galanterie sentimentale de l'hôtel de Rambouillet; vous reconnaissez surtout la jeunesse de Racine, tel que nous nous le figurons au sortir des graves études de Port-Royal, plein des souvenirs de l'antiquité, mais ému aussi et inspiré par les passions qu'il sentait dans son âme, et peignant Andromaque, Pyrrhus et Hermione, moins encore peut-être avec les traits qu'il trouvait dans Homère ou dans Virgile, qu'avec ceux qu'il trouvait dans son cœur.

XV

DE L'AMOUR MATERNEL. — MÉROPE DANS TORELLI, MAFFEI, VOLTAIRE ET ALFIERI.

Le caractère d'Andromaque est l'expression la plus touchante et la plus pure de l'amour maternel, mais il n'exprime pas toute l'énergie de cet amour; la tendresse maternelle ne peut pas parler un plus doux et plus pénétrant langage, mais elle peut être plus passionnée et plus violente; elle ne peut pas inspirer plus de pitié, mais elle peut inspirer plus de terreur. C'est là la différence entre Andromaque et Mérope.

Euripide, chez les anciens, et, chez les modernes, Torelli, Maffei, Alfieri en Italie, et Voltaire en France, ont traité le sujet de Mérope. Étudions rapidement l'expression que ces divers poëtes ont donnée à l'amour maternel.

Le mythologue Hygin nous a conservé l'argument de la tragédie d'Euripide[1]. Le sujet est simple et

---

[1] Les fables mythologiques d'Hygin sont, pour la plupart, des arguments d'anciennes tragédies grecques. Il y a, dans l'argument de la *Mérope* d'Euripide, une interversion qui tient au mauvais état des manuscrits : ainsi cet argument se trouve mêlé avec l'histoire de Penthée

touchant. Polyphonte a tué Cresphonte, roi de Messénie, massacré ses fils et épousé sa veuve Mérope. Téléphonte, seul d'entre les fils de Cresphonte, a échappé au massacre. Mérope l'a confié encore enfant aux soins d'un habitant de l'Élide. Mais, plus tard, se sentant fort et hardi, Téléphonte vient à Messène sous un nom supposé, et annonce à Polyphonte qu'il a tué le fils de Mérope. Le tyran l'accueille avec joie. Mérope, qui a appris l'arrivée d'un étranger venu pour recevoir de Polyphonte la récompense d'un meurtre, commence à trembler pour la vie de son fils; et bientôt, le vieillard qui lui servait de messager en Élide, venant lui annoncer qu'il n'a point retrouvé Téléphonte, elle ne doute plus de son malheur. Elle cherche Téléphonte, qu'elle rencontre endormi dans le palais, et elle s'élance sur lui, la hache à la main, pour venger son fils, lorsque le vieillard accourt, reconnaît Téléphonte et arrête Mérope. Téléphonte ne tarde pas à tuer le tyran et recouvrer le trône de son père.

Tel est le sujet de la tragédie d'Euripide, qui est intéressant sans être compliqué.

Au seizième siècle, en 1595, le comte Torelli, qui, comme beaucoup d'écrivains italiens de ce siècle, mêlait les affaires et les lettres, et qui fut ambassadeur et poëte, a, dans sa *Mérope*, pris l'argument d'Euripide dans toute sa simplicité, et cela lui a porté bonheur. Sa pièce est, si je puis emprunter ce terme d'architecture, une restauration de la tragédie

---

et d'Agavé. C'est à la fable 137, qui ne contient que trois lignes, qu'il faut aller chercher, dans les anciennes éditions, le commencement de l'argument de la *Mérope*.

d'Euripide ; non qu'il ait cherché à encadrer laborieusement dans sa pièce les fragments de la *Mérope* d'Euripide ; il a mieux fait : il s'est laissé inspirer par le sujet de la tragédie antique, sans s'occuper des cinquante ou soixante vers d'Euripide, dispersés çà et là, et qui n'étaient pas encore recueillis au seizième siècle ; et, comme il avait l'amour de la littérature antique ; comme, de plus, le génie italien est parent du génie grec, plusieurs scènes de la tragédie de Torelli me semblent, j'ose le dire, retrouvées d'Euripide. Téléphonte surtout a vraiment la simplicité et la grandeur des personnages de la tragédie antique, quand, rentrant dans Messène, pauvre, inconnu, persécuté, mais plein de joie et de confiance, il salue cette patrie tant souhaitée :

« O patrie, chère et bien-aimée patrie ! mes yeux si
« longtemps privés de ta vue, peuvent donc enfin se
« repaître de ta beauté ! Voici l'asile où je fus élevé ;
« voici la terre que l'invincible Hercule, mon aïeul,
« a donnée à ses descendants, et qui m'était injus-
« tement interdite ! Temple sacré que mon père a si
« longtemps parfumé des vapeurs de l'encens, autel
« arrosé par lui du sang de tant de victimes, secou-
« rez-moi, obtenez du ciel que mes mains accom-
« plissent ma vengeance ! Palais de mes aïeux, ma-
« gnificence de mes pères, d'où vient qu'en ce
« moment je suis à la fois heureux et triste en vous
« voyant ? C'est ici que je naquis fils d'un de vos
« rois, c'est ici que je devais être roi. Et cepen-
« dant l'injustice du sort m'a arraché de votre sein,
« j'ai perdu mon père et ma patrie, et, de tant de
« sujets si chers et si fidèles, il n'y en a plus qu'un

« pour me reconnaître, Nessus, le seul Nessus, que
« je voudrais retrouver; mais je n'ose le demander
« à personne, car le palais du tyran est plein de
« soupçons : les murs, les fenêtres, les portes ont
« des yeux et des oreilles pour épier mes pas et rap-
« porter mes paroles [1]. »

[1] O cara amata patria, io gli occhi pasco
Lungamente digiuni
Della tua dolce e bramata vista!
Questo è pur il bel nido,
Ov'io sì dolcemente fui nodrito.
Quest' è la terra pur, ch' Ercole invitto,
Mio gran progenitore a goder diede
Col valor acquistata a' suoi nepoti;
Ch' or così ingiustamente m' è intercetta.
Augusti, e sacri tempii, ch' onorati
Foste dal padre mio d'arabi odori,
Are, che di vermiglio sangue asperse
Foste da tante vittime, impetrate
Dal cielo a un pio d' un empio omai vendetta!
Larghe piazze, e palazzi,
Contesti di diversi, e puri marmi,
Lasso me, ch' ora il rivedervi insieme
Mi diletta e m' attrista. Io pur qui nacqui
D' un vostro caro re, principe vostro;
E pur dal vostro grembo iniqua sorte
Mi svelse, e perdei patre e regno insieme,
Nè di tanti sì cari e sì fedeli,
Che soggetti mi fur fedeli e cari,
Un sol mi riconosce, Nesso solo;
Vorrei Nesso trovar, ma non ardisco
Dimandarne ad alcuno; che le case
De' tiranni son piene di sospetto.
Parlano le pareti e le finestre,
Pur ch' abbiano le porte occhi e orecchie
Per ispiar, per riportar mai sempre.
(Edit. de Vérone, 1723, v. 856.)

Bientôt il raconte au tyran qu'il a lui-même tué Téléphonte, le fils de Mérope; et, à cette nouvelle, Polyphonte, plein de joie et ne se défiant plus de l'étranger, en fait son hôte et son ami. Téléphonte erre donc librement dans le palais de ses pères, et il arrive dans la salle où est le trône de Cresphonte. Il s'assied, avec un mélange de respect et de joie, sur ce siége paternel : car Apollon lui a prédit qu'il trouverait la fin de ses malheurs, quand il serait assis sur le siége de son père; et, plein des espérances et des souvenirs que ce trône réveille en lui :
« C'est donc ici, s'écrie-t-il, qu'après tant et de si
« longs malheurs, je dois trouver le repos. Comme
« mes membres s'y reposent doucement! O Apollon!
« Apollon! pour entrer dans ce palais, comme j'y
« suis aujourd'hui, hôte inattendu et inconnu, pour
« m'asseoir sur ce siége sacré, terme de mes maux,
« que de montagnes, que de chemins traversés en
« fuyant! que de nuits passées sans sommeil! Je ne
« sais quelle joie languissante et délicieuse s'empare
« de mes sens; ma tête se penche malgré moi; un
« doux sommeil, le sommeil du toit paternel, se
« répand sur mes yeux. Hélas! puis-je fermer la pau-
« pière? Seul, désarmé, exposé à tant de haines, qui
« veillera sur moi? Mais non, je le sens, je ne puis
« résister à la fatigue qui m'accable, ou plutôt à
« l'ascendant du dieu qui m'a conduit ici : c'est donc
« à lui que je m'abandonne. Puisse-t-il me protéger!
« puisse-t-il sauver mon innocence des périls qui
« l'entourent[1]! »

---

[1] O quanto dopo un grave, e lungo affanno,
Dopo lungo cammino il roto e stanco

Et, pendant qu'il s'endort sur le siége de son père avec tant d'espérance et en invoquant la protection des dieux, le chœur, au fond du théâtre, s'indigne de voir cet homme s'asseoir et s'endormir sur le trône du père, quand il vient de tuer le fils. C'est ici que le chœur de Torelli ressemble au chœur des anciens et devient dramatique : « Il dort, dit-il, « comme sur un lit délicieux; il dort plein de calme « et de sécurité, au moment du péril et de la mort; « il dort, l'impie et le meurtrier! et ses yeux se sont « fermés un instant comme pour se reposer, ses « yeux que va bientôt couvrir une éternelle nuit! « O Jupiter! c'est toi qui ôtes la prudence et le ju- « gement aux hommes qui, chargés du poids de « de leurs crimes, ont passé l'heure du repentir

>Corpo soavemente si restaura!
>Quanti colli ho trascorsi e quante valli,
>Quante notti vegliai, mentre procuro
>Giungere inaspettato e sconosciuto!
>Or, con molli delizie tutte irriga
>Le mie languide membra il buon riposo!
>Ma poco amico a me la testa aggrava;
>Par che mi furi gli occhi, e scherzi intorno
>A le mie cave tempie il pigro sonno.
>Ben mi saria compagno amico et caro
>In altro tempo, ma cent' occhi avere,
>Non che due soli, aperti or mie conviene,
>Nè, lasso, a la stanchezza, al gran bisogno,
>C' ho di dar requie a' travagliati sensi,
>Resister posso; a la mia sorte il tutto,
>E me stesso rimetto a chi governa
>Il cielo, c'l tutto regge e d'innocente
>Sangue nel maggior rischio ha propria cura.

(P. 379.)

« et épuisé la source de ta clémence! c'est toi qui
« les remplis d'audace et d'espérance, et qui les
« pousses comme des aveugles au précipice qui doit
« les engloutir [1]! »

A ce moment, entre Mérope, furieuse, pleine de colère, de douleur et de vengeance, la hache à la main et s'apprêtant à immoler Téléphonte. Avant de le frapper, elle le fait lier, afin qu'il s'éveille et qu'il sente la mort. Téléphonte alors, prêt à recevoir le coup mortel : « Apollon, s'écrie-t-il [2], est-ce donc là
« ton oracle? est-ce ainsi que je devais trouver le

[1] Quasi tra lievi, e delicate piume,
E de la sicurezza accolto in grembo,
In tal periglio, in così certa morte
Quest' empio e scelerato si riposa,
E per breve conforto hor gli occhi chiude,
Che saran chiusi in sempiterna notte.
Come privi di mente e di consiglio,
O sommo Giove, quei che di rie colpe
Carchi, al suo pentimento han chiuso il passo,
E della tua pietate il fonte han secco ;
D' audacia tu, di vana speme colmi,
Ciechi gli spingi a precipizio aperto.
(P. 380.)

[2] Febo, pur sei verace e pur m' hai detto,
Ch' in questo seggio i' troverei riposo!
Ed io n' attendo dispietata morte.
Lasso, che' nvendicato il padre resta!
Ed io infelice, e' nvendicato moro!
Un sol conforto ne la morte trovo,
Ch' io pur morrò sopra il real mio soglio ;
Nè spirar devo altrove,
Che in questo real seggio.
MEROPE.
Oimè! chi sei? dimmi chi sei? che soggio
È questo tuo? che padre invendicato?

« repos sur ce siége? est-ce la mort qui m'y atten-
« dait? Hélas! ainsi mon père ne sera pas vengé! et
« moi-même, malheureux, je ne le serai pas non
« plus! La mort n'a pour moi qu'une consolation,
« c'est qu'au moins je meurs dans mon palais et que
« j'expire sur le trône où je devais vivre. »

MÉROPE.

« O Dieu! qui es-tu? Dis-moi : ce palais, ce trône
« qui est le tien, ce père qui ne sera pas vengé?.....
« Parle, parle, ne tarde pas, n'essaie pas de me
« tromper dans ce terrible moment! Qui es-tu? »

TÉLÉPHONTE.

« Je n'ai personne ici qui me connaisse, excepté
« Nessus, le vieux serviteur de la reine. »

Et c'est alors que Nessus accourant et reconnaissant de loin Téléphonte : « Jetez cette hache, s'é-
« crie-t-il, ô reine! c'est Téléphonte, c'est votre
« fils! »

Voilà ce coup de théâtre tant attendu, qui faisait tressaillir les Grecs : car Plutarque, dans un de ces traités où il parle un peu de tout, le traité *S'il est*

>   Dimmi? non tardar più : che mal convienti
>   Meeho scherzar su tuo periglio estremo.
>
>   TELEFONTE.
>   Qui non è alcun che mi conosca ; solo
>   Nesso, della reina antico servo,
>   Conoscer mi patria.
>   . . . .
>   NESSO.
>   Oimè! reina,
>   Oimè! pon giù quell' azza : Telefonte
>   È questo mio, quest' è il tuo amato figlio!
>   (P. 382-383.)

loisible de manger de la chair, raconte qu'au moment où la Mérope d'Euripide, la hache levée sur Téléphonte, s'écriait :

> Au nom des dieux vengeurs, reçois le coup mortel !

il y avait, dans le théâtre, un frémissement universel, la foule craignant que Narbas n'accourût pas à temps pour sauver Téléphonte [1].

L'argument d'Hygin et surtout la pièce de Torelli nous rendent, pour ainsi dire, la Mérope antique. Malgré quelques traits qui gâtent la beauté de son caractère [2], Mérope est déjà, dans Torelli, cette mère ardente et désespérée, qui, son fils à peine reconnu et à peine sauvé, craint de le voir périr sous les coups du tyran : « O mon fils, dit-elle, je ne sais si en t'em-
« brassant mon cœur est plus agité de crainte que
« de plaisir : je suis heureuse de te voir, et je frémis

---

[1] Maffei a trouvé trop simple ce coup de théâtre antique, et il a divisé et redoublé le péril d'Égisthe (c'est le nom qu'il donne à Téléphonte); mais, en le redoublant, il l'a affaibli. Ainsi, au troisième acte, Mérope fait attacher Égisthe à une colonne, et elle va le frapper : Polyphonte arrive et le délivre. Au quatrième acte, Egisthe s'endort, non plus, comme dans Torelli, sur le trône de Cresphonte et avec l'espoir qu'il tient des dieux de trouver dans ce sommeil l'heureux accomplissement de sa destinée, non plus avec une émotion douce et solennelle; il s'endort sous un vestibule, parce qu'il y sera, dit-il, à l'abri du froid qui tombe des rayons de la lune.

[2] Dans Torelli, Mérope est sensible (qui le croirait?) à l'amour de Polyphonte, amour honnête, il est vrai, s'il en fut jamais ; et, quand le tyran a péri : « Tu étais, dit-elle, un roi courageux, et, ce qui m'afflige
« et malgré moi m'arrache des larmes, tu étais un loyal et généreux
« amant... Une femme honnête ne peut pas refuser quelques larmes à la
« mort d'un amant, fût-il son ennemi. »

« en songeant aux périls qui t'entourent[1] ! » Ce sont ces angoisses de l'amour maternel, indiquées par Torelli, qu'ont surtout voulu représenter Maffei, Voltaire et Alfieri.

Maffei a su trouver des traits heureux et expressifs pour peindre l'amour maternel de Mérope. Quand Égisthe, encore inconnu, est amené devant Polyphonte comme coupable d'un meurtre, Mérope s'émeut : elle pense à son fils, qui est peut-être aussi malheureux que lui[2].

Il me rappelle Égisthe ; Égisthe est de son âge,

dit-elle aussi dans Voltaire ;

> Peut-être, comme lui, de rivage en rivage,
> Inconnu, fugitif et partout rebuté,
> Il souffre le mépris qui suit la pauvreté.
>
> (Acte II, scène 2.)

Non-seulement le malheur d'Égisthe fait songer Mérope au malheur de son fils, elle sent aussi, à l'aspect de ce jeune homme, je ne sais quel mouvement confus de pitié et de tendresse : la voix du sang se fait entendre déjà entre le fils et la mère, sans qu'ils se connaissent encore. Mérope a cru même aper-

---

[1] Non so se più la tema o più il piacere,
Per tua cagion, figlio, m' ingombri il petto :
Godo sì di vederti, e sì m' affligge
Il veder che t' esponghi a sì gran rischio.
(Même édit., p. 385.)

[2] . . . . In tal povero stato
Oimè ch' anche il mio figlio occulto vive.
(Édit. de Venise et de Vérone, 1722 ; acte III, scène 3.)

cevoir dans Égisthe quelques traits de Cresphonte :

. . . . Tandis qu'il m'a parlé,

dit-elle dans Voltaire qui ne fait que traduire Maffei,

Sa voix m'attendrissait, tout mon cœur s'est troublé.
Cresphonte... ô ciel ! j'ai cru... que j'en rougis de honte !
Oui, j'ai cru démêler quelques traits de Cresphonte.
(Acte II, scène 2.)

Égisthe se sent aussi étonné et attendri [1]. Ces pressentiments confus plaisent au spectateur et lui semblent naturels, parce que, entre une mère et un fils, la puissance de l'affection est si forte et si vive, que nous ne pouvons pas croire que, dès qu'ils se rencontrent, même sans se connaître, ils ne soient pas secrètement avertis l'un et l'autre du lien qui les unit.

Maffei, et c'est là le grand mérite de sa pièce, n'a donné à sa Mérope aucun sentiment étranger aux sentiments de la tendresse maternelle; il a rejeté loin d'elle les fadeurs amoureuses qui, dans Torelli, gâtent son caractère, et les maximes philosophiques que Voltaire a maladroitement mêlées à sa douleur [2].

De toutes les héroïnes de Voltaire, Mérope est celle peut-être qui a le moins de prétentions philosophiques, mais elle en a encore; et, quoique la pièce de Voltaire soit mieux conduite que celle de

---

[1] Mon âme en sa présence, étonnée, attendrie....
(Acte II, scène 2.)

[2] . . . . Périsse la marâtre
Périsse le cœur dur, de soi-même idolâtre,
Qui peut goûter en paix, dans le suprême rang,
Le barbare plaisir d'hériter de son sang !
(Acte I, scène 1.)

Maffei, quoique les scènes y soient plus habilement amenées et plus intéressantes, cependant la tragédie de Maffei peut soutenir la comparaison avec celle de Voltaire, à cause de sa simplicité et parce que Mérope y est toujours mère, sans se soucier jamais d'être esprit fort[1]. Mais, si nous laissons de côté ce défaut, quelle vérité et quelle force a l'amour maternel de Mérope dans Voltaire! Quelle admirable soif de

---

[1] Avant Voltaire, Lagrange-Chancel, en France, avait traité, sous le titre d'*Amasis*, le sujet de Mérope ; et il avait su, dans le personnage de Nitocris, qui est Mérope transportée en Égypte, peindre avec succès l'amour maternel. Il y a même dans cette pièce un vers sublime. Nitocris menace le tyran Amasis de la vengeance de son fils; et, comme celui-ci rit de cette menace :

Eh! qui peut arrêter son généreux effort?

dit Nitocris,

Dis, qui peut l'empêcher de t'immoler?

AMASIS.

Sa mort.

NITOCRIS.

Mon fils est mort?

AMASIS

Conduit par sa noire furie,
Il venait dans ces lieux pour m'arracher la vie,
Lorsqu'un bras triomphant envoyé par les dieux,
L'a privé pour toujours de la clarté des cieux.

NITOCRIS.

Non, je ne le crois point. . . . .
. . . .

AMASIS.

Si vous n'en croyez rien, d'où vient que vous pleurez?

Ce vers exprime admirablement la situation : d'une part, la joie du tyran, et, de l'autre, la douleur de cette mère qui essaie de douter de la mort de son fils, mais qui pleure cependant, parce qu'une mère craint pour ses enfants les malheurs mêmes qu'elle ne croit pas.

vengeance, quand elle croit voir dans Égisthe le meurtrier de son fils!

> Qu'on amène à mes yeux cette horrible victime!
> Inventons des tourments qui soient égaux au crime!
> Ils ne pourront jamais égaler ma douleur.
>
> (Acte III, scène 4.)

Quelle émotion et quelle terreur, quand Narbas arrêtant son bras déjà levé pour frapper Égisthe,

> J'allais venger mon fils,

s'écrie-t-elle :

> Vous alliez l'immoler,

répond Narbas. Quelle belle scène enfin que celle où, devant Polyphonte, elle trahit son fils en voulant le défendre! lorsque Polyphonte, s'étonnant de voir que Mérope n'ait point immolé Égisthe, comme elle le voulait, Égisthe dit au tyran :

> . . . Tu vends mon sang à l'hymen de la reine.
> Ma vie est peu de chose, et je mourrai sans peine;
> Mais je suis malheureux, innocent, étranger :
> Si le ciel t'a fait roi, c'est pour me protéger.
> J'ai tué justement un injuste adversaire.
> Mérope veut ma mort ; je l'excuse : elle est mère;
> Je bénirai ses coups prêts à tomber sur moi,
> Et je n'accuse ici qu'un tyran tel que toi.
>
> POLYPHONTE.
>
> Malheureux! oses-tu, dans ta rage insolente...
>
> MÉROPE.
>
> Eh! seigneur, excusez sa jeunesse imprudente :
> Élevé loin des cours et nourri dans les bois,
> Il ne sait pas encor ce qu'on doit à des rois.
>
> (Acte IV, scène 2.)

Ce mouvement de Mérope, qui trahit le secret qu'elle voulait garder, cette mère empressée à justifier son fils et qui le dénonce en le justifiant, ces explosions involontaires de l'amour maternel ne sont pas des coups de théâtre; c'est mieux que cela : ce sont des mouvements du cœur humain.

Je citerai, dans la *Mérope* de Voltaire, un autre trait et non moins heureux. Dès qu'Égisthe sait sa naissance et son rang, il en prend les sentiments : il avait la fierté d'un homme de cœur, il a facilement la dignité d'un roi. Aussi, dès ce moment, c'est lui qui prend le premier rôle; Mérope n'a plus que le second. C'est lui qui se charge d'attaquer le tyran et de le frapper. Mérope, naguère si hardie à se jeter au milieu des soldats pour sauver son fils; Mérope qui, au premier acte, bravait, sans hésiter, la colère de Polyphonte, Mérope aujourd'hui est faible et timide : elle conseille à son fils de céder et d'attendre des jours meilleurs. Égisthe, au contraire, veut courir au temple où Polyphonte attend Mérope pour l'épouser :

> . . . . J'y trouverai des dieux
> Qui punissent le meurtre et qui sont mes aïeux.
> (Acte ɪv, scène 4.)

D'où vient ce changement dans les rôles et dans les caractères? d'où vient cette timidité soudaine de Mérope? De l'amour maternel. Une mère ne sait ni ce qu'est le courage, ni ce qu'est la lâcheté : elle sait seulement ce qui peut sauver son fils. Mérope a retrouvé et sauvé son fils : son œuvre est accomplie. Il lui reste, il est vrai, à le voir remonter au rang de ses aïeux; mais, avant tout, elle veut le voir vivre; elle tient plus à la vie d'Égisthe qu'à sa gloire : elle est mère. Égisthe tient plus à se venger et à régner qu'à vivre : il est homme.

Comme ses deux devanciers, Alfieri, dans sa *Mérope*, a voulu aussi représenter l'amour maternel, et il a dédié sa tragédie à sa mère. Mais Alfieri ne connaît pas la marche naturelle des passions et l'allure ordinaire du cœur humain; il n'en connaît que les moments de fougue et de violence. De là, dans ses tragédies, plus de brusquerie que de force, plus de précipitation que d'entraînement, plus de mouvement enfin que d'émotion.

Alfieri a pris soin lui-même, dans ses Mémoires, de nous raconter comment il fut amené à faire sa *Mérope* : « Il fut saisi, dit-il, d'une vive indignation « en lisant la *Mérope* de Maffei et en songeant que la « pauvre Italie était, en fait de théâtre, si indigente « et si aveugle, que l'on regardait cette pièce comme « la meilleure des tragédies italiennes et comme la « seule bonne; et immédiatement passa devant ses « yeux, comme un éclair, une autre tragédie du « même nom et sur le même sujet, beaucoup plus « simple, plus chaude et plus saisissante que celle-« ci[1]. » Alfieri, à ce moment, était à Rome, heureux autant qu'il a jamais pu l'être. Il habitait la villa Strozzi, près des thermes de Dioclétien : le matin, versifiant à son aise dans le silence de ces grands palais romains, qui semblent déjà être un désert en attendant qu'ils soient une ruine; le soir, courant à

---

[1] *Mémoires,* édit. Charpentier, p. 321.

cheval « dans ces solitudes immenses et dépeuplées
« des environs de Rome, qui invitent à réfléchir, à
« pleurer et à faire des vers [1] ; » et satisfaisant ainsi
tour à tour les deux passions « qui se sont disputées
« son cœur [2], » la poésie et les chevaux. C'est là qu'il
fit sa *Mérope*. Mais ni le bonheur qu'il goûtait à
Rome, ni le sujet qu'il traitait n'ont détendu les
cordes de sa lyre; il n'a rien emprunté aux solitudes
de la campagne romaine, de leur grandeur mélancolique et de leur calme majestueux, si convenables
à l'expression des douleurs de la Mérope antique ;
il n'en a pris, pour ainsi dire, que la sécheresse et
l'aridité. Sa tragédie est roide plutôt que simple ; sa
Mérope a plus de colère que de douleur, plus de
violence que de tendresse ; elle injurie trop Polyphonte, et surtout, dans ses injures, elles est encore plus citoyenne que mère : car elle semble détester, dans Polyphonte, l'oppresseur de Messène
non moins que l'auteur des malheurs de son fils [3].

Il me reste une dernière réflexion à faire sur le
caractère de Mérope, tel qu'il est représenté par Torelli, par Maffei, par Voltaire et par Alfieri. Dans
ces quatre auteurs, Mérope nous inspire à la fois la
pitié et le respect : elle est mère, elle défend son
fils, elle est reine, elle est vertueuse, elle est oppri-

---

[1] *Mémoires*, p. 336.
[2] *Mémoires*, p. 275.
[3] . . . . Duro, abborrito,
Ben sai, tuo giogo è qui : gioia non altra
Provo che questa al dolor mio....
(Act. I, scène 2. — Œuv. d'Alfieri, édit. de Sienne,
1783, t. III.)

mée. Elle excite tous les genres d'intérêt, celui qui s'attache à la grandeur, à l'infortune, à la vertu, à la tendresse maternelle. Nous pouvons l'aimer et la plaindre à notre aise; rien ne nous gêne dans les sentiments qu'elle nous inspire, rien ne contrarie notre estime, rien ne domine notre pitié. L'intérêt qu'elle excite est simple et complet; il n'est ni divisé ni troublé. Les vertus de Mérope ôtent-elles à l'expression de son amour maternel quelque chose de sa force et de son énergie? Est-elle moins ardente et moins passionnée, comme mère, parce que, comme femme, elle est pure et vertueuse? Exciterait-elle plus de pitié, si, à côté de cet amour pour son fils, qui est une vertu, vivaient dans son âme je ne sais combien de vices effrénés? Ce mélange, et je dirais volontiers cette antipathie de sentiments, ferait-il plus d'effet que l'unité morale donnée au caractère de Mérope, par Torelli, Maffei, Voltaire et Alfieri? Telles sont les questions qu'a soulevées M. Victor Hugo par son drame de *Lucrèce Borgia.*

XVI.

DE L'AMOUR MATERNEL. — *Lucrèce Borgia*, PAR M. VICTOR HUGO.

Je me souviens toujours de la première représentation de *Lucrèce Borgia*. Je suivais, avec une curiosité ardente, le développement de ce drame énergique; je ne pleurais pas, je n'étais pas ému : j'étais étonné et maîtrisé. Ces sentiments violents, ces coups de théâtre multipliés, ces tours de force dramatiques me tenaient en suspens. Je ne me sentais pas attendri; mais je me sentais sous un joug puissant et impérieux que je ne pouvais pas secouer.

En parlant ainsi, j'exprime plutôt, je le sais, l'émotion physique que je ressentais, que l'émotion morale qu'on va ordinairement chercher au théâtre. Mais ce drame a cela de particulier que l'émotion morale et l'émotion physique s'y confondent sans cesse. Les idées et les sentiments n'y semblent plus des mouvements de l'esprit ou de l'âme, tant ils sont impétueux et violents : ce sont des mouvements d'instinct; et les passions du cœur humain semblent s'y être dépouillées de leur moralité, comme d'une dernière faiblesse, pour chercher, dans une sorte de brutalité calculée, un nouveau moyen de force et de grandeur. Aussi, comme je suis persuadé que la littérature dramatique n'a de ressources que dans les émotions de l'âme humaine, je me demandais, en voyant ce drame s'avancer avec hardiesse jusqu'à cette limite invisible, quoique certaine, où la sensation remplace le sentiment, où la pitié devient une souffrance, où l'illusion enfin touche presque à la réalité; je me demandais si cette pièce n'était pas la dernière œuvre dramatique possible, et si l'art n'avait pas épuisé sa force dans ce dernier et terrible enfantement.

On voit déjà le genre de reproche que je fais au drame de M. Victor Hugo. L'auteur a voulu représenter l'amour maternel; mais, tandis que Voltaire avait pris soin de donner à Mérope toutes les vertus qui pouvaient encore ennoblir la tendresse maternelle, M. Hugo, dans *Lucrèce Borgia,* a mis ce sentiment au milieu de tous les vices, non pour qu'ils fussent purifiés par cette vertu unique ou qu'ils l'étouffassent, mais pour qu'ils lui servissent de contraste, persuadé qu'elle brillerait d'autant mieux à travers les ombres qui l'entouraient; il a voulu enfin, comme il le dit lui-même [1], mettre la mère dans le monstre. Qu'est-il arrivé de là? Dans *Lucrèce Borgia*, l'amour maternel est, non plus une passion inspirée par la nature, approuvée par la morale et qui devient la plus pure et la plus ardente vertu des femmes, mais une passion aveugle et violente qui agit par fougue et par caprice.

[1] Préface de *Lucrèce Borgia*.

Il y a, dans *Lucrèce Borgia*, deux parties et comme deux pièces attachées ensemble avec beaucoup de force et d'habileté. Dans la première partie, nous voyons comment la mère cherche à sauver son fils; dans la seconde, comment le fils est amené à tuer sa mère. La première partie ressemble à *Mérope*, et la seconde à *Sémiramis* : car M. Victor Hugo a, pour ainsi dire, combiné et concentré dans son drame l'intérêt des deux tragédies de Voltaire. Suivons, dans ces deux phases du drame, le développement du caractère de Lucrèce Borgia.

Gennaro est le fils de Lucrèce Borgia : c'est le fruit de son inceste avec son frère, Jean de Borgia. Elle a pour ce fils la tendresse d'une mère; mais elle n'ose pas l'avouer. Gennaro a grandi sans connaître sa mère; il est devenu un des plus braves chefs de condottieri de l'Italie, et il est au service de la république de Venise. A Venise, il a rencontré Lucrèce Borgia; et, dès qu'il la reconnaît par les imprécations de ses amis, il s'en écarte avec horreur. Voilà le premier châtiment de Lucrèce. L'horreur qu'elle inspire l'empêche de découvrir à Gennaro qu'elle est sa mère, quand elle est insultée devant lui et par lui. Bientôt Gennaro vient à Ferrare; et, comme ses amis le plaisantent sur l'amour qu'il a, disent-ils, inspiré à Lucrèce Borgia, il efface avec son poignard, au frontispice du palais Borgia, la première lettre de ce nom : il reste *orgia*, « véritable devise de cette femme et de cette famille. » Lucrèce Borgia, ignorant qui a fait cette insulte à son nom, vient s'en plaindre au duc de Ferrare, son époux ; et celui-ci, qui sait la tendresse de Lucrèce pour Gennaro et se trompe sur la nature de cet amour, lui promet solennellement qu'elle sera vengée, comme elle le demande.

DONA LUCREZIA.

« Encore un mot, monseigneur, avant que le coupable soit introduit. Quel que soit cet homme, fût-il de votre ville, fût-il de votre maison, don Alphonse, donnez-moi votre parole de duc couronné qu'il ne sortira pas d'ici vivant.

DON ALPHONSE.

« Je vous la donne. Je vous la donne, entendez-vous bien, madame?

DONA LUCREZIA.

« C'est bien. Hé! sans doute, j'entends. Amenez-le maintenant, que je l'interroge moi-même..... (*Voyant entrer Gennaro :*) Gennaro!

DON ALPHONSE, *s'approchant d'elle, bas et avec un sourire.*

« Est-ce que vous connaissez cet homme?

DONA LUCREZIA, *à part.*

« Gennaro! Quelle fatalité, mon Dieu! [1] »

Alors Lucrèce demande à son époux un entretien particulier, et le prie de lui accorder la grâce de Gennaro. Alphonse refuse. Elle le presse :

DONA LUCREZIA.

« Vous ne pouvez? mais enfin pourquoi ne pouvez-vous pas m'accorder quelque chose d'aussi insignifiant que la vie de ce capitaine?

DON ALPHONSE.

« Vous me demandez pourquoi?

---

[1] *Lucrèce Borgia*, acte II, part. 1re, scènes 2 et 3.

DONA LUCREZIA.

« Oui, pourquoi ?

DON ALPHONSE.

« Parce que ce capitaine est votre amant, madame !

DONA LUCREZIA.

« Ciel !

DON ALPHONSE.

« Parce que vous l'avez été chercher à Venise ! parce que vous l'iriez chercher en enfer ! . . .

. . . .

parce que, tout à l'heure encore, vous le couviez d'un regard plein de pleurs et plein de flamme ! .

. . . .

DONA LUCREZIA.

« Monseigneur ! monseigneur ! je vous demande à genoux et à mains jointes, au nom de Jésus et de Marie, au nom de votre père et de votre mère, monseigneur, je vous demande la vie de ce capitaine. .

. . . .

DON ALPHONSE.

« Si vous pouviez lire la ferme résolution qui est dans mon âme, vous n'en parleriez pas plus que s'il était déjà mort.

DONA LUCREZIA, *se relevant*.

« Ah ! prenez garde à vous, don Alphonse de Ferrare, mon quatrième mari ! »

. . . .

Ni les supplications, ni les menaces de Lucrèce n'émeuvent don Alphonse : « J'ai laissé à Votre Altesse, dit-il, le choix du genre de mort : décidez-vous.

DONA LUCREZIA, *se tordant les mains.*

« O mon Dieu! ô mon Dieu! ô mon Dieu!

DON ALPHONSE.

« Vous ne répondez pas! Je vais le faire tuer dans l'antichambre à coups d'épée.

(*Il va pour sortir, elle lui saisit le bras.*)

DONA LUCREZIA.

« Arrêtez!

DON ALPHONSE.

« Aimez-vous mieux lui verser vous-même un verre de vin de Syracuse!

DONA LUCREZIA.

« Gennaro!

DON ALPHONSE.

« Il faut qu'il meure!

DONA LUCREZIA.

« Pas à coups d'épée!

DON ALPHONSE.

« La manière m'importe peu. Que choisissez-vous?

DONA LUCREZIA.

« L'autre chose.

DON ALPHONSE.

« Vous aurez soin de ne pas vous tromper et de lui verser vous-même de ce flacon d'or que vous savez. Je serai là d'ailleurs. Ne vous figurez pas que je vais vous quitter.

DONA LUCREZIA.

« Je ferai ce que vous voulez[1]. »

Je ne veux faire aucune remarque sur le poison

---

[1] Acte II, part. 1ᵉʳ, scène 4.

qu'Alphonse contraint Lucrèce de présenter elle-même à Gennaro. Ce raffinement de cruauté doit, je le sais, amener la grande scène entre Lucrèce et Gennaro : et Lucrèce n'accepte l'affreux office de verser elle-même le poison à son fils, que parce qu'elle a le contre-poison tout prêt. Mais le spectateur, qui ne sait point qu'elle a cette ressource, s'étonne de voir une mère consentir à verser le poison à son fils : sait-elle si elle pourra lui donner à temps le contre-poison? sait-elle si don Alphonse la laissera seule avec Gennaro? et surtout pourquoi se contraindre à ses dangereux expédients, quand elle peut d'un mot sauver Gennaro? Alphonse croit que Gennaro est l'amant de Lucrèce, et voilà pourquoi il veut sa mort. Que Lucrèce dise qu'il est son fils, la jalousie du duc est apaisée, et Gennaro est sauvé. Mais ce fils est le fruit d'un inceste. Après les reproches qu'Alphonse fait à Lucrèce[1], je ne vois pas ce qu'elle risque à avouer cette faute; elle n'a guère à perdre dans l'estime de son époux, et elle a à gagner la vie de son fils. Qu'est-ce donc qui l'arrête? Son fils va périr par le fer ou par le poison, et elle se tait! Est-ce crainte? elle est mère. Est-ce pudeur? elle est Lucrèce Borgia. Mérope hésite-t-elle, quand Polyphonte ordonne aux soldats de frapper Égisthe?

Barbare! il est mon fils[2],

---

[1] « Tenez, madame, je hais toute votre abominable famille Borgia, et vous toute la première, que j'ai si follement aimée ! etc..., »

(Acte II, part. 1er, scène 4.)

[2] VOLTAIRE, acte IV, scène 2.

s'écrie-t-elle ; et pourtant ce cri maternel ne doit pas sauver Égisthe : car Égisthe, dès qu'il est reconnu, est l'ennemi de Polyphonte, et il a tout à redouter ; tandis que Gennaro, dès que Lucrère l'aura avoué pour son fils, n'aura plus rien à craindre d'Alphonse. Pourquoi donc le cri de Mérope, ce cri irrésistible à la vue du fer levé sur la tête d'un fils, ne sort-il pas des lèvres de Lucrèce Borgia? car enfin elle a prié et supplié, elle a été flatteuse, insinuante, et elle n'a rien obtenu ; elle a menacé, elle s'est souvenue du beau mouvement de Clytemnestre qui, dans l'*Oreste* de Voltaire, défend son fils contre Égisthe, dût ce fils être venu à Argos pour immoler sa mère [1] ; elle a averti son *quatrième mari* de ne pas la pousser à bout. Ses menaces n'ont pas mieux réussi que ses supplications. Que lui reste-t-il donc pour sauver son fils, sinon le cri déchirant de Mérope?

Oui, si Lucrèce dit ce mot solennel, Gennaro est sauvé ; mais aussi il n'y a plus de pièce : car c'est ce mot solennel qui doit faire le dénoûment, c'est ce mot, suspendu pendant tout le drame, que l'auteur réserve pour le dernier, pour le mot qui explique et consomme tout. Une fois ce mot prononcé, la pièce

---

[1] Égisthe, c'en est trop, c'est trop braver peut-être
Et la veuve et le sang du roi qui fut ton maître.
. . . .
Je t'aimai, tu le sais : c'est un de mes forfaits ;
Et le crime subsiste ainsi que les bienfaits.
Mais enfin de mon sang mes mains seront avares :
Je l'ai trop prodigué pour des époux barbares.
J'arrêterai ton bras levé pour le verser.
Tremble, tu me connais.... tremble de m'offenser.
(Acte V, scène 5.)

s'arrête. Qu'il soit donc suspendu, je le veux bien, malgré le péril de Gennaro ; qu'il soit suspendu au moment terrible où Lucrèce verse elle-même le poison et lui présente la coupe, quoique je doute que la fermeté d'une mère ait jamais pu résister à une pareille épreuve. Mais, prenez-y garde, pour suspendre un pareil mot, il faut un grand motif, il faut une autre cause que le besoin du drame, il faut que le spectateur puisse croire que le personnage, en ne disant pas ce mot qui doit tout expliquer, a de bonnes raisons pour ne pas le dire. Lucrèce Borgia se fie, dites-vous, au contre-poison, et elle peut sauver Gennaro sans dire encore qu'il est son fils. — J'y consens. Voyons cette scène.

Lucrèce est restée seule avec Gennaro :

DONA LUCREZIA.

« Gennaro, vous êtes empoisonné !

GENNARO.

« Empoisonné, madame !

DONA LUCREZIA.

« Empoisonné.

GENNARO.

« J'aurais dû m'en douter, le vin étant versé par vous.

DONA LUCREZIA.

« Oh ! ne m'accablez pas, Gennaro, ne m'ôtez pas le peu de force qui me reste, et dont j'ai besoin encore pour quelques instants. — Écoutez-moi. Le duc est jaloux de vous, le duc vous croit mon amant. Le duc ne m'a laissé d'autre alternative que de vous voir poignardé devant moi par Rustighello, ou de vous verser moi-même le poison, un poison redoutable, Gennaro, un poison dont la seule idée fait pâlir tout Italien qui sait l'histoire de ces vingt dernières années...

GENNARO.

« Oui, le poison des Borgia!

DONA LUCREZIA.

« Vous en avez bu. Personne au monde ne connaît de contre-poison à cette composition terrible, personne, excepté le pape, M. de Valentinois et moi. Tenez, voyez cette fiole que je porte toujours cachée dans ma ceinture : cette fiole, Gennaro, c'est la vie, c'est la santé, c'est le salut. Une seule goutte sur vos lèvres, et vous êtes sauvé!

GENNARO, *la regardant fixement.*

« Madame, qui est-ce qui me dit que ce n'est pas cela qui est du poison?

DONA LUCREZIA, *anéantie.*

« O mon Dieu! mon Dieu!

GENNARO.

« Ne vous appelez-vous pas Lucrèce Borgia[1]? »

. . . .

Situation terrible et forte : Lucrèce Borgia est punie de ses crimes par la défiance même qu'ils inspirent à son fils, quand elle veut le sauver. C'est le plus épouvantable châtiment qui puisse être infligé à une mère.

Il y a un mot cependant qui prouverait à Gennaro que Lucrèce, en ce moment, ne lui présente pas le poison : c'est ce mot toujours suspendu, ce seul mot : Tu es mon fils! Lucrèce a pu se taire quand le

[1] Acte II, part. I, scène 6.

fer était levé sur son fils, quand le poison était versé, quand elle l'a elle-même offert à Gennaro, quand Gennaro l'a bu ; elle a pu se taire devant tous ces périls, quoique toute autre mère eût parlé : elle savait qu'il lui restait encore un moyen pour sauver son fils. Mais voici que ce moyen lui échappe par la défiance même de son fils. Comment donc le convaincre et comment le sauver ? d'un mot : Tu es mon fils ! Pourquoi ne le dit-elle pas ? qui peut l'arrêter ? a-t-elle d'autres paroles qui puissent, mieux que ce mot, persuader Gennaro ? craint-elle qu'après avoir entendu ce mot solennel, Gennaro ne l'insulte et la maudisse encore ? non : les sentiments du cœur humain connaissent leurs droits et leur dignité. Lucrèce est mère, et, à ce titre, elle sait qu'elle doit être respectée par son fils. Que tous l'injurient et la maudissent, qu'elle soit pour tous empoisonneuse, adultère, incestueuse ; pour son fils elle est mère, et, s'il l'outrage, il devient criminel et méprisable comme elle. Quand j'entends Gennaro s'écrier : « Quel malheureux, assez abandonné du ciel, vou- « drait d'une pareille mère ? Être le fils de Lucrèce « Borgia ! dire : *Ma mère*, à Lucrèce Borgia[1] ! » j'ai horreur de ces blasphèmes involontaires, et je me demande, avec une sorte de colère, pourquoi cette malheureuse outragée ne se révolte pas enfin contre l'outrage, pourquoi elle ne crie pas à ce vengeur implacable, afin de le punir à son tour : Tu es mon fils ! — Criez-le donc, madame, je vous en conjure ; criez-le pour le convaincre que vous ne voulez pas l'em-

---

[1] Acte II, part. 1, scène 6.

poisonner : car votre cœur maternel doit se soulever contre cette défiance; criez-le pour changer ses injures en sanglots et ses malédictions en prières : car votre fierté maternelle doit se soulever aussi contre cette colère sacrilége. Qu'il pleure enfin, qu'il pleure sur vous et sur lui. Changez en attendrissement et en pitié cette terreur qui pèse sur la scène; et, comme la pitié ne peut venir aux spectateurs que de l'émotion des personnages, faites que votre fils vous reconnaisse et s'attendrisse sur vous et sur lui-même : sur vous, qui l'aimez à travers tant de remords et avec tant d'amour; sur lui, le seul homme au monde qui soit tenu de vous respecter, mais à qui ce respect doit devenir d'autant plus sacré qu'il est plus pénible. Ne craignez pas, tout abaissée que vous soyez par vos crimes, d'attester la majesté du caractère maternel : cette majesté est sacrée, même en vous.

Crébillon, dans une de ses plus mauvaises pièces, dans sa *Sémiramis*, n'a pas oublié ce respect que les mères ont droit d'obtenir de leurs fils, et il en a tiré un beau mouvement. Mermécide révèle à Ninias, caché sous le nom d'Agénor, que Sémiramis est sa mère; Sémiramis qui n'est guère moins criminelle que Lucrèce Borgia; et Mermécide plaint Agénor d'avoir une pareille mère.

AGÉNOR.

Mermécide, arrêtez : c'est ma mère, et je veux
Qu'on la respecte autant qu'on respecte les dieux.
Je n'oublierai jamais que je lui dois la vie,
Et je ne prétends pas qu'aucun autre l'oublie.

(Acte IV, scène 8.)

Nous avons vu Lucrèce sauvant son fils comme le

fait Mérope. Voyons maintenant Lucrèce tuée par Gennaro, comme Sémiramis par Ninias, et comparons ensemble, sous ce rapport, la tragédie de Voltaire et le drame de M. Victor Hugo.

Lucrèce a été insultée à Venise par cinq amis de Gennaro, et elle a juré de s'en venger. Ces cinq jeunes gens, venus en ambassade à Ferrare, soupent chez la princesse Négroni, et dans ce souper ils sont empoisonnés. Au moment où ils sentent déjà les effets du poison, Lucrèce paraît et leur annonce qu'ils n'ont plus que quelques instants à vivre. Elle leur montre en même temps les moines chargés de les confesser et les cercueils qui attendent leurs corps. Il y a cinq cercueils, un pour chaque seigneur. Lucrèce triomphe dans sa vengeance. A ce moment, Gennaro, qu'elle n'a pas revu jusqu'alors, Gennaro, qu'elle croyait loin de Ferrare et qui, pour ne pas quitter son frère d'armes Maffio Orsini, a soupé avec lui chez la princesse Négroni et a été empoisonné avec lui, Gennaro écarte ses cinq amis et s'avance vers Lucrèce en lui disant :

« Il faut un sixième cercueil, madame !

DONA LUCREZIA.

« Ciel ! Gennaro !

GENNARO.

« Lui-même.

DONA LUCREZIA.

« Que tout le monde sorte d'ici ! Qu'on nous laisse seuls ! — Gubetta, quoi qu'il arrive, quoi qu'on puisse entendre du dehors de ce qui va se passer ici, que personne n'y entre[1] ! »

[1] Acte III, scène 2.

Ainsi, ce fils qu'elle avait sauvé avec tant de peine, elle le retrouve encore, et il va mourir. Cependant Gennaro a sur lui le contre-poison : il ne mourra donc que s'il le veut. Mais, comme il n'y a pas dans la fiole assez de liqueur pour sauver ses cinq amis et qu'il n'y en a que pour lui seul, Gennaro brise la fiole sans boire le contre-poison ; puis, prenant un couteau sur la table du festin, il annonce à Lucrèce qu'il va la tuer en expiation de ses crimes :

GENNARO.

« Faites votre prière, et faites-la courte, madame. Je suis empoisonné : je n'ai pas le temps d'attendre.

DONA LUCREZIA.

« Bah ! cela ne se peut. Ah bien oui ! Gennaro me tuer ! est-ce que cela est possible ?

GENNARO.

« C'est la réalité pure, madame, et je jure Dieu qu'à votre place je me mettrais à prier en silence, à mains jointes et à deux genoux. Tenez, voici un fauteuil qui est bon pour cela.

DONA LUCREZIA.

« Non. Je vous dis que c'est impossible. Non, parmi les plus terribles idées qui me traversent l'esprit, jamais celle-ci ne me serait venue. — Hé bien ! hé bien ! vous levez le couteau ! Attendez, Gennaro : j'ai quelque chose à vous dire.

GENNARO.

« Vite.

DONA LUCREZIA.

« Jette ton couteau, malheureux ! jette-le, te dis-je ! si tu savais... — Gennaro, sais-tu qui tu es ? sais-tu qui je suis ? — Tu ignores combien je te tiens de près. — Faut-il tout lui dire? — Le même sang coule dans nos veines, Gennaro! tu as eu pour père Jean Borgia, duc de Gandia!

GENNARO.

« Votre frère! ah! vous êtes ma tante [1]? »

Pourquoi, au moment où Gennaro dit ces mots, y a-t-il toujours une sorte de surprise dans le public, et une surprise qui tourne au rire? Le public est surpris parce que, préoccupé du *Je suis ta mère*, qu'il attend de Lucrèce avec tant d'impatience, il est étonné et désappointé en entendant un autre mot, parce qu'il sent bien qu'à moins d'être le fils de Lucrèce Borgia, Gennaro doit être implacable contre elle; parce que cette demi-reconnaissance n'est qu'un ressort inventé par le poëte pour suspendre le mot qui fait la terreur de la situation, et que ce ressort est trop visible. Ce n'est pas devant un titre intermédiaire de parenté que Gennaro s'arrêtera dans ce fatal moment. L'erreur de Gennaro, qui croit que Lucrèce est sa tante, ne doit produire aucun changement dans les sentiments des deux personnages. Lucrèce n'en est pas moins près de la mort, et Gennaro n'en est pas moins près du parricide. Aussi Gennaro, plus courroucé que jamais, tient Lucrèce; il la presse, il est prêt à frapper. Va-t-elle enfin parler? va-t-elle enfin dire le mot solennel, le seul qui puisse la sauver à ce dernier moment, le seul qui puisse épargner un parricide à Gennaro, le seul enfin qui puisse émouvoir et attendrir les spectateurs? Non! — En vain je demande à ce drame plein

---

[1] Acte III, scène dernière.

de crimes et des châtiments de l'enfer, en vain je lui demande une larme, une seule qui m'attendrisse et me soulage : Non, me répond l'enchanteur impitoyable, point de pitié, point de larmes! Ici les cœurs ne s'attendrissent point, ils ne palpitent que d'épouvante :

> Lasciate ogni speranza, voi che 'ntrate[1].

Dans *Sémiramis*, Voltaire a été moins violent : il a mêlé, tant qu'il a pu, la pitié à la terreur, voulant toucher le cœur humain des deux côtés, et l'attendrir après l'avoir épouvanté. Quand Sémiramis, adultère et meurtrière comme Lucrèce Borgia, reconnaît son fils dans Arsace, et, dans son fils, le vengeur de Ninus qu'elle a fait assassiner, la scène est terrible; mais elle devient pathétique, grâce à ces noms sacrés de mère et de fils :

> Ah! je fus sans pitié; sois barbare à ton tour,

s'écrie Sémiramis désespérée;

> Sois le fils de Ninus, en m'arrachant le jour :
> Frappe. Mais, quoi! tes pleurs se mêlent à mes larmes!
> O Ninias! ô jour plein d'horreurs et de charmes!
> Avant de me donner la mort que tu me dois,
> De la nature encor laisse parler la voix :
> Souffre au moins que les pleurs de ta coupable mère
> Arrosent une main si fatale et si chère.
>
> ARSACE (NINIAS).
>
> Ah! je suis votre fils, et ce n'est pas à vous,
> Quoi que vous ayez fait, d'embrasser mes genoux.
> . . . .
> (Acte IV, scène 4.)

---

[1] DANTE, *Enfer*, III.

Voilà comment la pitié succède à la terreur, et comment les cœurs s'attendrissent après avoir tremblé. Voyez Zopire, dans *Mahomet*, lorsque, assassiné par Séide, il se traîne sur la scène, sanglant, percé de coups, et que Séide et Palmyre essaient de le soutenir, détestant alors le crime qu'ils ont commis :

> Frappez vos assassins,

disent-ils.

> J'embrasse mes enfants[1],

s'écrie Zopire qui sait le secret de leur naissance; et ce simple mot, *mes enfants*, change aussi la terreur en pitié.

Ce sont ces émotions touchantes dont M. Victor Hugo s'est privé en suspendant, jusqu'au dernier mot de la pièce, la révélation de Lucrèce Borgia.

Les anciens voulaient que la terreur fût purgée par la pitié; c'est-à-dire, ils voulaient que l'émotion vînt reposer de l'épouvante : ils savaient que l'homme ne peut pas longtemps supporter l'horreur. Un seul sentiment, et surtout celui de l'horreur, ne peut pas défrayer une tragédie ; il en faut deux au moins qui se fassent valoir par leur contraste et qui se relaient, pour tenir l'âme dans une émotion qui ne lui soit pas une fatigue. Que l'horreur frappe et pénètre l'âme, j'y consens, à condition que la pitié vienne adoucir la blessure et répandre son baume dans la plaie. Alors, en se succédant, les deux émotions se tempèrent : elles perdent ce qu'elles ont, l'une de trop dur, l'autre de trop mou.

---

[1] Acte IV, scène 5.

Jusqu'ici, je n'ai traité qu'une question d'art. Il me reste à traiter une question de morale qui se rattache de près à la question d'art.

L'auteur a voulu, dit-il dans la préface de sa pièce, réparer la difformité morale de Lucrèce Borgia par la beauté du sentiment maternel; il a voulu, selon son expression énergique, mettre la mère dans le monstre. Ici faisons une distinction. J'admire la tendresse que les animaux les plus féroces ont pour leurs petits; et, lorsque la lionne mourante couvre ses lionceaux de son corps blessé et sanglant, je l'admire et je suis ému. Mais la femme qui est mère doit, dans sa tendresse pour ses enfants, avoir plus d'intelligence et plus d'élévation que la lionne. L'instinct ne lui suffit pas : il lui faut le sentiment, le sentiment qui n'exclut pas l'instinct, mais qui le perfectionne et l'épure. Ainsi, quand, à Florence, une mère se jetait désespérée au-devant du lion qui avait pris son enfant, et que l'animal, étonné de ce désespoir ou le comprenant, déposait l'enfant à ses pieds, c'était l'instinct qui avait poussé cette mère, et c'était peut-être aussi l'instinct du lion qui lui répondait. Mais les bons instincts, quelque belles actions qu'ils fassent faire à certains moments, ne sont que le germe et le commencement des vertus humaines; et même ce qui distingue profondément les instincts des vertus vraiment humaines, c'est qu'ils sont stériles, quoique forts. Un bon instinct vit à côté d'un mauvais, sans s'inquiéter de le changer ou de l'épurer, sans non plus s'en laisser atteindre et pervertir. Une seule vertu, dans une âme vicieuse, peut la convertir tout entière au bien ; de même qu'un seule vice, dans une âme vertueuse, peut la corrompre aussi tout entière. Mais l'instinct, même quand il est bon, supporte, sans s'inquiéter, le voisinage du mal ; et c'est ainsi que, dans *Lucrèce Borgia*, la mère et le monstre sont placés à côté l'un de l'autre, sans se toucher et sans se combattre, pour ainsi dire, l'un l'autre. Or, il n'y a rien de moins naturel et surtout de moins dramatique que cette tolérance mutuelle. Les personnages mêlés de bien et de mal ne sont dramatiques que parce que, dans leur âme, les sentiments contraires luttent l'un contre l'autre sous les yeux du spectateur. Mais, dans Lucrèce, où est la lutte entre le bien et le mal? quel est le moment où la vertu maternelle éclaire et épure tout à coup cette âme perdue dans les ténèbres? quand se fait cette tranfiguration merveilleuse et pourtant naturelle? Et ne croyez pas que ce moment de conversion serait le moment le moins dramatique : ah! si Lucrèce Borgia osait dire un instant à Gennaro : *Mon fils!* ne pensez-vous pas qu'à ce mot sacré qui touche à tant de bons sentiments, tous ces bons sentiments, jusque-là étouffés dans l'âme de Lucrèce, s'éveilleraient, se lèveraient, et, comme par un effort soudain, chasseraient les passions impures qui l'obsèdent? Montrez-moi donc cette régénération d'une âme criminelle, s'accomplissant dans les embrassements sacrés d'une mère et de son fils; montrez-moi comment, à cette parole sacrée : *Je suis ta mère*, s'enfuient les vices qui tourmentent ce cœur désespéré. Alors je me sentirai à la fois élevé et attendri, ce qui est le plus beau plaisir que les arts puissent donner à l'homme.

Chose singulière et qui marque le changement qui s'est fait dans nos idées morales : autrefois les poëtes donnaient à leurs personnages un seul vice ou une seule passion, ayant grand soin, pour le reste, de les faire vertueux, afin qu'ils fussent dignes d'intérêt; aujourd'hui nos poëtes donnent à leurs personnages je ne sais combien de passions et de vices, avec une seule vertu pour contre-poids. Encore cette vertu, faible et solitaire, n'est-elle pas chargée de purifier l'âme pervertie où elle s'est conservée par hasard. Elle respecte soigneusement l'indépendance des vices qui veulent bien la souffrir près d'eux; elle n'est plus même chargée d'inspirer l'intérêt aux spectateurs, car c'est le vice aujourd'hui qui inspire l'intérêt, parce qu'on lui donne je ne sais quelle allure noble et fière, qui vient des héros de lord Byron et qui séduit le public. Souvent même le vice est sentimental et mélancolique; il intéresse, il attendrit, sous prétexte qu'il garde encore, dans son abaissement, je ne sais quoi de grand ou de bon. Il semble, en vérité, que nous ayons le goût des ruines en morale comme en architecture, et que nous aimions mieux ce qui est à moitié tombé que ce qui est resté debout. Aimons, j'y consens, ce qui reste encore de bon et de pur dans les âmes perverties, comme un témoignage de la dignité humaine, qui ne peut jamais se perdre entièrement; mais n'admirons la ruine qu'en souvenir de l'édifice, n'estimons pas le lambeau plus que l'étoffe, prenons enfin dans le crime ce qui reste de vertu comme une excuse, et ne poussons pas la pitié qu'inspire l'excuse jusqu'au respect et jusqu'à l'admiration.

La leçon qui sortait de la tragédie ancienne, telle que l'avait conçue Racine dans sa *Phèdre*, c'était l'idée qu'il ne fallait qu'une seule mauvaise passion pour perdre une âme; leçon austère et dure, qui fait trembler l'homme sur sa fragilité et qui lui inspire un scrupule et une surveillance perpétuelle; leçon digne d'un siècle chrétien et digne d'un élève de Port-Royal, comme était Racine. La leçon morale qui sort de nos drames modernes, c'est qu'il ne faut qu'une seule bonne qualité pour excuser beaucoup de vices; leçon indulgente et qui met le cœur de l'homme fort à l'aise.

XVII.

DE L'AMOUR MATERNEL. — *L'Orphelin de la Chine.*

Voltaire, dans son *Orphelin de la Chine,* a voulu opposer l'un à l'autre l'amour paternel et l'amour maternel, et montrer quelle différence il y a entre la tendresse de la mère, toujours prête à tout sacrifier à la vie de son enfant, et celle du père, qui sacrifie son fils aux devoirs que l'honneur ou la loi lui impose. Ce contraste est intéressant. Je regrette seulement que, dans Voltaire, ce contraste soit plutôt une discussion qu'une action dramatique.

Le sujet de l'*Orphelin de la Chine* est pris d'une pièce chinoise traduite par le père Prémare et publiée en 1735. De nos jours, cette pièce a été traduite de nouveau par M. Stanislas Julien [1]. Il est curieux de comparer le drame chinois avec la tragédie de Voltaire.

Le drame chinois est la vie entière de l'orphelin. « C'est une ébauche barbare, dit Voltaire dans la pré-« face de sa tragédie. . . . . On croit lire *les Mille* « *et une Nuits* en action et en scènes. Mais, malgré

---

[1] *Tchao-chi-Kou-eul*, ou l'Orphelin de la Chine, traduit du chinois par Stanislas Julien; Paris, 1834.

« l'incroyable, il y règne de l'intérêt ; et, malgré la
« foule des événements, tout y est clair. » Voltaire
ne dit pas assez : il y a, dans le drame chinois, une
admirable unité d'intérêt, et l'auteur a eu le mérite
de savoir intéresser aux périls de l'orphelin. L'intérêt du drame roule tout entier sur un pauvre enfant qu'il faut sauver de la mort ; et cet intérêt suffit
sans ces passions romanesques que Voltaire sait si
bien railler, quand il ne les emploie pas.

Le cruel Tou'-an-Kou a fait exterminer les trois
cents membres de la famille de Tchao. Il ne reste
que Tchao et sa femme enceinte. Bientôt Tchao reçoit de l'empereur l'ordre de se donner la mort. Il se
tue ; mais, avant de mourir, il ordonne à sa femme,
si elle accouche d'un fils, de le nommer Tchao-chi-Kou-eul, c'est-à-dire l'orphelin de la famille Tchao,
et de faire en sorte qu'il échappe aux persécuteurs de
sa race : car c'est lui qui plus tard les vengera tous.
La princesse Tchao accouche d'un fils à qui elle
donne le nom que son mari a prescrit. Mais Tou'-an-Kou, l'ennemi des Tchao, a fait afficher une proclamation qui punit de mort quiconque enlèvera
l'orphelin de la prison où sa mère est enfermée. Comment faire échapper cet enfant à peine né et déjà
menacé de mourir ? Un ancien secrétaire de la maison des Tchao, le médecin Tching-Ing, vient visiter
la princesse dans sa prison. Elle le supplie d'emporter
son fils. — « Si je réussis à emporter secrètement
« votre fils, lui dit Tching-Ing, et que Tou'an-Kou
« vienne à le savoir, il vous demandera où est le petit
« orphelin de la famille Tchao. Vous répondrez : Je
« l'ai donné à Tching-Ing. — Je mourrai avec toute

« ma famille, peu importe; mais croyez-vous qu'il
« laisse la vie à ce tendre enfant? » Alors, pour rassurer Tching-Ing sur le secret, la princesse se tue.
Ainsi Tching-Ing est désormais le seul soutien de la
maison des Tchao, et c'est lui qui saura seul aussi le
secret de la retraite où sera caché le dernier rejeton
de cette famille. Mais il faut sortir de la prison. Les
soldats veillent à la porte, et Tching-Ing désespère
de tromper leur vigilance. Heureusement le général
Han-Kioué, qui les commande, est un homme généreux et compatissant, ancien ami de la famille Tchao.
Ce brave homme, voyant Tching-Ing sortir de la
prison avec une corbeille pleine d'herbes, au fond
de laquelle est caché le petit enfant, lui dit d'approcher; et alors, éloignant les soldats, il prend la corbeille, écarte les herbes et découvre l'enfant. Cette
vue l'émeut et l'attendrit : « Le front du jeune or« phelin, s'écrie-t-il, est inondé de sueur. Les coins
« de sa bouche sont encore tout blancs du lait ma« ternel. Que ses membres sont frêles et délicats! il
« ouvre ses deux petits yeux et semble me recon« naître. Quoique triste et souffrant au fond de ce
« coffre, on dirait qu'il tâche de retenir ses cris.
« Cette étroite prison où il est enserré, ces bande« lettes qui l'enchaînent de toutes parts, l'empê« chent de retourner son corps et d'étendre ses jolis
« petits pieds. » — Tching-Ing le supplie en même
temps d'épargner cet enfant, « afin qu'un jour, quand
« il sera devenu grand, il prenne soin de la famille
« Tchao. — Que faire? dit Han-Kioué. Je sais bien
« que si je livre cet enfant à Tou'an-Kou, je serai
« riche et puissant; mais je serai un infâme... Pars

« donc, dit-il à Tching-Ing, et emporte l'enfant. »
Mais Tching-Ing hésite encore : si Han-Kioué allait se repentir ! si, pour se faire absoudre par Tou'-an-Kou, qui sera vivement irrité en apprenant que l'orphelin est échappé, il allait dire que c'est Tching-Ing qui a emporté et caché l'enfant ! Tou'-an-Kou fera rechercher Tching-Ing, il le fera périr, et il fera périr aussi le dernier descendant des Tchao.—Alors, pour rassurer Tching-Ing, pour sauver l'orphelin, Han-Kioué se tue à son tour. « Toi, Tching-Ing, lui
« dit-il avant de se tuer, veille jour et nuit sur ce
« petit orphelin ; qu'il soit constamment l'objet de
« tous tes soins. Il faut que ce frêle rejeton fasse re-
« vivre un jour la maison des Tchao. Et, quand il
« sera devenu grand, raconte-lui tout ce qui s'est
« passé. Ne manque pas de lui apprendre à venger
« ses parents ; et qu'il se garde surtout d'oublier
« mon dévouement et mes bienfaits. »

Ce sont sans doute ces deux morts volontaires, celle de la princesse Tchao et celle du général Han-Kioué, que Voltaire traite de conte des *Mille et une Nuits*. En effet, ces sacrifices accomplis si vite et si aisément qu'ils cessent presque de paraître héroïques, ces suicides qui se suivent comme par imitation, tout cela est étrange assurément ; et nous avons besoin, pour ne pas trop nous en étonner, de nous souvenir des mœurs du Japon et de la Chine, et de l'inconcevable mépris que ces peuples font de la vie. Voltaire n'a pas manqué, dans son *Orphelin*, de rappeler ce trait de mœurs et même de le louer :

De nos voisins altiers imitons la constance,

dit Idamé à Zamti, son époux, en lui proposant de se tuer tous deux pour échapper au joug de Gengis-Kan ;

> De la nature humaine ils soutiennent les droits,
> Vivent libres chez eux et meurent à leur choix.
> Un affront leur suffit pour sortir de la vie,
> Et plus que le néant ils craignent l'infamie.
> Le hardi Japonais n'attend pas qu'au cercueil
> Un despote insolent le plonge d'un coup d'œil.
>
> (Acte v, scène 5.)

Ces dévouements accumulés, tout incroyables qu'ils paraissent, ne sont donc pas contraires aux mœurs du pays où se passe la scène. Mais, de plus, Voltaire a raison de dire que, dans la pièce chinoise, l'incroyable ne nuit pas à l'intérêt. Que veut, en effet, le poëte chinois? il veut nous émouvoir sur le sort d'un enfant. Le meilleur moyen de nous intéresser, n'est-ce pas de nous montrer le dévouement qu'inspire cette faible créature? Dieu a voulu que les enfants eussent un charme naturel qui les fît aimer : car, pour vivre, ils ont besoin de tendresse et de soins. L'enfance plaît et attire par la grâce, par la faiblesse; et le poëte chinois a eu raison de montrer, dans Han-Kioué, que les hommes même endurcis au métier des armes sont sensibles au charme de l'enfance. Mais, quand l'enfant, outre son attrait naturel, est le dernier descendant d'une race illustre et malheureuse; quand sa vie est menacée et qu'il faut le sauver à grand'peine d'un péril qu'il ne connaît pas même encore, alors l'attendrissement qu'il excite est plus grand, et la pitié peut aller jusqu'au dévouement. Ces dévouements mêmes indiquent le prix singulier qui s'attache à la vie de l'enfant : non, ce ne peut pas être un enfant ordinaire que celui dont le berceau est entouré de tant de périls et protégé par tant de sacrifices merveilleux. A peine est-il né, que sa mère se tue pour assurer le secret de sa fuite ; et le chef même des soldats qui doivent empêcher cette fuite, touché de pitié à son aspect, se tue à son tour pour échapper au devoir cruel que lui a imposé le persécuteur des Tchao. Dévouements étranges, encore un coup, je l'avoue, mais qui ont au moins le mérite de tourner au profit de l'intérêt dramatique.

Il y a, dans cet orphelin, plus qu'un enfant : il y a toute une famille. Voilà ce qui fait sa force. On sait combien, en Chine, l'institution de la famille est sainte et sacrée :

> Cet empire détruit, qui dut être immortel,
> Seigneur, était fondé sur le droit paternel[1],

dit à Gengis-Kan l'Idamé de Voltaire. Il est bon de le dire ; mais il est encore mieux de montrer, dans le drame même, combien l'idée de la famille est une idée puissante et forte, et comment cette idée domine et dirige tout. Pourquoi cet enfant est-il sauvé au prix de tant de vies généreuses? afin que la famille des Tchao ne soit pas anéantie tout entière, afin que les tombeaux de cette famille ne restent pas sans quelqu'un qui les conserve et qui les honore. Les peuples qui font de la famille le fondement de la société ne respectent pas seulement la

---

[1] Acte IV, scène 4.

famille vivante, ils honorent aussi la famille morte. Et ne croyez pas que, dans ce commerce d'hommages rendus aux pères et aux aïeux, les enfants donnent sans jamais recevoir, non : l'avenir n'est nulle part plus béni qu'aux lieux où le passé est honoré ; les enfants ne sont nulle part plus précieux et plus chers que dans les familles où les aïeux sont adorés ; et le berceau des nouveau-nés y est plus sacré encore, s'il est possible, que le tombeau des ancêtres. Tel est le berceau de l'orphelin des Tchao, espèce d'autel domestique où s'immolent tour à tour une mère et un ami, afin de sauver la perpétuité de la famille des Tchao. Cette perpétuité de la famille est, pour ainsi dire, dans le drame chinois, la fatalité de la tragédie antique : elle maîtrise et dirige tous les événements ; elle prend tour à tour les divers personnages du drame, leur ordonne de se sacrifier pour l'orphelin, et ils se sacrifient. Ces dévouements s'accomplissent avec un calme et une gravité qui montrent que la passion n'y est pour rien et que le devoir seul les décide. Les dévouements de la passion sont empressés, tumultueux, ardents ; ils se hâtent comme s'ils craignaient de ne plus se retrouver. Les dévouements du devoir sont lents et réfléchis.

Tching-Ing a sauvé l'orphelin. Il l'apporte, toujours enfermé dans la corbeille, à un ancien serviteur de la famille des Tchao, Kong-Sun, qui s'est retiré dans une petite ferme pour y achever doucement ses jours. Cette scène est admirable. Tching-Ing et Kong-Sun cherchent tous deux quel est le meilleur moyen d'assurer les jours de l'orphelin. « J'ai « bientôt quarante-cinq ans, dit Tching-Ing, et j'ai

« un fils qui n'a pas encore un mois accompli. Je le
« ferai passer pour l'orphelin de la famille des Tchao.
« Vous me dénoncerez à Tou'-an-Kou; vous lui direz
« que j'ai caché l'orphelin, et il me fera mourir avec
« mon fils. Alors, seigneur, vous élèverez l'orphelin
« avec soin, afin que, quand il sera devenu grand et
« fort, il venge la mort de son père et de sa mère.
« N'est-ce pas là un excellent dessein?

KONG-SUN.

« Il faut bien vingt ans encore pour que cet enfant puisse venger ses parents. Avec vingt ans de plus, vous en aurez soixante-cinq ; et moi, avec vingt ans de plus, j'en aurai quatre-vingt-dix. A cette époque, je serai mort depuis longtemps. Comment pourrais-je lui apprendre à venger la famille des Tchao? Tching-Ing, puisque vous consentez à sacrifier votre fils, donnez-le-moi et allez me dénoncer à Tou'-an-Kou ; dites-lui que Kong-Sun-Tchou-Kieou a caché l'orphelin dans la ferme de Taï-ping. Tou'-an-Kou viendra à la tête de ses soldats, il me prendra et me fera mourir avec votre fils. Vous élèverez en secret le petit orphelin de la maison des Tchao, jusqu'à ce qu'il soit devenu grand, afin qu'il venge son père et sa mère. N'est-ce pas là un excellent dessein?

TCHING-ING.

« Je suis de votre avis ; mais comment oserais-je causer votre perte? Seigneur, prenez mon fils, couvrez-le des vêtements du petit orphelin de la famille des Tchao, et allez me dénoncer à Tou'-an-Kou. Je mourrai avec mon fils, et vous serez délivré de tout malheur.

KONG-SUN.

« Tching-Ing, je vous ai donné ma parole : gardez-vous de douter de ma résolution. Il faut que, dans vingt ans, cet enfant venge son père et sa mère. C'est alors que je pourrai mourir content ; mais je crains d'être emporté d'un jour à l'autre, et ma mort détruirait toutes les espérances que nous fondons sur lui.

TCHING-ING.

« Seigneur, vous êtes encore plein de santé et de vigueur.

KONG-SUN.

« Ma force n'est plus ce qu'elle était autrefois. Quand je sauverais ce tendre enfant, comment pourrais-je vivre assez longtemps pour voir ses exploits glorieux? Vous ne pouvez vieillir aussi promptement que moi : c'est à vous qu'il appartient de vous mettre en avant et de montrer du courage pour la famille des Tchao. Tching-Ing, suivez mes conseils. En vérité, ma vie est si frêle et si chancelante, qu'à peine je pourrais la prolonger jusqu'à entendre le tambour du soir ou la cloche du matin.

TCHING-ING.

« Seigneur, vous étiez tranquille et heureux dans votre maison; et l'imprudent Tching-Ing est venu, sans raison, vous compromettre et vous envelopper dans un réseau d'angoisses et de douleurs. Voilà ce qui me tourmente et m'accable.

KONG-SUN.

« Que dites-vous, Tching-Ing? J'ai soixante-dix ans : si je meurs, ce ne sera qu'une chose ordinaire, et il importe peu que ce soit ce matin ou ce soir. »

Quel calme dans cette délibération où deux hommes examinent quel est celui des deux dont la mort servira le mieux les intérêts de l'orphelin ! Quant à son propre fils, que Tching-Ing sacrifie à l'orphelin, c'est un point arrêté. Aussi, point d'hésitation, point de murmures : Tching-Ing ne songe pas un instant à montrer la peine qu'il a à faire ce terrible sacrifice; Kong-Sun ne songe pas non plus à le louer de son courage. Cette fermeté, direz-vous, répugne à la nature; elle répugne surtout à ces affections de famille, si chères, prétend-on, aux Chinois. Qu'il me soit permis, à ce sujet, de faire une réflexion. Dans les sociétés où les familles n'ont pour principe que l'affection, aucune n'a l'idée ni le devoir de se sacrifier au salut d'une autre famille : toutes se valent, et le fils du paysan a droit d'être aussi cher à ses parents que le fils du roi. Il n'en est pas de même dans les sociétés où la famille, sans cesser d'être une affection, est devenue une institution, et où les lois aident à la conservation des biens et surtout à la perpétuité des souvenirs. C'est là que l'esprit de famille a toute sa force et toute sa puissance. Mais les effets de cette puissance sont curieux à observer, car son premier effet est d'introduire l'inégalité entre les diverses familles. Chez nous, où les lois ne consacrent pas le culte des ancêtres et où elles prescrivent la division des biens entre tous les enfants, la famille remonte au grand-père et descend jusqu'au petit-fils : au delà sont les ténèbres du passé ou de l'avenir, que personne ne veut affronter. Cette brièveté des familles est la principale cause de leur égalité. En Chine, au contraire, avec des lois qui font une religion du respect des aïeux, les familles ont le temps de grandir et de croître, et l'inégalité s'y développe plus facilement. Aussi les familles s'y subordonnent aisément les unes aux autres, et la subordination va souvent jusqu'au dévouement. Le fils de Tching-Ing, pauvre serviteur, ne vaut pas l'orphelin des Tchao, et son père le condamne sans hésiter à mourir pour l'orphelin. C'est ainsi que la puissance de la famille, comme institution, éclate surtout dans le sacrifice de la famille, comme affection.

Dans nos idées, Tching-Ing sacrifie trop aisément son fils : nous voudrions au moins qu'il hésitât, nous voudrions voir combien il en coûte à sa tendresse. Voltaire n'a pas manqué de nous montrer ces luttes de la tendresse paternelle. Zamti veut aussi livrer son fils à la place de l'orphelin ; mais quelles hésitations ! quels combats !

ZAMTI.
Allons, il ne m'est plus permis de reculer.
ÉTAN.
De vos yeux attendris je vois des pleurs couler.
Hélas ! de tant de maux les atteintes cruelles
Laissent donc place encore à des larmes nouvelles !
ZAMTI.
On a porté l'arrêt ! rien ne peut le changer !
ÉTAN.
On presse ; et cet enfant qui vous est étranger...
ZAMTI.
Étranger ! lui, mon roi !
ÉTAN.
Notre roi fut son père,
Je le sais, j'en frémis. Parlez, que dois-je faire?

ZAMTI.

On compte ici mes pas ; j'ai peu de liberté.
Sers-toi de la faveur de ton obscurité.
De ce dépôt sacré tu sais quel est l'asile :
Tu n'es point observé ; l'accès t'en est facile.
Cachons pour quelque temps cet enfant précieux
Dans le sein des tombeaux bâtis par ses aïeux.
Nous remettrons bientôt au chef de la Corée
Ce tendre rejeton d'une tige adorée.
Il peut ravir du moins à nos cruels vainqueurs
Ce malheureux enfant, l'objet de leurs terreurs ;
Il peut sauver mon roi. Je prends sur moi le reste.

ÉTAN.

Et que deviendrez-vous sans ce gage funeste ?
Que pourrez-vous répondre au vainqueur irrité ?

ZAMTI.

J'ai de quoi satisfaire à sa férocité.

ÉTAN.

Vous, Seigneur ?

ZAMTI.

   O nature ! ô devoir tyrannique !

ÉTAN.

Eh bien ?

ZAMTI.

  Dans son berceau saisis mon fils unique.

ÉTAN.

Votre fils !

ZAMTI.

Songe au roi que tu dois conserver.
Prends mon fils... que son sang... je ne puis achever.

ÉTAN.

Ah ! que m'ordonnez-vous ?

ZAMTI.

   Respecte ma tendresse,
Respecte mon malheur et surtout ma faiblesse ;

N'oppose aucun obstacle à cet ordre sacré,
Et remplis ton devoir après l'avoir juré.

(Acte I, scène 6.)

Zamti, en nous découvrant ses angoisses paternelles, est-il plus dramatique que Tching-Ing en nous les cachant? Ici, tout dépend du but de l'auteur. Dans Voltaire, l'intérêt roule sur le sacrifice que fait Zamti; c'est à Zamti et à Idamé que nous nous intéressons. Consentiront-ils à livrer leur fils pour sauver la vie de l'orphelin? Quand Zamti aura résolu cet affreux sacrifice, Idamé le laissera-t-elle s'accomplir? Voilà le vrai sujet de la tragédie de Voltaire, car nous nous intéressons fort peu à l'orphelin de la Chine. Dans l'auteur chinois, au contraire, c'est sur cet orphelin que roule tout l'intérêt, c'est lui qu'il faut sauver à tout prix; et l'auteur a bien compris que, s'il montrait trop combien il en coûte à Tching-Ing de sacrifier son fils, les spectateurs s'intéresseraient d'autant moins à l'orphelin, qu'ils s'attendriraient plus sur la douleur de Tching-Ing.

Je remarque encore une autre différence. Dans Voltaire, il s'agit de sauver le dernier héritier des rois, et c'est à la fidélité monarchique que Zamti immole son fils. Ce sentiment pouvait être compris sur notre théâtre. Dans l'auteur chinois, l'orphelin des Tchao n'est pas le rejeton d'une race royale et le dernier héritier de l'empire : c'est seulement le dernier descendant d'une ancienne et puissante famille. Le salut de l'État n'est point attaché à ses jours, et ce n'est ni le patriotisme ni la fidélité monarchique qui sont intéressés à défendre sa vie. La fidélité du serviteur (j'allais dire du vassal, tant les mœurs féodales se rapprochent des mœurs de cette pièce chinoise!), la reconnaissance des anciens amis de la famille, l'idée enfin de perpétuer la famille des Tchao, afin que les tombeaux de cette maison aient toujours leurs libations et leurs honneurs accoutumés, voilà ce qui protége l'orphelin, voilà ce qui inspire en sa faveur tant de généreux dévouements.

Nous avons vu Tching-Ing et Kong-Sun délibérer sur le plan qu'ils doivent suivre pour sauver l'orphelin des Tchao. Ce plan s'exécute. Tching-Ing va dénoncer Kong-Sun à Tou'-an-Kou, et celui-ci fait tuer l'enfant qu'il trouve dans la maison de Kong-Sun, le prenant pour l'orphelin, tandis que ce n'est que le fils de Tching-Ing. Kong-Sun se tue à son tour pour ne point révéler le secret de cette substitution d'un enfant à l'autre ; et Tou'-an-Kou, voulant récompenser Tching-Ing de sa dénonciation, adopte pour son héritier ce prétendu fils de Tching-Ing, c'est-à-dire l'orphelin même des Tchao, qui est élevé ainsi dans la maison du persécuteur de sa famille. Quand ce fils a vingt ans, Tching-Ing lui révèle le secret de sa naissance. Quoique, dans cette scène de reconnaissance, il n'y ait plus aucun point de comparaison avec la tragédie de Voltaire, je veux cependant en citer quelque chose, parce qu'elle est curieuse et touchante. Tching-Ing a peint les aventures de l'orphelin et de sa famille, et il dépose ces peintures sur le bureau de l'orphelin. Celui-ci les trouve et en demande l'explication à Tching-Ing. Alors Tching-Ing, prenant chaque peinture, raconte, avec une lenteur solennelle, l'histoire qu'elle retrace, et il ter-

mine son récit par ces paroles : « Il y a déjà vingt
« ans que ces événements se sont passés. Le petit
« orphelin de la famille Tchao est maintenant âgé
« de vingt ans. S'il ne peut pas venger la mort de
« son père et de sa mère, à quoi est-il bon? Il est
« doué d'une haute stature, et son visage respire une
« majesté imposante; il brille dans les lettres, il
« excelle dans l'art de la guerre. Qu'attend-il pour
« agir? Toute sa famille a été exterminée, sans dis-
« tinction de rang; sa mère s'est pendue dans son
« palais désolé; et son père s'est poignardé lui-même
« sur la place d'exécution. Cependant ces mortelles
« injures ne sont pas encore vengées. C'est en vain
« que ce fils passe dans le monde pour un héros.

L'ORPHELIN.

« Vous me parlez depuis bien longtemps, et ce-
« pendant votre fils est encore comme un homme
« qui sommeille ou qui rêve. En vérité, je ne com-
« prends rien à tout ceci.

TCHING-ING.

« Quoi! vous ne comprenez pas encore? Écoutez :
« l'homme vêtu de rouge est l'infâme ministre Tou'-
« an-Kou; Tchao-So est votre père, et la princesse
« est votre mère. Je vous ai raconté de point en point
« cette lugubre histoire. Si vous ne la comprenez
« pas encore tout entière, eh bien! je suis le vieux
« Tching-Ing qui ai sacrifié mon fils pour sauver
« l'orphelin; et c'est vous, c'est vous qui êtes l'or-
« phelin de la famille des Tchao!

L'ORPHELIN.

« O ciel! quoi! je suis l'orphelin de la famille des
« Tchao! Je meurs de colère. »

Une fois reconnu, l'orphelin tue Tou'-an-Kou ; et l'empereur, qui a reconnu les crimes de Tou'-an-Kou, approuve sa mort et rend à l'orphelin tous les biens de sa famille.

Tel est ce drame chinois, dont l'auteur a su nous intéresser sans autre ressource que les périls d'un enfant au berceau. Voltaire n'a pas cru pouvoir faire une tragédie avec un sujet si simple, et il a eu recours à d'autres moyens, tantôt à la passion de Gengis-Kan pour Idamé, et tantôt à la lutte entre Zamti et Idamé, l'un voulant livrer son fils pour sauver l'orphelin, l'autre se refusant à faire un pareil sacrifice. Cette opposition entre l'amour paternel qui cède à un devoir supérieur, et l'amour maternel qui, plus instinctif et plus fort, ne connaît pas de devoir plus sacré que celui de sauver un fils, fait l'intérêt des deux premiers actes de la tragédie française.

Au moment même où les Tartares allaient immoler le fils de Zamti, Idamé le leur a arraché en criant qu'on les trompait et que ce n'était pas là le fils du roi. Les Tartares l'ont crue : car, comme dit Osman en vers qui sentent le philosophe plutôt que le Tartare,

> Ses yeux, son front, sa voix, ses sanglots, ses clameurs,
> Sa fureur intrépide au milieu de ses pleurs,
> Tout semblait annoncer, par ce grand caractère,
> Le cri de la nature et le cœur d'une mère.
>
> (Acte II, scène 7.)

Bientôt arrive Idamé elle-même, furieuse, désespérée, reprochant à son époux le cruel sacrifice qu'il a voulu faire ; et alors commence l'opposition entre les sentiments du père et les sentiments de la mère ; Songez, dit Zamti,

. . . . Songez à sauver votre roi.
IDAMÉ.
Que j'immole mon fils !
ZAMTI.
Telle est notre misère :
Vous êtes citoyenne avant que d'être mère.
IDAMÉ.
Quoi ! sur toi la nature a si peu de pouvoir !
ZAMTI.
Elle n'en a que trop, mais moins que mon devoir ;
Et je dois plus au sang de mon malheureux maître
Qu'à cet enfant obscur à qui j'ai donné l'être.
IDAMÉ.
Non, je ne connais point cette horrible vertu.
J'ai vu nos murs en cendre et ce trône abattu ;
J'ai pleuré de nos rois les disgrâces affreuses ;
Mais, par quelles fureurs encor plus douloureuses,
Veux-tu, de ton épouse avançant le trépas,
Livrer le sang d'un fils qu'on ne demande pas ?
Ces rois ensevelis, disparus dans la poudre,
Sont-ils pour toi des dieux dont tu craignes la foudre ?
A ces Dieux impuissants, dans la tombe endormis,
As-tu fait le serment d'assassiner ton fils ?
Hélas ! grands et petits, et sujets, et monarques,
Distingués un moment par de frivoles marques,
Égaux par la nature, égaux par le malheur,
Tout mortel est chargé de sa propre douleur.
. . . .
Va, le nom de sujet n'est pas plus saint pour nous
Que ces noms si sacrés et de père et d'époux.
La nature et l'hymen, voilà les lois premières,

Les devoirs, les liens des nations entières.
Ces lois viennent des dieux ; le reste est des humains.

(Acte II, scène 3.)

Que reproché-je à cette scène ? Les sentiments n'en sont pas faux : ils sont déclamatoires. Le tort de la déclamation, c'est d'ôter, même aux sentiments vrais, l'accent de la vérité. Zamti et Idamé peuvent-ils, quand leur fils est prêt à périr, discuter sur les devoirs du citoyen et du père ? Les sentiments qu'exprime Idamé sont ceux d'une mère, mais d'une mère qui réfléchit et qui disserte sur ses sentiments. Or, ce qu'il y a de pire au monde dans les moments de crise, ce sont les passions qui s'analysent. La passion qui sait le secret de son émotion et qui en explique la cause, n'est plus une passion : comme elle vient de l'esprit, c'est à l'esprit aussi qu'elle s'adresse ; le cœur n'écoute plus. Je sais bien qu'Idamé ne proclame si haut l'égalité des hommes devant la mort, que pour se dispenser de sacrifier son fils au salut de l'orphelin. Je suis gêné cependant par le ton sentencieux de cette discussion. Le contraste philosophique entre la tendresse paternelle qui cède à un devoir supérieur, et la tendresse maternelle qui est pour Idamé la loi suprême, finit par m'occuper plus que le péril du fils d'Idamé et de l'orphelin royal : je pèse les arguments opposés ; je cherche, à mon tour, s'il vaut mieux, dans un pareil moment, être citoyen ou être père ; je lis enfin un traité des devoirs au lieu d'assister à une tragédie.

XVIII.

DU PERVERTISSEMENT DE L'AMOUR MATERNEL. — CLÉOPATRE DANS LA *Rodogune* DE CORNEILLE. — *La Mère coquette* DE QUINAULT.

Quelque fort et quelque ardent que soit l'amour maternel, il y a cependant des passions qui l'étouffent : il y a des mères qui oublient la nature, il y a des femmes ambitieuses ou coquettes qui ne se souviennent plus qu'elles sont mères. Telle est Cléopâtre dans la *Rodogune* de Corneille ; telle est Ismène dans la *Mère coquette* de Quinault.

Il faut remarquer qu'il n'y a jamais que les mauvaises passions qui attaquent et qui ébranlent l'amour maternel. Les bonnes le respectent, car toutes les vertus s'aident et se soutiennent au lieu de se combattre. L'enthousiasme religieux lui-même ne détruit pas l'amour maternel : je lis dans les Actes des Martyrs, que sainte Perpétue ayant enfin obtenu d'avoir son enfant avec elle dans sa prison : « La pri-
« son, dit-elle, me devint tout à coup un palais, en
« sorte que j'aimais mieux cette demeure que toute
« autre qu'on m'eût pu choisir. » Paroles touchantes et qui témoignent de l'accord entre la piété et les

plus douces affections du cœur humain. Il en est autrement de l'ambition et de la vanité : elles chassent hardiment l'amour maternel du cœur qu'elles possèdent; et la vanité, toute mesquine et petite qu'elle est de sa nature, n'est pas, à cet égard, moins impérieuse et moins tyrannique que l'ambition elle-même : Ismène, dans *la Mère coquette*, n'est pas moins dure que Cléopâtre dans *Rodogune*.

Le personnage de Cléopâtre, dans Corneille, est odieux d'un bout à l'autre de la pièce; il n'inspire que l'horreur. Jamais un seul mouvement de tendresse maternelle, jamais un seul remords n'est ressenti par cette mère, qui veut faire périr ses deux fils pour faire périr sa rivale; jamais la nature ne réclame en son cœur, et, quand elle l'atteste, c'est pour la braver et la sacrifier à son ambition et à sa vengeance :

> . . . . Et toi, que me veux-tu,
> Ridicule retour d'une sotte vertu,
> Tendresse dangereuse autant comme importune?
> Je ne veux point pour fils l'époux de Rodogune;
> Et ne vois plus en lui les restes de mon sang,
> S'il m'arrache du trône et la met en mon rang.
>
> (Acte v, scène 1.)

Cependant les sentiments doux et naturels ont leur part dans *Rodogune*, et la pitié a sa place à côté de l'horreur. L'affection touchante et pure que les deux frères ont l'un pour l'autre, et l'intérêt qu'elle excite, compensent l'épouvante qu'inspire Cléopâtre. J'aime que, dans cette tragédie où les bons sentiments disparaissent dans la mère, ils se retrouvent dans les deux frères, et que l'amour fraternel vienne nous dédommager de l'oubli de la tendresse maternelle. Ainsi les émotions douces et pures retrouvent leur ascendant, et le spectateur n'est point condamné au tourment de ne rien trouver qui soit digne d'estime et de pitié; il s'attendrit sur ces deux frères qui, effrayés d'aimer tous deux Rodogune et de se trouver rivaux, se promettent de ne jamais faillir à l'amitié fraternelle :

> Malgré l'éclat du trône et l'amour d'une femme,
> Faisons si bien régner l'amitié sur notre âme,
> Qu'étouffant dans leur perte un regret suborneur,
> Dans le bonheur d'un frère on trouve son bonheur.
>
> (Acte i, scène 3.)

Cette noble et touchante amitié des deux frères résiste aux efforts que Cléopâtre fait pour l'altérer. En vain elle cherche à les armer l'un contre l'autre : ils repoussent ses conseils odieux. Cléopâtre alors, désespérée de voir la vertu de ses fils tromper ses projets de vengeance et d'ambition, ne pouvant plus compter sur eux, ni pour frapper Rodogune, ni pour se détruire l'un l'autre, ne compte plus que sur elle-même : car elle ne songe pas à renoncer à sa haine et à son ambition, elle ne songe pas à redevenir mère. Elle le feint un instant, mais pour mieux perdre ses ennemis, c'est-à-dire sa rivale et ses enfants; elle brave tout, la vengeance des dieux et la vengeance des hommes. Écoutons cet hymne de haine et de colère, le plus terrible que le théâtre ait jamais entendu :

Il faut ou condamner ou couronner ma haine !
Dût le peuple en fureur, pour ses maîtres nouveaux,
De mon sang odieux arroser leurs tombeaux,
Dût le Parthe vengeur me trouver sans défense,
Dût le ciel égaler le supplice à l'offense,
Trône, à t'abandonner je ne puis consentir !
Par un coup de tonnerre il vaut mieux en sortir,
Il vaut mieux mériter le sort le plus étrange.
Tombe sur moi le ciel, pourvu que je me venge !
J'en recevrai le coup d'un visage remis :
Il est doux de périr après ses ennemis ;
Et de quelque rigueur que le destin me traite,
Je perds moins à mourir qu'à vivre leur sujette.
(Acte v, scène 1.)

Jamais l'ambition, la colère, la vengeance, toutes les passions qui peuvent dévorer le cœur humain, n'ont été exprimées avec plus de grandeur et plus d'énergie. Ne l'oublions pas pourtant, et c'est ici que revient la pensée de l'étude que nous faisons sur l'amour maternel, le titre de mère que garde Cléopâtre, quoiqu'elle l'oublie d'une façon si horrible, ce titre même, en la rendant plus criminelle, prête à ses passions je ne sais quelle effroyable grandeur digne de la tragédie. Si Cléopâtre n'était pas mère, elle perdrait à l'instant même une partie de l'horreur tragique qu'elle inspire : ce ne serait plus qu'une ambitieuse, ce ne serait plus qu'une femme irritée et vindicative. Elle a besoin, pour nous épouvanter, que nous nous souvenions de ces sentiments maternels qu'elle a étouffés ; et ce titre sacré de mère se sent encore là même où il est détruit.

Mais Corneille, s'il se sert en poëte tragique de ce

titre de mère qui rend Cléopâtre plus effrayante, a soin aussi de nous avertir que, dans ces cours de l'Asie qu'il a devinées et peintes avec tant de pénétration [1], dans ces pays où le lien de la famille est relâché et détruit par la polygamie, les mœurs et les usages diminuent la force des sentiments naturels. Là, on n'est plus fils, ni époux, ni père : on est roi; là, on n'est ni fille, ni mère : on est reine. L'égoïsme domine les affections de la nature, et c'est ce que Corneille nous explique, par la bouche de Séleucus, avec cette sagacité politique qui est une des parties de son génie :

> Ah! mon frère, l'amour n'est guère véhément
> Pour des fils élevés dans un bannissement,
> Et qu'ayant fait nourrir presque dans l'esclavage,
> Elle (*Cléopâtre*) n'a rappelés que pour servir sa rage.
> De ses pleurs tant vantés je découvre le fard :
> Nous avons en son cœur, vous et moi peu de part ;
> Elle fait bien sonner ce grand amour de mère ;
> Mais elle seule enfin s'aime et se considère ;
> Et, quoi que nous étale un langage si doux,
> Elle a tout fait pour elle et n'a rien fait pour nous.
>   (Acte II, scène 4.)

Quoiqu'il y ait une sorte de ressemblance entre l'ambition et la coquetterie, et qu'elles aient toutes deux le même besoin de réussir ou de plaire, il y a cependant une grande différence entre l'Ismène de Quinault et la Cléopâtre de Corneille. Elles ne se ressemblent qu'en un point : la passion étouffe en elles l'amour maternel. L'Ismène de Quinault n'est

---

[1] Voyez la *Mort de Pompée, Rodogune, Nicomède.*

ni haineuse ni vindicative ; seulement elle souffre à voir sa fille devenir chaque jour plus jolie auprès d'elle qui, chaque jour, reste belle plus difficilement. Elle serait bonne mère, si sa fille n'avait encore que dix ou douze ans ; mais elle en a seize : c'est là son tort à ses yeux. Voyez comment, dans l'entretien d'Ismène avec Laurette, sa confidente, éclatent naturellement tous ces secrets dépits d'une femme qui ne veut pas se résoudre à vieillir :

> De quel œil puis-je voir, moi qui, par mon adresse,
> Crois pouvoir, si j'osais, me piquer de jeunesse,
> Une fille adorée, et qui, malgré mes soins,
> M'oblige d'avouer que j'ai trente ans au moins?
> Et comme à mal juger on n'a que trop de pente,
> De trente ans avoués n'en croit-on pas quarante?
> LAURETTE.
> Il est vrai que le monde est plein de médisants ;
> Mais on peut être belle encore à quarante ans.
> ISMÈNE.
> On le peut, mais enfin c'est l'âge de retraite ;
> La beauté perd ses droits, fût-elle encor parfaite,
> Et la galanterie, au moment qu'on vieillit,
> Ne peut se retrancher qu'à la beauté d'esprit.
> LAURETTE.
> Vous êtes trop bien faite, et c'est une chimère.
> ISMÈNE.
> Une fille à seize ans défait bien une mère.
> J'ai beau, par mille soins, tâcher de rétablir
> Ce que de mes appas l'âge peut affaiblir,
> Et d'arrêter par art la beauté naturelle
> Qui vient de la jeunesse et qui passe avec elle.
> Ma fille détruit tout dès qu'elle est près de moi ;
> Je me sens enlaidir sitôt que je la vois,

> Et la jeunesse en elle et la simple nature
> Font plus que tout mon art, mes soins et ma parure.
> Fût-il jamais sujet d'un plus juste courroux?
>
> (Acte ii, scène 2.)

Il n'y a point là de passions violentes qui nous émeuvent ou qui nous irritent : il n'y a que des ridicules qui nous font rire. Le cœur d'Ismène n'est pas corrompu ; elle est bonne et douce avec tout le monde ; elle n'a de mauvaise humeur que contre les seize ans de sa fille. De plus, Ismène se croit veuve. Depuis huit ans, son mari est parti sans qu'on en ait jamais entendu parler. On le croit mort, et même Ismène en a porté le deuil. De là la tentation qu'elle se sent de prendre un jeune époux, car son premier mari était vieux et laid. Ce jeune époux, qu'elle a déjà choisi, est Acanthe, fils de son voisin. Mais Acanthe aime Isabelle, fille d'Ismène ; seulement, il est brouillé avec Isabelle, comme sont brouillés les amants ; et c'est à l'aide de cette brouillerie, soigneusement entretenue par les fourberies de Laurette, une des très-rares soubrettes de comédie qui ne prennent pas parti pour la fille contre la mère, c'est à l'aide de cette brouillerie qu'Ismène espère remplacer sa fille Isabelle dans le cœur d'Acanthe. Elle convient avec le père d'Acanthe, qui, quoique vieux et laid, voudrait aussi épouser la jeune Isabelle, de troquer, pour ainsi dire, leurs enfants : Crémanthe épousera Isabelle, Acanthe épousera Ismène. Il ne manque à cet accord que le consentement d'Acanthe, et Acanthe ne le refuse pas. Mais, et c'est là surtout qu'éclate la comédie, dans la scène où Acanthe consent à épouser Ismène, il ne lui parle que d'Isabelle, de l'amour qu'il avait pour Isabelle, de la perfidie dont il croit qu'elle a payé sa tendresse. Sa passion enfin pour Isabelle éclate à chaque mot et inflige à la vanité d'Ismène le plus cruel et le plus juste tourment que puisse souffrir la vanité, le tourment de se voir oubliée et rebutée ; et cela, sans qu'Acanthe semble le vouloir, car c'est malgré lui qu'il oublie Ismène présente, c'est malgré lui qu'il se souvient sans cesse d'Isabelle absente. Cette scène est vraiment digne des grands maîtres de la comédie :

ACANTHE.
Après l'indigne amour dont son cœur s'est noirci,
Je cherche à m'en venger : c'est tout ce que j'espère.
LAURETTE.
Si je puis vous servir pour épouser la mère,
Je vous offre mes soins, et sans déguisement...
ACANTHE.
Mais ne pourrais-je pas m'en venger autrement?
LAURETTE.
Non, monsieur, que je sache......

(Acte IV, scène 7.)

A ce moment, Ismène paraît, et Laurette lui déclare qu'Acanthe vient de révéler ses sentiments secrets : C'est vous, et non plus Isabelle, dit-elle à Ismène,

C'est vous qu'il veut aimer, c'est vous...
ACANTHE.
Ah! l'infidèle!
ISMÈNE.
Monsieur songe à ma fille et n'y renonce pas.

ACANTHE.

Moi, madame, y songer? j'aurais le cœur si bas!
De cette lâcheté me croiriez-vous capable?

LAURETTE.

Non, c'est lui faire tort; cela n'est pas croyable.
Quoi que lui fasse dire un transport de courroux,
Monsieur assurément ne veut songer qu'à vous.

ACANTHE.

Madame, il est certain. Jamais, je le confesse,
L'amour n'a fait aimer avec tant de tendresse,
N'a jamais inspiré dans le cœur d'un amant
Rien qui fût comparable à mon empressement,
Rien d'égal à l'ardeur pure, vive, fidèle,
Dont mon âme charmée adorait Isabelle.
Vous voyez cependant comme j'en suis traité.

ISMÈNE.

La jeunesse, monsieur, n'est que légèreté.
Au sortir de l'enfance une âme est peu capable
De la solidité d'un amour raisonnable;
Un cœur n'est pas encore assez fait à seize ans,
Et le grand art d'aimer veut un peu plus de temps.
C'est après les erreurs où la jeunesse engage,
Vers trente ans, c'est-à-dire, environ à mon âge,
Lorsqu'on est de retour des vains amusements
Qui détournent l'esprit des vrais attachements,
C'est alors qu'on peut faire un choix en assurance,
Et c'est là proprement l'âge de la constance.
Un esprit, jusque-là, n'est pas bien arrêté,
Et les cœurs pour aimer ont leur maturité.

ACANTHE.

Mais, madame, après tout, qui l'eût cru d'Isabelle?
Isabelle inconstante! Isabelle infidèle!
Isabelle perfide, et sans se soucier...

ISMÈNE.

Quoi! toujours Isabelle!

ACANTHE.

Ah! c'est pour l'oublier;
Et je veux, s'il se peut, dans mon dépit extrême,
Arracher de mon cœur jusques à son nom même;
Je veux n'y laisser rien de ce qui me fut doux.
Grâce au ciel, c'en est fait.

LAURETTE.

C'est fort bien fait à vous.

ACANTHE.

J'en fais juge madame, et veux bien qu'elle die
S'il est rien de si noir que cette perfidie.
Après tant de serments, et si tendrement faits,
De nous aimer toujours, de ne changer jamais,
Isabelle aujourd'hui, cette même Isabelle...
Madame, obligez-moi, ne me parlez plus d'elle.

ISMÈNE.

C'est vous qui m'en parlez.

(Acte IV, scène 8.)

Avouons-le : Molière, dans ces scènes de querelles et de réconciliations amoureuses qu'il a si souvent mises au théâtre, n'a pas plus finement exprimé l'amour et ces mouvements d'un cœur qui laisse échapper son secret au moment même où il semble vouloir le mieux cacher [1].

[1] Molière, aussi bien, n'avait pas pour Quinault les injustes mépris de Boileau; il l'a même imité, et il y a des vers du *Misanthrope*, joué en 1666, deux ans après *la Mère coquette*, qui semblent se souvenir de la comédie de Quinault. Quinault, dans le premier acte, dit en parlant d'un marquis ridicule :

Estimez-vous beaucoup l'air dont vous affectez
D'estropier les gens par vos civilités,
Ces compliments de main, ces rudes embrassades,
Ces saluts qui font peur, ces bonjours à gourmades
Ne reviendrez-vous point de toutes ces façons?

Isabelle ne traite pas mieux le vieux Crémanthe qu'Acanthe ne traite Ismène, et elle n'y met pas plus de malice non plus. Son amour pour Acanthe éclate aussi, malgré elle, devant Crémanthe et le punit de ses prétentions ridicules. Enfin la réconciliation des deux amants se fait en face même de Crémanthe et, à l'aide des reproches d'infidélité qu'ils se font l'un à l'autre [1].

Alceste dit de même dans sa mauvaise humeur :

> Non, je ne puis souffrir cette lâche méthode
> Qu'affectent la plupart de vos gens à la mode,
> Et je ne hais rien tant que les contorsions
> De tous ces grands faiseurs de protestations,
> Ces affables donneurs d'embrassades frivoles,
> Ces obligeants diseurs d'inutiles paroles.
> . . . .
> De protestations, d'offres et de serments,
> Vous chargez la fureur de vos embrassements.
>
> (*Misanthrope*, acte I, scène 1.)

[1] Il y a dans cette scène quelques vers de Crémanthe qui ont le défaut d'être trop spirituels et de paraître faits pour exciter le rire du spectateur plutôt que pour exprimer le caractère du personnage :

> Je vous ferai bénir le choix qui nous engage;
> (*dit-il à Isabelle.*)
> Ah ! si vous m'aviez vu dans la fleur de mon âge !
> Je valais en ce temps cent fois mieux que mon fils,
> Et le vaux bien encor, malgré mes cheveux gris.
> Je suis vieux, mais exempt des maux de la vieillesse,
> Je me sens rajeunir par l'amour qui me presse,
> Par des yeux si puissants, par des charmes si doux !
> Hum !
>
> ISABELLE.
> Je vous plains d'avoir cette méchante toux.
>
> CLÉMANTHE, *en toussant.*
> Point, point ! c'est une toux dont la cause m'est douce,

La réconciliation faite entre les deux amants, la pièce doit finir; mais le dénoûment se fait dans la coulisse. Ismène a retrouvé son mari : il vient de revenir à l'improviste. Elle n'est donc plus veuve; elle ne peut plus épouser Acanthe; elle peut désormais recommencer à aimer sa fille, qui n'est plus sa rivale; elle peut redevenir bonne mère. Voilà ce que Laurette vient annoncer aux deux amants, car Ismène ne reparaît pas; et je sais gré à Quinault d'avoir épargné à cette mère l'affront de reparaître après son désappointement : il a bien voulu qu'Ismène fût ridicule, mais non qu'elle fût méprisée, et il a respecté le caractère maternel dans le défaut même qu'il lui a prêté.

J'ai examiné les différentes expressions que l'art dramatique a données à l'amour maternel depuis Euripide jusqu'à nos jours. Parmi les personnages que l'art a pris pour types de ce sentiment, le plus ancien est le plus pur. L'Andromaque d'Homère est le plus parfait modèle de la tendresse et de la douleur maternelles, et elle garde ce caractère sur le théâtre antique et sur le théâtre moderne, dans Euripide et dans Racine. Racine même donne à la tendresse maternelle une expression plus délicate que ses devanciers : son Andromaque a la pureté et la douceur des veuves chrétiennes. Mérope est plus violente dans sa douleur que ne l'est Andromaque; mais elle n'est pas moins pure, elle n'est pas moins honorée, et ses vertus s'ajoutent à ses malheurs pour

C'est de transport enfin, c'est d'amour que je tousse;
J'ai tant d'émotion !...
(Acte V, scène 8.)

nous la faire plaindre et nous la faire aimer. Idamé elle-même, dans *l'Orphelin de la Chine*, a le même genre de dignité ; et, quoiqu'elle débite trop de maximes philosophiques, cependant elle nous inspire à la fois la pitié et l'estime, car elle a, outre l'amour maternel, les vertus qui honorent la femme : elle est fidèle à son époux, elle aime mieux périr avec lui que de régner avec Gengis-Khan. Je peux donc encore prendre Idamé pour le type de l'amour maternel. Ne l'oublions pas, en effet : l'idée que nous avons de cet amour est l'idée d'une vertu, et nous ne nous prêtons pas de bonne grâce à croire qu'une empoisonneuse puisse être bonne mère et que nous puissions l'aimer. Gardons-nous de confondre l'étonnement et même l'intérêt que nous sentons parfois pour un scélérat qui a conservé un bon sentiment, avec l'attrait naturel que nous inspire la vertu. Dans l'un, ce qui reste de bon nous surprend et nous plaît comme un témoignage imprévu de la dignité humaine ; la vertu, au contraire, nous charme, et nous nous abandonnons sans crainte au plaisir de l'aimer. Nous voulons bien, au théâtre, être quelquefois tenus en suspens, nous voulons bien hésiter un instant entre le bien et le mal ; mais il faut qu'un sentiment vienne, qui domine et qui fixe notre cœur ; il faut enfin aux débats du drame une conclusion morale qui satisfasse la conscience. Montrez-moi donc un personnage que je puisse, au dénoûment, aimer ou haïr à mon aise. Dans *Rodogune*, Cléopâtre nous fait horreur ; mais cette horreur n'est troublée par aucun scrupule, car Corneille n'a pas fait de Cléopâtre une femme qui reste bonne mère malgré ses crimes; il n'a pas heurté l'idée que nous avons de l'amour maternel; il ne nous a pas obligés à détester la femme et à aimer la mère dans le même personnage.

Dans *Lucrèce Borgia*, au contraire, l'empoisonneuse reste constamment à côté de la mère, et l'auteur a voulu, jusqu'au dénoûment, nous faire détester l'une et aimer l'autre. Le cœur humain ne peut pas s'accommoder de ce partage de sentiments; il ne va pas au théâtre pour rester neutre et incertain : il veut finir par prendre un parti, il veut aboutir à un mouvement décisif de haine ou de pitié. Ce genre de satisfaction lui manque dans *Lucrèce Borgia*; et, en violant cette loi de l'unité morale, qui tient de fort près à l'unité d'action et d'intérêt, le poëte a, du même coup, dénaturé l'expression de l'amour maternel. En vain il a exagéré et grossi cet amour, si je puis parler ainsi : il lui a ôté son meilleur signe de force et d'énergie, en lui ôtant l'efficacité vertueuse que nous sommes habitués à lui attribuer. Lucrèce Borgia, si elle est bonne mère, ne peut pas être la femme impie et scélérate que vous me montrez. Voilà ce que crie tout bas la conscience humaine, voilà pourquoi elle proteste contre les efforts que le théâtre et le roman ont faits à l'envi depuis vingt ans pour lui faire approuver ces étranges combinaisons du vice et de la vertu. Comme il n'y a pas de littérature qui puisse se passer longtemps de l'assentiment de la conscience, ces personnages invraisemblables, qui contrarient les lois morales de l'esprit humain, sont tombés peu à peu dans le discrédit. On s'était lassé des Grandisson, parce qu'ils étaient trop vertueux ; mais on s'est lassé aussi des Lovelace, surtout quand les Lovelace comme ceux de nos jours, ont prétendu inspirer l'estime et l'admiration. Le tort de la littérature de notre temps est d'avoir heurté de gaieté de cœur ce besoin que nous sentons tous d'estimer ce que nous aimons. Elle a voulu créer des types de nos sentiments, et elle les a créés contraires aux lois morales de l'esprit humain ; elle a voulu faire un idéal, car l'œuvre de toutes les littératures est de donner à l'homme une représentation idéale de lui-même ; mais cet idéal du bien et du mal, ces modèles de nos sentiments, ces types de nos affections, elle les a pris dans les exceptions ou dans la fantaisie, au lieu de les prendre dans la vraie nature morale de l'homme. C'est par là qu'elle a échoué.

Qu'il me soit permis d'ajouter à cette idée quelques réflexions générales qui s'y rapportent.

XIX.

LA LITTÉRATURE EXPRIME SOUVENT L'ÉTAT DE L'IMAGINATION
D'UN PEUPLE, PLUTÔT QUE L'ÉTAT DE LA SOCIÉTÉ[1].

J'ai cherché à comparer de quelle manière ont été exprimés, à diverses époques, les sentiments les plus généraux du cœur humain ; et je crains que, malgré moi, cette comparaison n'ait été defavorable à la société moderne. L'expression des quatre ou cinq sentiments principaux qui sont le sujet de l'art dramatique, semble, de nos jours, avoir perdu son ancienne vérité : elle est devenue violente, exagérée, prétentieuse ; la douleur est tombée dans la mélancolie,

---

[1] Je devrais peut-être recommencer aujourd'hui ce chapitre écrit en 1842. Il repose sur deux idées ; la première, c'est que la littérature satanique dont s'amusait la société française avant 1848 n'exprimait pas, grâce à Dieu, les véritables mœurs de la France, elle ne répondait qu'à son imagination blasée et pervertie ; la seconde idée, c'est que cette littérature, qui ne procédait que de l'imagination, et qui ne semblait s'adresser qu'à l'imagination, devait finir cependant par avoir une influence funeste. J'ai, dans ce chapitre, beaucoup plus développé la première idée que la seconde. Ceux qui me lisent depuis 1848 développent plus la seconde idée que la première. C'est tout naturel. Je ne voudrais pas

la tendresse dans la sensibilité, la méditation dans la rêverie ; partout l'ombre a, pour ainsi dire, remplacé le corps ; l'ombre, plus grande, il est vrai, et plus souple que le corps, mais plus vague et plus vide :

Et sol crescentes decedens duplicat umbras[1].

L'altération de l'expression est-elle un signe de l'altération des sentiments généraux du cœur humain ? les hommes de nos jours aiment-ils la vie d'une manière plus lâche et plus molle que les hommes d'autrefois, parce que Catarina dans le *Tyran de Padoue*, est moins résignée qu'Iphigénie dans Euripide ou dans Racine ? l'amour paternel et l'amour maternel sont-ils moins nobles et moins ardents aujourd'hui qu'autrefois, parce que Lucrèce Borgia et Triboulet aiment leurs enfants d'une manière moins pure et moins élevée que Mérope et don Diègue ? n'y a-t-il plus dans le monde de vraies et simples douleurs, parce que les romans regorgent de faux désespérés ? la littérature, en un mot, est-

---

cependant qu'on pût croire que la première idée n'était qu'une apologie obligeante que les événements ont condamnée. Si la France a laissé faire le mal en 1848, cela, et je le prédisais dans ce chapitre, a pu venir en partie de la démoralisation du goût public. Comme on avait approuvé l'orgie dans les romans, on s'est trouvé faible pendant quelque temps contre ceux qui voulaient faire une orgie dans la société. Mais si la France a pu sortir vivante encore de la crise morale de 1848, c'est que, selon moi, les mœurs qu'elle approuvait dans ses lectures, n'étaut pas ses véritables mœurs, il lui a suffi de les voir un instant en action pour les condamner et les combattre énergiquement. Nous avons failli parce que nous avions laissé pervertir notre imagination ; mais nous nous sommes relevés, parce qu'il n'y avait que notre imagination qui se fût laissé pervertir.

[1] VIRGILE, *Écl.* 2, v. 67.

elle aujourd'hui l'expression de la société? Telle est la question que je veux traiter brièvement.

Notre temps n'est certes pas le temps des passions violentes et désordonnées. Cependant, à prendre notre littérature, jamais les passions n'ont semblé plus en honneur. Nos héros de théâtre visent tous à l'énergie des sentiments; c'est par là qu'ils nous plaisent : nous adorons les caractères ardents et passionnés, nous déifions le vice même, s'il a l'air fier et hardi. Dans les romans, les amoureux sont enthousiastes et exaltés, les jeunes filles sont rêveuses et mélancoliques. A côté de cela, dans le monde, les mariages, se font de plus en plus par convenance et par intérêt. La société enfin écrit et parle d'une façon, agit d'une autre; et le plus sûr moyen de ne pas la connaître, c'est de la juger d'après ses paroles et de la prendre au mot.

Dirons-nous qu'à parler autrement qu'elle n'agit, la société est hypocrite? non : l'hypocrisie singe la vertu; ici, au contraire, la société semble affecter les défauts qu'elle n'a pas. Ce sont ses grimaces qui la calomnient, ce sont ses actions qui l'absolvent : car elle agit mieux qu'elle ne parle et même qu'elle ne pense.

Ce désaccord entre la société qui parle ou écrit, et la société qui agit, est une source féconde d'erreurs et de déconvenues : car la société rit tout bas des dupes qui veulent mettre en action, dans la vie ordinaire, cette morale ardente et passionnée qui n'est bonne que dans les cabinets de lecture. Elle fait, avec la morale, ce que faisaient, avec la religion, les abbés esprits forts du dix-huitième siècle, qui raillaient l'Église et qui en vivaient; elle fait ce que fait le public, qui, au théâtre, rit du mariage et qui se marie. Si même quelqu'un manque trop visiblement à la morale dans ses actions, la société lui applique sans hésiter les pénitences du Code pénal. Elle le punit d'avoir cru aux paradoxes qu'elle encourage, et, chose remarquable, elle le punit souvent plus qu'elle ne le désapprouve, surtout si le coupable a l'esprit de ne pas se repentir et de payer d'effronterie. L'effronterie, à nos yeux, touche à la grandeur; tant, en perdant le goût du vrai, on perd en même temps le sentiment du grand! Un criminel qui sait faire effet, n'est presque plus coupable : le crime disparaît dans la curiosité que l'homme inspire; et, si nous le condamnons en cour d'assises, nous en causons dans les salons avec tant d'intérêt que la célébrité lui tient presque lieu d'innocence.

Comment exprimer ce singulier état d'une société où le goût et la recherche du mal sont une manie littéraire plutôt encore qu'une maladie morale? Vous vous souvenez du temps où, dans *le Festin de Pierre*, le jeune et hardi don Juan, las de voir son siècle lui faire un crime de ses passions, se décide à prendre le masque de l'hypocrisie, comme étant la plus sûre et la plus commode manière d'être impunément libertin. Don Juan se fait l'élève de Tartufe, ce saint homme aux pieuses paroles et aux modestes regards. Cette hypocrisie de don Juan est, comme celle de Tartufe, un hommage involontaire rendu, je ne dis pas aux mœurs, mais du moins aux opinions morales de son siècle. De nos jours, tout est changé. Don Juan ne peut plus être tenté de prendre le rôle de Tartufe : il y perdrait. S'il a des passions ardentes et vives, qu'il se garde bien de les cacher ; qu'il en fasse éclat, au contraire, et surtout qu'il les prêche, car le vice, de nos jours, ne doit pas, s'il veut réussir, se contenter de jouir pour son propre compte : il faut qu'il endoctrine et qu'il fasse école. Aussi bien la société applaudit à ses hardiesses, tant qu'il parle, tant qu'il fait des drames ou des romans. Mais que don Juan ne s'avise pas de vouloir pratiquer ses maximes, qu'il ne s'avise pas de vouloir agir comme il parle : notre société ne veut de don Juan qu'au théâtre, elle le redoute et le réprime dans le monde ; singulière contradiction que don Juan ne comprend pas. — Eh quoi! dit-il, ce que j'ai voulu faire une fois, je l'ai dit cent fois, et vous m'avez applaudi ! — C'est vrai. — J'ai ri cent fois de la fidélité des femmes et de l'honneur des maris, et vous avez ri avec moi ! — C'est vrai. — Je me suis fait le défenseur des jeunes filles qui se croient sacrifiées et des jeunes gens de génie qui se trouvent méconnus, et vous m'avez encouragé ! — C'est vrai. — Pourquoi donc aujourd'hui, gens bizarres que vous êtes, pourquoi cette secrète répugnance que je sens contre moi ? pourquoi ce délaissement que je ne comprends pas ? — Je vais vous le dire, don Juan ; mais je ne sais pas si vous me comprendrez. Notre société vit et se soutient à l'aide de la dernière vertu qui reste aux peuples raisonneurs : l'inconséquence. Les hommes choisissent leurs femmes autrement que leurs héroïnes, et leurs gendres autrement que leurs tribuns ou leurs prophètes : ils sont plus sages dans leurs affaires que dans leurs idées. Voulez-vous réussir, don Juan : soyez toujours un drame ou un poëme, ne soyez jamais un homme à établir. Sinon, M. Dimanche lui-même, que vous railliez si bien autrefois, M. Dimanche se moquera de vous, aujourd'hui surtout que M. Dimanche est électeur, député ou ministre, et que vous, de votre côté, vous n'êtes plus gentilhomme, puisqu'il n'y en a plus, et que vous êtes seulement homme de génie, puisqu'il y en a tant.

Ainsi, loin que la littérature moderne soit faite à l'image de la société, on croirait qu'elle en a voulu prendre le contre-pied, tant la société la dément par ses mœurs et par ses actions! Dirons-nous, pour cela, que la société n'a rien prêté à la littérature? non : ces passions effrénées, ces caractères hideux, ces crimes insolents et goguenards qui composent le fonds de la littérature, la littérature les a pris dans les pensées, sinon dans les mœurs de notre société; dans notre imagination sinon dans notre caractère.

J'arrive ici au second point de vue que je veux indiquer.

Il y a, dans la littérature, deux sortes de sentiments, et ces deux sortes de sentiments répondent à deux phases différentes de l'histoire littéraire des nations : il y a les sentiments que l'homme trouve dans son cœur, et qui sont le fond de toutes les sociétés; il y a les sentiments que l'homme trouve dans son imagination, et qui ne sont que l'ombre et le reflet altéré des premiers. La littérature commence par les uns et finit par les autres.

Quand la littérature arrive à ces derniers sentiments, quand l'imagination, qui se contentait autrefois de peindre les affections naturelles, essaye de les remplacer par d'autres affections, alors les livres ne représentent plus la société : ils représentent l'état de l'imagination. Or, l'imagination aime et cherche surtout ce qui n'est pas. Quand la guerre civile agite et ensanglante la société, l'imagination fait volontiers des idylles et prêche la paix et la vertu. Quand, au contraire, la société s'apaise et se repose, l'imagination se reprend de goût pour les crimes. Elle est comme le marchand d'Horace : elle vante le repos du rivage quand gronde la tempête ; elle aime les flots et les orages, quand le vaisseau est dans le port. Ajoutez, chez nous, à cette contradiction naturelle de l'esprit humain, les souvenirs encore ardents de la guerre et de la Révolution, le goût des aventures, le regret du repos, l'espérance de la gloire et de la fortune, le dédain de vivre petitement, dédain plus vif au cœur des fils de ceux qui ont fait de grandes choses. Ce sont ces désirs inquiets et ces émotions confuses que recueille l'imagination et qu'elle met en œuvre dans la littérature. De là l'énergie des romans, la terreur des drames ; de là enfin cette littérature qui plaît d'autant mieux à la société qu'elle lui ressemble moins. La société autrefois aimait à trouver, dans la littérature, l'image embellie de ses sentiments, et cette image lui servait de leçon et d'encouragement ; elle n'y cherche plus aujourd'hui qu'une distraction. Elle disait naguère à la littérature : Étudiez-moi afin de m'instruire et de m'élever ; — elle lui dit aujourd'hui : Amusez-moi. Alors l'imagination se met à l'œuvre, et elle fait seule tous les frais de la littérature. Elle ne réussit pas toujours à amuser le public; mais elle consomme le divorce de la littérature d'avec la société, chacune allant de plus en plus où la poussent ses besoins et ses penchants : la société, à ses affaires et à ses labeurs chaque jour plus tristes, parce que, chaque jour, l'art y trouve moins sa place; la littérature, à ses œuvres chaque jour plus frivoles et plus vaines, parce que, chaque jour, l'étude et l'observation du monde y ont moins de part.

Une autre cause vient ordinairement aider à cette séparation de la société et de la littérature, séparation qui est une des phases caractéristiques de la vie littéraire des nations : je veux parler de l'imitation des littératures étrangères.

Les littératures qui se font vieilles, se mettent à imiter, croyant par là se rajeunir. Mais il y a des temps où l'imitation étrangère ne sert plus qu'à augmenter de plus en plus la séparation de la société et de la littérature. Que voulez-vous, en effet, que devienne l'esprit français habitué, depuis le seizième siècle, à la netteté d'idées et de sentiments qui fait son caractère national, quand il se trouve tout à coup jeté dans la misanthropie chagrine du génie anglais, ou dans le mysticisme rêveur du génie allemand? Il peut bien, un instant, par mode ou par manie, se faire mélancolique et rêveur; mais il ne le sera jamais, quoi qu'il fasse, que du bout des lèvres. Il aura beau mettre des larmes dans ses yeux et des sanglots dans sa voix, écheveler son front, pâlir son visage, tout cela ne sera que pour le théâtre, pour le roman, et peut-être aussi pour quelques boudoirs. Mais l'esprit français perce à travers ces grimaces de tristesse; je sens que ces pleureurs répètent une leçon qu'ils ont apprise; il y a, dans leurs gémissements, je ne sais quelle ironie qui n'est pas même amère. Les fausses tristesses et les fausses rêveries que l'esprit français emprunte à l'Angleterre ou à l'Allemagne, ne seront jamais pour lui qu'un exercice littéraire; il n'en fait usage que pour écrire et point pour vivre : son imagination s'en occupe, son caractère les repousse.

Ce n'est pas que l'imitation des littératures étrangères ne soit souvent utile; mais tout dépend des temps. Lorsqu'une littérature est jeune encore et pleine de séve, l'imitation lui profite : elle s'empare de cette greffe étrangère, elle se l'approprie, et elle en devient plus belle et plus féconde. Ainsi Corneille imitait les Espagnols; ainsi *le Cid*, devenu français, prenait sur notre théâtre un éclat tout nouveau. Il y a, dans *le Cid* de Corneille, beaucoup de sentiments qui sont de l'Espagne et de la chevalerie; mais, soit que ces sentiments soient aussi des sentiments français ou plutôt des sentiments humains, ils ne contredisent pas l'idée que nous nous faisons d'un héros ou d'un amant, et jamais nous n'avons besoin pour nous les expliquer, d'avoir recours à nos souvenirs et à nos réflexions; jamais, comme dans les pièces modernes, nous n'avons besoin de nous dire que tel sentiment qui nous étonne, telle idée qui nous choque, conviennent au temps et au pays du héros; nous ne sommes pas obligés enfin, pour goûter un personnage, de nous mettre, comme on dit aujourd'hui, à son point de vue et de faire un effort de mémoire pour avoir le plaisir de l'illusion.

Non, les Espagnols de Corneille, les Grecs ou les Romains de Racine ne nous plaisent pas par le trait particulier qui caractérise leur temps ou leur pays : ils nous plaisent parce qu'ils reproduisent les traits généraux de l'humanité, parce qu'ils nous représentent nous-mêmes.

Avec cette manie de ne plus vouloir prendre son point d'appui dans la société actuelle, la littérature doit aussi, de nos jours, être fort sujette à l'instabilité; et c'est ainsi que j'expliquerai volontiers ces brusques vicissitudes qui font que le goût littéraire change tous les dix ans et que les hommes de quarante ans ont déjà vu presque autant de révolutions littéraires que de révolutions politiques. Ne nous étonnons donc pas si, dans un pareil état de choses, la société, qui a toujours l'instinct de sa conservation, se garde bien de régler ses mœurs sur les fantaisies de la littérature. Elle conserve et elle cache soigneusement ses habitudes morales sous l'abri du foyer domestique, ne les montrant même qu'avec une sorte de pudeur ou de répugnance. Mais elle livre au premier venu ses opinions littéraires ou politiques. Celles-là, elle semble les prendre, les quitter et les reprendre avec une facilité singulière : tantôt adorant les passions violentes et méprisant la règle, qu'elle flétrit du nom de routine; tantôt reprenant le goût de l'ordre et du devoir, et le prêchant avec fanatisme. Mais ces révolutions capricieuses s'accomplissent toutes dans l'empire des idées. Les conversations et les livres changent comme une décoration de théâtre; les mœurs et les habitudes restent stables et fermes.

De là une remarque à faire. La critique est aujourd'hui fort à l'aise pour attaquer les opinions morales qui dominent tour à tour dans la littérature : car elle sait que ces opinions ne tiennent pas aux mœurs véritables de la société. Elle ne craint donc pas, en faisant remarquer les altérations progressives que subit l'expression des passions et des sentiments du cœur humain, qu'on lui impute de vouloir faire le procès aux mœurs et aux sentiments de notre siècle; elle ne craint pas qu'on la confonde avec ceux qui maudissent ou qui désespèrent. Elle sait tout ce qu'il y a, dans notre société, de saintes affections, de nobles sentiments, de croyances généreuses; elle sait que le cœur de l'homme n'est pas plus déchu aujourd'hui qu'autrefois, quoique l'esprit se soit singulièrement exercé et raffiné. Aussi, ce qu'elle reproche à la littérature, ce sont ces caractères étranges qui, loin d'être de notre temps, ne sont d'aucun siècle; ce sont ces sentiments bizarres qui sont au-dessus ou au-dessous de l'homme; ce sont ces passions exagérées, nées du cerveau et que le cœur ne reconnaît pas. Elle regrette enfin que la littérature, au lieu de peindre et d'exprimer la société en l'embellissant, comme c'est son droit et son art, semble prendre à tâche de la métamorphoser.

Ne nous y trompons pas d'ailleurs : quoique les opinions morales de la littérature ne tiennent pas aux mœurs réelles de la société, la critique cependant a droit de s'en soucier pour deux raisons.

La première raison est toute littéraire. Il est des opinions morales qui aident à créer le beau; il en est qui poussent à créer le laid. Or, le devoir de la critique, selon moi, c'est de montrer que le beau est le but et la fin de la littérature; et la critique doit combattre les opinions et les idées qui détournent l'esprit de ce but suprême.

La seconde raison est toute morale. La corruption de l'intelligence n'a pas toujours, il est vrai, grâce à l'inconséquence de l'esprit humain, les mauvais effets qu'on peut en craindre, et beaucoup agissent mieux qu'ils ne pensent ou qu'ils ne parlent. Il ne faut pourtant pas nous faire illusion sur les dangers de l'immoralité littéraire. La fanfaronnerie du vice, souvent innocente pour le fanfaron, est funeste à ses voisins; elle nuit surtout par l'exemple : peu à peu les bons sentiments s'altèrent quand ils entendent préconiser les mauvais; et c'est trop tenter l'infirmité humaine que de mettre toujours à sa portée une excuse, que dis-je! un éloge préparé pour chaque faute[1].

Essayons de résumer rapidement les idées que nous venons d'exposer. Notre littérature ne représente pas notre société : elle n'en représente que les caprices d'esprit, elle n'en exprime que les fantaisies. Ce n'est donc pas condamner les mœurs de notre temps que d'en attaquer les opinions morales : car les unes sont presque indépendantes des autres. Mais comme, avec le temps, ces opinions influent, soit sur la littérature dont les créations deviennent moins pures, soit sur la conscience publique qui devient aussi moins hardie à répudier le mal, il est

---

[1] C'est là ce que signifie cette parole de saint Paul : « Non-seulement ils font le mal, mais ils approuvent ceux qui le font. »
(*Épître aux Rom.*, ch. I, v. 32.)

du devoir de la critique et de la morale de signaler
les altérations que la littérature fait subir à l'expression des sentiments principaux du cœur humain,
de ces sentiments qui sont le sujet éternel de la
littérature dramatique. Certes, quel que soit, dans
les drames et dans les romans, le travestissement ou
la dégradation des grandes et simples affections de
l'homme, telles que l'amour paternel et l'amour
maternel, on est sûr de les retrouver toujours pures
et fortes dans le cœur d'un père ou d'une mère.
Mais les nations chez lesquelles la littérature conserve à ces pures affections leur pureté originelle, en
même temps que la famille en garde le dépôt inaltérable, ont la double gloire des beaux ouvrages et des
bonnes mœurs.

FIN.

NOTES

NOTE DE LA PREMIÈRE LEÇON.
(DE LA NATURE DE L'ÉMOTION DRAMATIQUE.)

Je ne puis résister au désir de citer un curieux passage de Tite-Live, qui montre l'idée que les Romains avaient des gladiateurs, combien ils trouvaient naturel que des esclaves vinssent se faire tuer en spectacles sous leurs yeux, et combien ils étaient étonnés que des hommes libres descendissent dans l'arène pour y disputer la gloire d'être le plus brave, ou pour y décider une querelle d'honneur ou d'ambition.

« Scipion célébrait à Carthagène, en Espagne, des jeux
« funéraires en l'honneur de son père et de son oncle. Ce
« ne furent pas des esclaves ou des hommes vendant leur
« vie qui livrèrent les combats de gladiateurs qui faisaient
« partie de ces jeux; ce furent des combattants volontaires
« et gratuits qui descendirent dans l'arène, les uns envoyés
« par leur prince pour donner un exemple de la bravoure
« de leur nation, les autres qui déclarèrent qu'ils combat-
« traient volontiers entre eux pour faire honneur à Sci-
« pion, quelques-uns par point d'honneur et par défi,
« quelques-uns aussi pour décider leurs querelles les armes
« à la main; et, parmi ces derniers, il y avait d'illustres
« combattants : ainsi deux frères qui se disputaient le

« commandement de leur pays. Scipion voulut en vain les
« réconcilier et juger leur querelle : ils répondirent qu'ils
« ne voulaient avoir d'autre juge que leur épée. Ils com-
« battirent avec acharnement et donnèrent à l'armée ro-
« maine un spectacle remarquable et une grande leçon des
« maux de l'ambition parmi les hommes [1]. »

Les Espagnols ne comprenaient pas ce que c'était que les jeux du cirque; et les Romains, de leur côté, ne comprenaient pas ce que c'était qu'un tournoi ou un duel, car les jeux de Carthagène furent un vrai tournoi. Au premier coup d'œil, le tournoi ressemble au cirque; mais l'idée fait la différence des choses. Dans le cirque, il y a l'idée d'un spectacle; dans le tournoi, l'idée d'un combat. Dans l'un, il y a des acteurs, quoique le jeu aille jusqu'au sang; dans l'autre, il y a des combattants. Cette idée différente a des effets différents : le cirque détruit le théâtre, parce que l'homme qui s'est amusé à voir couler le sang n'est pas capable de s'amuser à voir seulement couler les larmes, et que l'habitude des émotions matérielles détruit le goût des émotions morales. Le tournoi, au contraire, ne détruit pas le théâtre, parce qu'au tournoi ce n'est pas le plaisir et l'émotion théâtrale qu'on va chercher, quoiqu'on l'y trouve aussi. Le défaut du cirque et son mal, c'est d'être une fiction, puisqu'on combat pour l'amusement des spectateurs; et de toucher à la réalité, puisque le sang y coule.

NOTES DE LA ONZIÈME LEÇON.

SCÈNE D'*Abraham sacrifiant,* DRAME BIBLIQUE
de Théodore de Bèze (1579).

ABRAHAM, ISAAC, SATAN, L'ANGE.

ABRAHAM.
Isaac, mon fils, hélas! que veux-je dire?

[1] Livre XXVIII, chap. XXVI.

ISAAC.
Plaît-il, mon père?
ABRAHAM.
Hélas! ce mot me tue.
Mais si faut-il pourtant que m'évertue.
Isaac, mon fils, hélas! le cœur me tremble.
ISAAC.
Vous avez peur, mon père, ce me semble.
ABRHAM.
Ah! mon ami, je tremble voirement.
Hélas! mon Dieu!
ISAAC.
Dites moi hardiment
Que vous avez, mon père, s'il vous plait?
ABRAHAM.
Ah! mon ami, si vous saviez que c'est!
Miséricorde, ah! Dieu! miséricorde!
Mon fils, mon fils, voyez-vous cette corde,
Ce bois, ce feu, et ce couteau ici?
Isaac, mon fils, c'est pour vous tout ceci.
SATAN.
Ennemi suis de Dieu et de nature;
Mais pour certain cette chose est si dure,
Qu'en regardant cette unique amitié,
Bien peu s'en faut que je n'en aie pitié.
ABRAHAM.
Hélas! Isac!
ISAAC.
Hélas! père très-doux.
Je vous supplie, mon père, à deux genoux,
Avoir au moins pitié de ma jeunesse.
ABRAHAM.
O seul appui de ma faible vieillesse,
Las! mon ami, mon âme, je voudrais
Mourir pour vous un million de fois.
Mais le Seigneur ne le veut pas ainsi.
ISAAC.
Mon père, hélas! je vous crie merci,
Hélas, hélas! je n'ai ne bras ne langue

Pour me défendre et faire ma harangue;
Mais vous voyez, ô mon père, mes larmes;
Avoir ne puis ni ne veux d'autres armes
Encontre vous. Je suis Isac, mon père;
Je suis Isac, le seul fils de ma mère;
Je suis Isac, qui tiens de vous la vie;
Souffrirez-vous qu'elle me soit ravie?
Et toutefois, si vous faites cela
Pour obéir au Seigneur, me voilà,
Me voilà prêt, mon père, et à genoux,
Pour souffrir tout et de Dieu et de vous.
Mais qu'ai-je fait, qu'ai-je fait pour mourir?
Mon Dieu, mon Dieu, veuille me secourir[1]!
ABRAHAM.
Hélas! mon fils Isac, Dieu te commande
Qu'en cet endroit tu lui serves d'offrande,
Laissant à moi, à moi, ton pauvre père,
Las! quel ennui!
ISAAC.
Hélas! ma pauvre mère,
Combien de morts ma mort vous donnera!
Mais dites-moi du moins qui m'occira.
ABRAHAM.
Qui t'occira, mon fils? Mon Dieu, mon Dieu,
Octroye-moi de mourir en ce lieu!
ISAAC.
...Eh bien! mon père, il faut, comme je vois,
Il faut mourir. Las! mon Dieu, aide-moi;
Mon Dieu, mon Dieu, renforce-moi le cœur;
Rends-moi, mon Dieu, sur moi-même vainqueur.
Liez, frappez, brûlez; je suis tout prêt
D'endurer tout, mon Dieu, puisqu'il te plait!
... Oui, je suis prêt; mon père, me voilà!
SATAN.
Jamais, jamais enfant mieux ne parla

---

[1] Comparez ces vers touchants avec le discours d'Iphigénie à Agamemnon dans Racine,

Je suis confus; il faut que je m'enfuie.
ABRAHAM.
Las! mon ami, avant la départie,
Et que ma main ce coup inhumain fasse,
Permis me soit de te baiser en face.
Isac, mon fils, le bras qui t'occira
Encore un coup au moins t'accollera.
ISAAC.
Las! grand merci!
ABRAHAM.
O ciel, qui es l'ouvrage
De ce grand Dieu, dont tu m'es témoignage;
Et toi, la terre, à moi cinq fois promise,
Soyez témoins que ma main n'est point mise
Sur cet enfant par haine et par vengeance,
Mais pour porter entière obéissance
A ce grand Dieu, facteur de l'univers,
Sauveur des bons et juge des pervers...
Or, est-il temps, ma main que t'évertues
Et qu'en frappant mon seul fils, tu me tues.
(Le couteau lui tombe des mains.)
ISAAC.
Qu'est-ce que j'ois, mon père, hélas! mon père?
ABRAHAM.
Ah! ah! ah! ah!
ISAAC.
Las! je vous obtempère;
Suis-je pas bien?
ABRAHAM.
Ah! ah! mon fils, je meurs,
Je meurs, mon fils!
ISAAC.
Otez toutes ces peurs,
Je vous supplie; m'empêcherez-vous doncques
D'aller à Dieu?
ABRAHAM.
Hélas! oh! qui vit oncques
En petit corps un esprit aussi fort!
Hélas! mon fils, pardonne-moi ta mort!

L'ANGE.

Abraham! Abraham!

ABRAHAM.

Mon Dieu!

L'ANGE.

Remets ton couteau en son lieu.

(DE LA CLÉMENCE PATERNELLE.)

Voici comment Ducis juge Voltaire considéré comme poëte comique. Ce passage, tiré de l'éloge qu'il fit de Voltaire en le remplaçant à l'Académie, fut supprimé parce qu'il contenait quelques critiques mêlées à beaucoup d'éloges, et que la critique n'était pas de mise, disait-on, dans un discours académique.

« Quoique le principal ressort de ses comédies soit l'in-
« térêt, on voit cependant que M. de Voltaire essaye tou-
« jours d'y amener le comique. Un homme tel que lui
« mérite d'être observé sous toutes les faces. Il serait cu-
« rieux et peut-être difficile de définir son genre de co-
« mique, quand il en a. Il me semble qu'il consiste presque
« toujours à donner à ses personnages ridicules une sorte
« de naïveté confiante et originale qui les fait parler comme
« si personne ne les entendait, et leur fait dire ingénu-
« ment le mot secret de leurs passions tel qu'il est dans
« leur cœur, ce mot que tout le monde cherche à se dis-
« simuler à soi-même et plus encore aux autres. Ce lan-
« gage produit un étonnement qui peut faire sourire; mais
« ne manque-t-il pas de vérité? et peut-on mettre aussi
« ouvertement les autres dans la confidence de ses fai-
« blesses? Le spectateur doit surprendre votre secret; mais
« vous ne devez pas le lui livrer.

« Quelquefois il y a un comique de mots et d'expres-
« sions, au lieu du comique de situations et de caractères.
« On dirait que le personnage qu'il fait parler veut se
« moquer de lui-même. Le poëte paraît sourire à sa pro-

« pre plaisanterie. Mais, plus il montre le projet d'être
« comique, plus il diminue l'effet. On est étonné souvent
« que cet homme célèbre, qui saisissait si bien certains
« ridicules et qui, dans un grand nombre d'ouvrages, a
« montré le talent d'une plaisanterie tantôt forte et vigou-
« reuse, tantôt ingénieuse et fine, ait eu moins de succès,
« au théâtre, dans le genre qui paraît le plus susceptible
« de cette espèce de mérite. C'est que peut-être rien n'est si
« différent que la plaisanterie et le comique. Il faut que le
« comique soit en action plus qu'en paroles, et il ne peut
« sortir que d'une combinaison forte des caractères avec
« des situations qui leur soient opposées. Alors le person-
« nage devient comique sans que le poëte songe à être
« plaisant. Mais, dans les autres ouvrages, ainsi que dans
« la société, la plaisanterie n'est souvent qu'un trait heu-
« reux, un rapprochement inattendu, une opposition de
« deux circonstances, le talent de présenter un objet sous
« une face et de cacher toutes les autres, quelquefois une
« sorte d'exagération qui demande bien moins d'art et de
« vérité que la scène, parce que l'objet n'est pas mis en
« action sous nos yeux. Le poëte comique doit toujours
« disparaître et s'effacer, pour ne laisser voir que ses per-
« sonnages. L'écrivain satirique ou plaisant peut toujours
« se montrer lui-même : il n'a besoin que de son caractère
« et de son genre d'esprit ; il ne joue, pour ainsi dire,
« que son propre rôle. Le comique du théâtre, pour être
« animé et vivant, veut de la gaieté de caractère ; la plaisan-
« terie, pour être très-piquante, n'a besoin que de la gaieté
« d'esprit. Enfin, le principe et la base de tout vrai co-
« mique est la connaissance approfondie et la peinture forte
« des mœurs de la société. »

(Extrait de l'ouvrage de M. Campenon, intitulé : *Essai
de Mémoires*, ou *Lettres sur la vie, le caractère et les
écrits de Ducis*, p. 239.)

NOTE DE LA DOUZIÈME LEÇON.
(DU CARACTÈRE PATERNEL DANS LA COMÉDIE.)

« Le roi Salomon, dit un fabliau, fut consulté un jour
« par les juges de Damas sur un procès fort embarrassant.
« Deux hommes se prétendaient fils d'un riche marchand
« qui venaient de mourir, et réclamaient tous deux son
« héritage. Ils avaient été élevés et nourris par le mar-
« chand, qui semblait les aimer beaucoup tous les deux.
« Mais il disait toujours qu'il n'y avait que l'un d'eux qui
« fût son fils, quoiqu'il refusât obstinément de faire con-
« naître celui qui avait droit à ce titre. A sa mort, le débat
« s'émut pour savoir quel était le fils et l'héritier du mar-
« chand. Les juges de Damas, quoique reconnus pour leur
« sagesse, ne purent pas décider cette question si douteuse,
« et ils renvoyèrent le procès au roi Salomon. Celui-ci
« ordonna de faire venir les deux jeunes gens et le corps
« du marchand dans son cercueil; et, quand les deux plai-
« deurs furent devant lui, il dit qu'il adjugerait l'héritage
« à celui des deux qui, prenant un marteau de fer, brise-
« rait le premier le cercueil de son père. Les gardes don-
« nèrent un marteau aux deux jeunes gens, qui s'appro-
« chèrent du cercueil. Alors l'un d'eux s'empressa de
« frapper le cercueil, qui rendit un son sourd; mais l'au-
« tre, au moment de frapper, s'évanouit en s'écriant :
« Non, jamais je ne pourrai briser le cercueil de mon père.
« J'aime mieux que mon frère ait tout l'héritage. — C'est
« toi qui es le fils du marchand, dit alors Salomon : tu
« as prouvé ta filiation par ton respect [1]. » Les juges de
Damas admirèrent ce jugement de Salomon, qui ressemble
fort à celui qu'il prononça entre les deux mères : cherchant,
dans l'un et l'autre cas, à discerner la vérité à l'aide des
sentiments de la nature.

Voilà certes un bel hommage rendu à la sainteté du

[1] Fabliaux de Legrand d'Aussy.

caractère paternel. Le second récit que je veux faire n'est pas moins curieux ni moins expressif. Je le tire de l'ouvrage de Nicius Erythræus[1], intitulé : *Exempla virtutum et vitiorum,* espèce de morale en actions qui contient beaucoup de récits intéressants ou singuliers.

« Un jeune homme de la ville de Tagliacozzo, qui était
« sur le point de se marier, résolut de chasser son père de
« la maison et de le reléguer à la campagne. Il craignait
« que la compagnie du vieillard ne déplût à sa jeune
« femme. Son père avait plus de cent ans et était hors
« d'état de lui résister, il le fit monter dans un chariot et
« le mena jusqu'à la porte d'une mauvaise métairie qu'ils
« avaient dans la campagne : c'était dans cette métairie
« qu'il voulait l'enfermer. — Mon fils, dit le vieillard, je
« sais ce que tu veux faire; mais je ne te demande qu'une
« chose, c'est de me conduire au moins jusqu'à la table
« de pierre qui est dans le jardin. — Le fils conduisit son
« père jusqu'à cette table, et quand ils y furent arrivés : —
« Maintenant, tu peux partir et m'abandonner, dit le vieil-
« lard : c'est ici qu'autrefois j'ai amené mon père et que
« je l'ai abandonné. — Ah! mon père, s'écria le jeune
« homme, si j'ai des enfants, c'est donc ici qu'ils m'amè-
« neront à mon tour ! — Et alors, ramenant son père à
« Tagliacozzo, il lui donna la plus belle chambre dans la
« maison et la place la plus honorable à son repas de
« noces. Aussi Dieu le bénit, et il vécut vieux et res-
« pecté. »

[1] Autrement et plus simplement Victor Rossi; il avait grécisé son nom.

FIN DES NOTES.

TABLE

	Pages
Avertissement.	1

I. — De la nature de l'émotion dramatique. 3

II. — Comment l'ancien théâtre exprimait les émotions qui tiennent à la douleur physique et à la crainte de la mort. — Comment les exprime le théâtre moderne. — L'*Iphigénie* d'Euripide et de Racine. — *Angelo, tyran de Padoue*, par M. V. Hugo. 17

III. — De la lutte de l'homme contre la douleur physique. *Philoctète* de Sophocle. — D'une scène du roman de *Notre-Dame de Paris*, par M. Victor Hugo. 38

IV. — Comment les anciens et les modernes ont peint la lutte de l'homme contre le danger. — Le naufrage d'Ulysse dans Homère, et de Robinson dans le roman de ce nom. — Description de la tempête dans les Actes des Apôtres. — Incendie du *Kent*, vaisseau de la compagnie des Indes, en 1825. 54

V. — Du suicide et de la haine de la vie. — Didon dans Virgile. — Œdipe dans Sénèque et dans Sophocle. — Stagyre dans saint Chrysostôme. 79

VI. — Des sentiments qui accompagnent l'idée du suicide dans le théâtre moderne. — Hamlet dans Shakspeare. — Paméla dans Richardson. 100

VII. — Du suicide dans *Werther* de Gœthe, et dans *Chatterton* de M. de Vigny. 120

VIII. — De l'amour paternel. — Le vieil Horace, don Diègue et Géronte dans *Horace, le Cid* et *le Menteur* de Corneille. — Triboulet dans *le Roi s'amuse*, par M. Victor Hugo. 143

IX. — De l'égoïsme paternel dans *le Paria* de M. Delavigne et dans la pièce de Collé intitulée *Dupuis et Desronais*. 168
X. — De l'ingratitude des enfants. — *L'Œdipe à Colone* de Sophocle. — *Le Roi Lear* de Shakspeare. 187
XI. — De la clémence paternelle. — *L'Héautontimorumenos* de Térence. — La parabole de l'Enfant prodigue. *L'Enfant Prodigue* de Voltaire. 216
XII. — Du caractère paternel dans la comédie. — *Le Père de famille* de Diderot. — *Les Fils ingrats* de Piron. — *Les Deux Gendres* de M. Étienne. 234
XIII. — Des pères dans la comédie et surtout dans les comédies de Molière. 260
XIV. — De l'amour maternel. — Andromaque dans Homère, dans Euripide et dans Racine. 277
XV. — De l'amour maternel. — Mérope dans Torelli, Maffei, Voltaire et Alfieri. 302
XVI. — De l'amour maternel. — *Lucrèce Borgia*, par M. Victor Hugo. 319
XVII. — De l'amour maternel. — *L'Orphelin de la Chine*. 340
XVIII. — Du pervertissement de l'amour maternel. — Cléopâtre dans la *Rodogune* de Corneille. — *La Mère coquette* de Quinault. 358
XIX. — La littérature exprime souvent l'état de l'imagination d'un peuple plutôt que l'état de la société. . . 373
Notes. 385

FIN DE LA TABLE.

Paris. — Imprimerie de P.-A. Bourdier et Cie, rue Mazarine, 30

www.ingramcontent.com/pod-product-compliance
Lightning Source LLC
Chambersburg PA
CBHW071948220426
43662CB00009B/1048